Энтони Саттон

Уолл-Стрит И Большевицкая Революция

Уолл-стрит и большевицкая революция

Wall Street and the Bolshevik Revolution
by Antony Sutton

Энтони Саттон (1925–2002)

опубликованный
OMNIA VERITAS LTD

www.omnia-veritas.com

ПРЕДИСЛОВИЕ ИЗДАТЕЛЬСТВА 7
"РУССКАЯ ИДЕЯ" 7
ПРЕДИСЛОВИЕ АВТОРА 11
ГЛАВА 1 13
АКТЕРЫ НА РЕВОЛЮЦИОННОЙ СЦЕНЕ 13
ГЛАВА 2 21
ТРОЦКИЙ ПОКИДАЕТ НЬЮ-ЙОРК 21
ГЛАВА 3 51
ЛЕНИН И ГЕРМАНСКАЯ ПОМОЩЬ БОЛЬШЕВИКАМ 51
ГЛАВА 4 66
УОЛЛ-СТРИТ И МИРОВАЯ РЕВОЛЮЦИЯ 66
ГЛАВА 5 101
МИССИЯ АМЕРИКАНСКОГО КРАСНОГО КРЕСТА В РОССИИ. 1917 101
ГЛАВА 6 128
КОНСОЛИДАЦИЯ И ЭКСПОРТ РЕВОЛЮЦИИ 128
ГЛАВА 7 166
БОЛЬШЕВИКИ ВОЗВРАЩАЮТСЯ В НЬЮ-ЙОРК 166
ГЛАВА 8 185
НЬЮ-ЙОРК, БРОДВЕЙ 120 185
ГЛАВА 9 217
"ГАРАНТИ ТРАСТ" ИДЕТ В РОССИЮ 217
ГЛАВА 10 247
ДЖ. П. МОРГАН СЛЕГКА ПОМОГАЕТ И ДРУГОЙ СТОРОНЕ 247
ГЛАВА 11 257
АЛЬЯНС БАНКИРОВ И РЕВОЛЮЦИИ 257
ПРИЛОЖЕНИЯ 275

ИЗБРАННАЯ БИБЛИОГРАФИЯ 331
УЖЕ ОПУБЛИКОВАНО 338

ПРЕДИСЛОВИЕ ИЗДАТЕЛЬСТВА

"РУССКАЯ ИДЕЯ"

Эта книга написана американским патриотом. На основании рассекреченных правительственных архивов США, Канады и Великобритании он подвергает жесткой критике властные круги своей страны за эгоистичную политику, противоречащую интересам американского народа. Но исследование Э. Саттона, вышедшее в 1974 г. в американском издательстве "Арлингтон Хаус", чрезвычайно важно и для русского читателя.

Проф. Э. Саттон документально доказывает: "Без финансовой, дипломатической и политической поддержки, оказанной Троцкому и Ленину их мнимыми "противниками", а на деле заинтересованными в революции союзниками — капиталистами Уолл-стрита — большевики вполне могли быть сметены".

История отношений между этими двумя "союзниками-противниками" претерпела в XX веке несколько этапов: совместное разрушение русской православной государственности, стройки пятилеток, военный союз против националистических режимов в Западной Европе; затем — период "холодной войны" и победа в ней Запада, вылившаяся в "совместную российско-американскую революцию" 1990-х годов (выражение Б. Ельцина на встрече с Б. Клинтоном в Москве). Но разобраться во всем этом невозможно без анализа первой "совместной американо-российской революции"

1917 года и закулисных причин победы большевиков в гражданской войне.

Причины эти таковы, что до сих пор ни советская, ни западная историография не были заинтересованы даже в их опубликовании. Не заинтересована в этом и либерально-розовая историография в посткоммунистической РФ. Однако, не предлагая пока собственных выводов (этому посвящено издательское послесловие), дадим слово проф. Э. Саттону.

Стоит только сразу предупредить русского читателя, что будучи американцем, республиканцем и не вникая в особенности российской монархической государственности, как и в раскладку сил в нашей гражданской войне 1917–1922, автор допускает в этом отношении суждения, с которыми издатель не всегда может согласиться. Тем не менее документальная ценность книги, по нашему мнению, превышает отмеченные проявления непонимания, которые объясняются прежде всего — более чем столетней искаженной трактовкой облика России за Западе, что не могло не повлиять на выросшего там человека, даже столь доброжелательного к русскому народу.

Все цифровые сноски в книге принадлежат проф. Э. Саттону; кое-где для лучшего понимания исторических реалий под звездочками добавлены примечания редактора альманаха "РИ".

ОБ АВТОРЕ

Энтони Саттон родился в Лондоне в 1925 г., учился в Лондонском, Геттингенском и Калифорнийском университетах, получив докторскую степень. Стал гражданином США, где провел большую часть жизни. Был профессором экономики университета штата Калифорния в Лос-Анжелесе, затем с 1968 по 1973 гг. занимался исследовательской работой в Гуверовском институте Стэнфордского университета.

Международную известность Э. Саттону принесло написанное им в эти годы трехтомное научное исследование "Западная технология и советское экономическое развитие" (в 1917–1930, 1930–1945 и 1945–1965 гг.), а также книга "Национальное самоубийство: военная помощь Советскому Союзу". Главная цель этих работ — показать, как западная техническая помощь Советскому Союзу помогла создать военный аппарат, ставший угрозой некоммунистическому миру.

Однако под давлением Белого дома институт Гувера затруднил работу Саттона, лишив его финансирования. Заинтригованный мощными силами, стоявшими за этим запретом, Саттон опубликовал в 1970-е годы еще три исследования — о финансовой и политической поддержке международными банкирами Уолл-стрита трех вариантов социализма: "Уолл-стрит и большевицкая революция", "Уолл-стрит и приход Гитлера к власти", "Уолл-стрит и Франклин Рузвельт".

В начале 1980-х гг. Саттон написал следующую серию книг: "Введение в Орден", "Как Орден контролирует образование", "Тайный культ ордена", в которых пытается прояснить способы формирования "мировой закулисы" и методы ее действий. Одна из этих книг — "Как орден организует войны и революции" — вышла в 1995 г. в русском переводе в московском издательстве "Паллада".

После вынужденного ухода из Стэнфорда, Саттон стал также издавать ежемесячный информационный бюллетень "Phoenix Letter", а с 1990 г. — бюллетень "Future Technology Intelligence Report" о скрываемых технологиях. В числе других его книг: "Трехсторонняя комиссия в Вашингтоне", "Алмазная связь", "Золото против бумаги", "Война за золото", "Энергия и организованный кризис"; в 1990-е годы вышли "Заговор Федерального резервного банка" и "Трехсторонняя комиссия над Америкой".

Проф. Э. Саттон по убеждениям конституционалист и открыто высказывает критику любых противозаконных действий, всегда основанную на документах и проверенных фактах.

П. В. Тулаев

ПРЕДИСЛОВИЕ АВТОРА

Посвящается тем неизвестным русским борцам за свободу, называемым "зелеными", которые в 1919 году боролись и против красных и против белых в попытке добиться свободной России.

С начала 1920-х годов многочисленные статьи, брошюры и даже несколько книг пытаются выковать соединительное звено цепи между "международными банкирами" и "большевицкими революционерами". Редко когда эти попытки основывались на убедительных доказательствах и никогда не аргументировались научными методами. Некоторые из "доказательств", использованных при таких попытках, были ложными, другие не имели отношения к делу, многое вообще нельзя было проверить. Теоретики тщательно избегали исследования этого вопроса; вероятно, потому, что он нарушает четкое разделение на капиталистов и коммунистов (каждый, конечно, знает, что они злейшие враги). А так как очень многое из того, что было написано по этому вопросу, граничит с абсурдом, незапятнанная репутация ученого легко могла быть выставлена на посмешище. Причина достаточная, чтобы избегать этой темы.

К счастью, архив Государственного департамента США, в частности фонд 861.00, содержит обширную документацию об этой предполагаемой взаимосвязи. И когда доказательства из официальных документов соединяются с неофициальными свидетельствами в биографиях, личных документах и житейских историях, — то возникает интересная картина.

Мы обнаруживаем, что действительно существовала взаимосвязь между некоторыми международными банкирами Нью-Йорка и многими революционерами, включая большевиков. Оказывается, джентльмены банковского дела — названные в книге — были кровно заинтересованы в успехе большевицкой революции и "болели" за нее.

Кто, почему и за сколько — об этом и рассказывается в книге.

Энтони Саттон

Март 1974 г.

ГЛАВА 1

АКТЕРЫ НА РЕВОЛЮЦИОННОЙ СЦЕНЕ

> *"Дорогой г-н Президент, я симпатизирую советской форме правления, как наиболее подходящей для русского народа..."*
>
> Из письма президенту США Вудро Вильсону (17 октября 1918 г.) от Уильяма Лоренса Саундерса, президента корпорации "Ингерсолл-Рэнд", директора корпорации "Америкэн Интернэшнл" и вице-председателя правления Федерального резервного банка Нью-Йорка.

Фронтиспис этой книги нарисован в 1911 году карикатуристом Робертом Майнором для "Сент-Луис пост дис-пэтч". Майнор был талантливым художником и писателем, под личиной которого скрывался большевик-революционер; в 1915 году он был арестован в России по обвинению в подрывной деятельности и позже вызволен видными финансистами Уолл-стрита. Карикатура Майнора изображает бородатого сияющего Карла Маркса, который стоит на Уолл-стрит с книгой "Социализм" подмышкой и принимает поздравления от финансовых светил: Дж. П. Моргана, его партнера Джорджа У. Перкинса, самодовольного Джона Д. Рокфеллера, Джона Д. Райана из "Нэшнл Сити Бэнк" и на втором плане — Тедди Рузвельта, заметного своими знаменитыми зубами. Уолл-стрит украшена красными флагами. Ликующая толпа и взлетающие в воздух шляпы

13

намекают, что Карл Маркс был весьма популярен у финансистов Нью-Йорка.

Были ли это грезы Роберта Майнора? Совсем нет. Мы увидим, что Роберт Майнор имел солидные основания отразить этот восторженный союз Уолл-стрита и марксистского социализма. Персонажи карикатуры — Карл Маркс (символизирующий будущих революционеров Ленина и Троцкого), Дж. П. Морган, Джон Д. Рокфеллер, а также и сам Майнор — и являются действующими лицами данной книги.

Парадокс, изображенный на карикатуре Майнора, был скрыт под покровом истории, ибо не укладывался в общепринятое понятие политического спектра — от левых до правых. Большевики находились на левом его краю, а финансисты Уолл-стрита — на правом; поэтому подразумевалось, что у этих двух групп нет ничего общего и любой союз между ними является абсурдом. Факты, противоречащие этой концепции, обычно отбрасываются как натяжки или недоразумения. Тем не менее, современная история обладает внутренней двойственностью, и поскольку слишком много неудобных фактов было отброшено или скрыто, такая историография — неточна.

С другой стороны, можно заметить, что крайне правый и крайне левый фланги традиционного политического спектра являются абсолютными коллективистами. Национал-социалист (например, фашист) и интернационал-социалист (например, коммунист) одинаково насаждают тоталитарные политико-экономические системы, основанные на неограниченной власти и принуждении индивидуума. Обе эти системы требуют монопольного контроля над обществом. Монополизм в промышленности был когда-то целью Дж. П. Моргана и Дж. Д. Рокфеллера, но к концу XIX века жрецы Уолл-стрита поняли, что наиболее эффективный путь к завоеванию непоколебимой монополии заключается в том, чтобы "пойти в политику" и заставить общество работать на монополистов под вывеской общественного блага и общественных интересов. Эта стратегия была детализирована в 1906 году Фредериком К. Хоувом в его книге "Признания монополиста" [**"Существуют правила большого бизнеса. Они заменяют поучения наших родителей и сводятся к простой формуле: получи монополию, заставь общество работать на тебя и помни, что лучшим видом бизнеса является политика, ибо законодательная дотация, франшиза, субсидия или освобождение от налогов стоят больше, чем месторождение в Кимберли или Комстоке, так как первые не требуют для своего использования ни умственного, ни физического труда"** (Frederick C. Howe. *Confessions of a Monopolist.* [Chicago: Public Publishing. 1906], p. 157.)]. Хоув, кстати, также является одной из заметных фигур в истории большевицкой революции.

Альтернативным концептуальным пакетом политико-экономических систем и идей было бы определение степени индивидуальной свободы и степени противостоящего ей централизованного политического контроля. При таком подходе капиталистическое государство всеобщего благосостояния и социализм находятся на одном краю спектра. Отсюда мы видим, что попытки монополизировать контроль над обществом могут иметь разные названия и в то же время обладать общими характеристиками.

Следовательно, препятствием для верного понимания современной истории является представление, что капиталисты — заклятые и непреклонные враги марксистов и социалистов. Это ошибочное представление исходит от Карла Маркса и, несомненно, оно соответствовало его целям. Фактически же оно неверно. Существовала и существует неразрывная, хотя и скрываемая взаимосвязь между международными политиками-капиталистами и международными революционерами-социалистами — к их взаимной выгоде. Эта связь осталась незамеченной в основном потому, что историки, за редкими исключениями, имеют неосознанную марксистскую направленность и таким образом замыкаются на невозможности существования такой взаимосвязи. Свободно же мыслящий читатель должен иметь два ключа к ее разгадке: 1) капиталисты-монополисты являются злейшими врагами свободного предпринимательства, и 2) с учетом неэффективности централизованного планирования при социализме, тоталитарное социалистическое государство является прекрасным рынком для его захвата капиталистическими монополиями, если им удастся заключить союз с представителями социалистической власти. Предположим, и в данный момент это только гипотеза, что американские капиталисты-монополисты смогли низвести плановую социалистическую Россию до статуса порабощенной технической колонии. Не будет ли это логическим интернационалистским продолжением в XX веке монополии Моргана в области железных дорог или нефтяного треста Рокфеллера конца XIX века?

Кроме Габриэля Колко, Мюррея Ротбарда и ревизионистов, никого из историков не насторожила такая комбинация событий. Историографии, за редкими исключениями. было навязано разделение на капиталистов и социалистов. Монументальное и легко читаемое исследование Джорджа Кеннана о русской революции настойчиво поддерживает эту фикцию о противоположности Уолл-стрита и большевиков [George F. Kennan. *Russia Leaves the War* (New York: Athenedm, 1967); *Decision to Intervene: Soviet-American Relations, 1917–1920* (Princeton, NJ: Princeton Universiny Press, 1958).]. Его книга "Россия выходит из войны" содержит единственную случайную ссылку на фирму Дж. П. Моргана и не содержит ни одной ссылки на компанию "Гаранта Траст". Но обе эти организации широко упоминаются в архивных документах Государственного департамента, на которые я часто ссылаюсь в этой книге, и обе они дают основания для рассмотрения здесь соответствующих доказательств.

Ни сознавшийся "большевицкий банкир" Олоф Ашберг, ни "Ниа Банкен" из Стокгольма не упоминаются у Кеннана, хотя они и сыграли главную роль в финансировании большевиков. Более того, в некоторых важных обстоятельствах, по крайней мере, важных для нашей аргументации, Кеннан ошибается и фактически. Например, он пишет, что директор Федерального резервного банка Уильяме Бойс Томпсон уехал из России 27 ноября 1917 года. Эта дата отъезда делает невозможным пребывание Томпсона в Петрограде 2 декабря 1917 года, когда он передал по телеграфу Моргану в Нью-Йорк запрос на 1 миллион долларов. На самом деле Томпсон уехал из Петрограда 4 декабря 1917 года, через два дня после отправки телеграммы в Нью-Йорк. Далее, Кеннан заявляет, что 30 ноября 1917 года Троцкий произнес речь перед Петроградским советом, в которой заметил: "Сегодня у меня в Смольном институте были два американца, тесно связанных с капиталистическими элементами...". По мнению Кеннана, "трудно себе представить", кто "мог быть этими двумя американцами, если не Робинс и Гомберг". Но, на самом деле, Александр Гомберг был русским, а не американцем. А так как Томпсон 30 ноября 1917 года все еще находился в России, то двумя американцами, которые посетили Троцкого, скорее всего были Раймонд Робинс, учредитель горнопромышленных компаний, превратившийся в благодетеля, и Томпсон из Федерального резервного банка Нью-Йорка.

О большевизации Уолл-стрита было известно хорошо информированным кругам еще в 1919 году. Журналист Баррон, специализирующийся на финансовых темах, записал в 1919 году беседу с нефтяным магнатом Э.Х. Дохени и особо выделил трех видных финансистов — Уильяма Бойса Томпсона, Томаса Ламонта и Чарльза Р. Крейна:

"Борт парохода "Аквитания", вечер в пятницу, 1 февраля 1919 года.

Провел вечер с семьей Дохени в их каюте. Г-н Дохени сказал: "Если вы верите в демократию, вы не можете верить в социализм. Социализм это яд, который разрушает демократию. Демократия означает возможность для всех. Социализм же дает надежду, что человек может бросить работу и быть богаче. Большевизм является истинным плодом социализма, и если вы прочтете интересное показание в сенатском комитете примерно в середине января, которое изобличило всех этих пацифистов и миротворцев как симпатизирующих немцам, как социалистов и большевиков, вы увидите, что в колледжах США большинство профессоров преподает социализм и большевизм и что 52 профессора колледжей состояли в 1914 году в так называемых комитетах защиты мира. Президент Элиот из Гарварда преподает большевизм. Самыми отъявленными большевиками в США являются не только профессора колледжей, один из которых президент Вильсон, но и капиталисты и жены капиталистов — и кажется, никто не знает, о чем они говорят. Уильям Бойс Томпсон преподает большевизм, он может обратить в свою веру Ламонта из фирмы "Дж. П. Морган & Компани". Вандерлип — большевик, Чарльз Р. Крейн — тоже. Многие женщины присоединяются к их движению, и ни они, ни их мужья не знают, что это и к чему это приведет. Еще один — это Генри Форд, а также большинство из тех ста историков, которых Вильсон взял с собой за границу в идиотской надежде, что история научит молодежь правильно разграничивать расы, народы и страны с географической точки зрения" [Arthur Pound and Samuel Taylor Moore. *They Told Barron* (New York: Haiper & Brothers, 1930), pp. 13–14.].

Короче говоря, в этой книге предлагается история о большевицкой революции и ее последствиях, но история, которая расходится с традиционно упрощенным подходом "капиталисты — против коммунистов". В нашей истории утверждается партнерство международного монополистического капитализма и международного революционного социализма, направленное к их взаимной выгоде. Итоговую же человеческую цену за этот союз пришлось заплатить простым русским людям и простым американцам. В результате этих маневров монополистов в сфере политики и революции предпринимательство получило дурную славу, и мир подталкивали к неэффективному социалистическому планированию.

Эта история вскрывает также предательство российской революции. Цари и их коррумпированная политическая система были сброшены лишь для того, чтобы быть замененной посредниками власти новой коррумпированной политической системы. США могли оказать доминирующее влияние для освобождении России, но они уступили амбициям нескольких финансистов с Уолл-стрит, которые ради собственных целей могли согласиться и на централизованную царскую Россию, и на централизованную марксистскую Россию, но никак не на децентрализованную свободную Россию. Причины этого вскроются, когда мы проследим до сих пор не рассказанную историю русской революции и ее последствий [**Существует параллельная, и также неизвестная, история движения махновцев, которые воевали и с "белыми", и с "красными" в Гражданскую войну 1919–1920 (см.:** Voline. *The Unknown Revolution* [New York: Libertarian Book Club, 1953])**. Было также движение "зеленых", которое воевало и против белых, и против красных. Автор никогда не встречал даже отдельных упоминаний о "зеленых" ни в одной истории большевицкой революции. А армия зеленых насчитывала не менее 700.000 человек.**].

ГЛАВА 2

ТРОЦКИЙ ПОКИДАЕТ НЬЮ-ЙОРК

> "Вы получите революцию, ужасную революцию. Какой курс она изберет, будет во многом зависеть от того, что г-н Рокфеллер прикажет сделать г-ну Хейгу. Г-н Рокфеллер является символом американского правящего класса, а г-н Хейг [политик от штата Нью-Джерси] является символом его политических орудий".
>
> Лев Троцкий, "Нью-Йорк таймс", 13 декабря 1938 г.

В 1916 году, за год до русской революции, интернационалист Лев Троцкий был выслан из Франции. По официальной версии, за его участие в Циммервальской конференции, но также, несомненно, из-за его зажигательных статей, написанных для русскоязычной газеты "Наше слово", издававшейся в Париже. В сентябре 1916 года Троцкий был вежливо препровожден французской полицией через испанскую границу. Через несколько дней мадридская полиция арестовала интернационалиста и поместила его в "камеру первого класса" за полторы песеты в день. Впоследствии Троцкий был перевезен в Кадис, затем в Барселону, чтобы в конце концов быть посаженным на борт парохода "Монсеррат" Испанской трансатлантической компании. Троцкий вместе с семьей пересек Атлантику и 13 января 1917 года высадился в Нью-Йорке.

Другие троцкисты также совершили путь через Атлантику в западном направлении. Одна группа троцкистов сразу же приобрела значительное влияние в Мексике и написала Конституцию Керетаро для революционного правительства Каррансы в 1917 году, предоставив тем самым Мексике сомнительную честь иметь первое в мире правительство, которое приняло конституцию советского типа.

Как Троцкий, знавший только немецкий и русский языки, выжил в капиталистической Америке? Судя по его автобиографии "Моя жизнь", его "единственной профессией в Нью-Йорке была профессия революционера". Другими словами, Троцкий время от времени писал статьи для русского социалистического журнала "Новый мир", издававшегося в Нью-Йорке. Еще мы знаем, что в нью-йоркской квартире семьи Троцкого были холодильник и телефон; Троцкий писал, что иногда они ездили в автомобиле с шофером. Этот стиль жизни озадачивал двух маленьких сыновей Троцкого. Когда они вошли в кондитерскую, мальчики с волнением спросили мать: "Почему не вошел шофер?" [Leon Trotsky. *My Life* (New York: Scribner's, 1930), chap. 22]

Этот шикарный образ жизни также противоречит доходам Троцкого, который признался, что в 1916 и 1917 годах получил только 310 долларов, и добавил: "Эти 310 долларов я распределил между пятью возвращавшимися в Россию эмигрантами". Однако Троцкий заплатил за первоклассную комнату в Испании, семья его проехала по Европе, в США они сняли превосходную квартиру в Нью-Йорке, внеся за нее плату за три месяца вперед, использовали автомобиль с шофером. И все это — на заработок бедного революционера за несколько его статьей в русскоязычных изданиях, издававшихся небольшим тиражом — в парижской газете "Наше слово" и нью-йоркском журнале "Новый мир"!

Джозеф Недава оценивает доход Троцкого в 1917 году в 12 долларов в неделю "и еще какие-то гонорары за лекции" [Joseph Nedava. *Trotsky and the Jews* (Philadelphia: Jewish Publication Society of America, 1972), p. 163]. Троцкий пробыл в Нью-Йорке в 1917 году три месяца, с января по март, так что его доход от "Нового мира" составил 144 доллара и, допустим, было еще 100 долларов гонораров за лекции — итого 244 доллара. Из них Троцкий смог отдать 310 долларов друзьям, платить за нью-йоркскую квартиру, обеспечивать семью — и отложить 10.000 долларов, которые забрали у него канадские власти в апреле 1917 года в Галифаксе. Троцкий заявляет, что те, кто говорит о наличии у него других источников дохода — "клеветники", распространяющие "глупые измышления" и "ложь"; но таких расходов Троцкий не мог делать, разве что он играл на ипподроме на Ямайке. Троцкий явно имел скрытый источник дохода.

Что это был за источник? Артур Уиллерт в своей книге "Дорога к безопасности" сообщает, что Троцкий зарабатывал на жизнь электриком в студии "Фокс фильм". Ряд писателей упоминает другие места работы, но нет доказательств, что Троцкий получал деньги за иную работу, кроме писания статей и выступлений.

Наше расследование может быть сосредоточено на бесспорном факте: когда Троцкий уехал из Нью-Йорка в

Петроград в 1917 году, чтобы организовать большевицкую фазу революции, у него были с собой 10.000 долларов. В 1919 году Овермановский комитет Сената США расследовал вопрос большевицкой пропаганды и германских денег в США и в одном случае затронул источник этих 10.000 долларов Троцкого. Опрос в Овермановском комитете полковника Хербана, атташе чешской дипломатической миссии в Вашингтоне, дал следующее:

"Полковник Хербан: Троцкий, вероятно, взял деньги у Германии, но он будет отрицать это. Ленин бы не отрицал. Милюков доказал, что Троцкий получил 10.000 долларов от каких-то немцев, когда был в Америке. У Милюкова было доказательство, но тот отрицал это. Троцкий отрицал, хотя у Милюкова было доказательство.

Сенатор Оверман: Обвинение заключалось в том, что Троцкий получил 10.000 долларов здесь.

Полковник Хербан: Я не помню сколько, но я знаю, что проблема между ним и Милюковым заключалась в этом.

Сенатор Оверман: Милюков доказал это, не так ли?

Полковник Хербан: Да, сэр.

Сенатор Оверман: Знаете ли вы, где он их взял?

Полковник Хербан: Я вспоминаю, что их было 10.000; но это не имеет значения. Я буду говорить об их пропаганде. Германское правительство знало Россию лучше, чем кто-либо, и оно знало, что с помощью этих людей оно сможет разрушить русскую армию. (В 17:45

подкомитет прервал работу до следующего дня, среды, 19 февраля, до 10:30)" [United States, Senate. *Brewing and Liquor Interests and German and Bolshevik Propaganda* (Subcommittee on the Judiciary), 65th Cong., 1919].

Очень удивляет, что комитет прервал свою работу внезапно, до того, как источник денег Троцкого мог попасть в протокол Сената. Когда на следующий день слушание возобновилось, Овермановский комитет уже не интересовался Троцким и его 10.000 долларами. Позже мы рассмотрим доказательства, касающиеся поддержки финансовыми домами Нью-Йорка германской и революционной деятельности в США; тогда и уточним источники 10.000 долларов Троцкого.

Эти 10.000 долларов германского происхождения упоминаются и в официальной британской телеграмме военно-морским властям Галифакса, которые обратились с запросом о снятии с парохода "Кристианиафиорд" Троцкого и его группы, направляющихся для участия в революции (см. ниже). Мы также узнаем из отчета Британского управления разведки [Special Report No. 5. *The Russian Soviet Bureau in the United States*, July 14, 1919, Scotland House, London S.W.I. Copy in U.S. State Depf. Decimal File, 316-23-1145], что Григорий Вайнштейн, который в 1919 году станет видным деятелем Советского бюро в Нью-Йорке, собирал в Нью-Йорке деньги для Троцкого. Эти деньги поступали из Германии через германскую ежедневную газету "Фольксцайтунг", издававшуюся в Нью-Йорке, и ссужались они германским правительством.

Хотя официально и сообщается, что деньги Троцкого были германскими, Троцкий активно занимался американской политикой перед тем, как уехать из Нью-

Йорка в Россию для участия в революции. 5 марта 1917 года американские газеты писали об увеличивающейся возможности войны с Германией; в тот же вечер Троцкий на заседании Социалистической партии округа Нью-Йорк предложил резолюцию, "предписывающую социалистам поощрять забастовки и сопротивляться мобилизации в случае войны с Германией" [*New York Times*, March 5. 1917]. В "Нью-Йорк таймс" Троцкий был назван "высланным русским революционером". Луис К. Фрайна, который вместе с Троцким предложил эту резолюцию, позже — под псевдонимом — написал лестную книгу о финансовой империи Моргана: "Дом Моргана" [Lewis Corey. *House of Morgan: A Social Biography of the Masters of Money* (New York: G.W. Watt, 1930)]. Против предложения Троцкого-Фрайны выступила фракция Морриса Хиллквита, и в результате социалистическая партия проголосовала против резолюции [**Моррис Хиллквит (ранее Хиллковиц) был защитником Йоханна Мост после убийства президента Маккинли, а в 1917 г. стал лидером Социалистической партии в Нью-Йорке. В 1920-х гг. Хиллквит обосновался в банковском мире Нью-Йорка, став директором и юристом банка "Интернэшнл Юнион". При президенте Д. Рузвельте Хиллквит помогал разрабатывать коды NRA для швейной промышленности.**].

Почти через неделю, 16 марта, во время свержения царя, Лев Троцкий давал интервью в помещении "Нового мира". В этом интервью прозвучало его пророческое заявление о ходе российской революции:

"...Комитет, который занял в России место низложенного кабинета министров, не представляет интересы или цели революционеров; а значит, по всей вероятности, он просуществует недолго и уступит место людям, которые будут более уверенно проводить демократизацию России" [*New York Times*, March 16, 1917].

Эти "люди, которые будут более уверенно проводить демократизацию России", то есть меньшевики и большевики, находились тогда в изгнании за границей и сначала должны были вернуться в Россию. Временный "комитет" был поэтому назван Временным правительством; следует подчеркнуть, что это название было сразу принято в самом начале революции, в марте, а не введено позже историками.

Вудро Вильсон и паспорт для Троцкого

Тем волшебником, который выдал Троцкому паспорт для возвращения в Россию, чтобы "продвигать" революцию, — был президент США Вудро Вильсон. К этому американскому паспорту прилагались виза для въезда в Россию и британская транзитная виза. Дженнингс К. Уайс в книге "Вудро Вильсон: Ученик революции" делает уместный комментарий: "Историки никогда не должны забывать, что Вудро Вильсон, несмотря на противодействие британской полиции, дал Льву Троцкому возможность въехать в Россию с американским паспортом".

Президент Вильсон облегчил Троцкому проезд в Россию именно тогда, когда бюрократы Государственного департамента, озабоченные въездом таких революционеров в Россию, старательно пытались в одностороннем порядке ужесточить процедуры выдачи паспортов. Сразу же после того, как Троцкий пересек финско-русскую границу, дипломатическая миссия в

Стокгольме 13 июня 1917 года направила Государственному департаменту телеграмму: "Миссия была конфиденциально информирована русским, английским и французским паспортными бюро на русской границе в Торнеа, что они серьезно озабочены проездом подозрительных лиц с американскими паспортами" [U.S. State Dept. *Decimal File*, 316-85-1002].

На эту телеграмму Государственный департамент в тот же день ответил: "Департамент осуществляет особую осторожность при выдаче паспортов для России"; департамент также разрешил миссии произвести расходы на создание бюро паспортного контроля в Стокгольме и нанять "абсолютно надежного американского гражданина" для осуществления этого контроля [Ibid.]. Но птичка уже улетела. Меньшевик Троцкий с большевиками Ленина уже были в России, чтобы "продвигать вперед" революцию. Возведенная паспортная сеть поймала только более легальных пташек. Например, 26 июня 1917 года уважаемый нью-йоркский газетчик Герман Бернштейн на пути в Петроград, где он должен был представлять "Нью-Йорк геральд", был задержан на границе и не допущен в Россию. С опозданием, в середине августа 1917 года, российское посольство в Вашингтоне обратилось к Государственному департаменту (и он согласился) с просьбой "не допускать въезда в Россию преступников и анархистов..., многие из которых уже проникли в Россию" [Ibid., 861.111/315].

Следовательно, когда 26 марта 1917 года пароход "Кристианиафиорд" покинул Нью-Йорк, Троцкий отплывал на его борту с американским паспортом именно в силу льготного режима. Он был в компании других революционеров-троцкистов, финансистов с Уолл-стрит, американских коммунистов и прочих заинтересованных лиц, лишь немногие из которых взошли на борт для законного бизнеса. Эта пестрая смесь пассажиров была описана американским коммунистом Линкольном Стеффенсом так:

"Список пассажиров был длинным и таинственным. Троцкий находился в третьем классе с группой революционеров; в моей каюте был японский революционер. Было много голландцев, спешащих домой с Явы — единственные невинные люди на борту. Остальные были курьерами, двое были направлены с Уолл-стрит в Германию..." [Lincoln Steffens. *Autobiography* (New York: Harcourt, Brace, 1931), p. 764].

Интересно, что Линкольн Стеффенс плыл в Россию по особому приглашению Чарльза Ричарда Крейна, сторонника и бывшего председателя финансового комитета Демократической партии. Чарльз Крейн, вице-президент фирмы "Крейн Компани", организовал в России компанию "Вестингауз" и в период с 1890 по 1930 годы побывал там не менее двадцати трех раз. Его сын Ричард Крейн был доверенным помощником тогдашнего государственного секретаря Роберта Лансинга. По словам бывшего посла в Германии Уильяма Додда, Крейн "много сделал, чтобы вызвать революцию Керенского, которая уступила дорогу коммунизму" [William Edward Dodd. *Ambassador Dodd's Diary, 1933–1938* (New York: Harcourt, Brace, 1941), pp. 42–43]. И поэтому комментарии Стеффенса в его дневнике о беседах на борту парохода "Кристианиафиорд" весьма достоверны: "... все согласны, что революция находится только в своей первой фазе, что она должна расти. Крейн и российские радикалы на корабле считают, что мы будем в Петрограде для повторной революции" [Lincoln Steffens.

The Letters of Lincoln Steffens (New York: Harcourt, Brace, 1941), p. 396].

Крейн возвратился в США, когда большевицкая революция (то есть "повторная революция") была завершена, и хотя он был частным лицом, но отчеты о ее развитии получал из первых рук, одновременно с телеграммами, которые посылались в Государственный департамент. Например, один меморандум, датированный 11 декабря 1917 года, имеет заголовок "Копия отчета о Максималистском восстании для г-на Крейна". Он исходил от Мэддина Саммерса, генерального консула США в Москве; сопроводительное письмо Саммерса гласит:

"Имею честь приложить копию того же [вышеупомянутого отчета] с просьбой направить ее для конфиденциальной информации г-ну Чарльзу Р. Крейну. Предполагается, что Департамент не будет иметь возражений против просмотра отчета г-ном Крейном..." [U.S. State Dept. Decimal File, 861.00/1026].

Итак, из всего этого возникает невероятная и озадачивающая картина. Она заключается в том, что Чарльз Крейн, друг и сторонник Вудро Вильсона, видный финансист и политик, сыграл известную роль в "первой" российской революции и ездил в Россию в середине 1917 года в компании с американским коммунистом Линкольном Стеффенсом, который был в контакте и с Вудро Вильсоном, и с Троцким. Последний, в свою очередь, имел паспорт, выданный по указанию президента Вильсона, и 10.000 долларов из предполагаемых германских источников. По возвращении в США после "повторной революции" Крейн получил доступ к официальным документам, касающимся упрочения большевицкого режима. Эта модель взаимосвязанных и озадачивающих событий оправдывает наше дальнейшее расследование и предполагает, хотя и без доказательств в настоящий момент, некоторую связь между финансистом Крейном и революционером Троцким.

Документы канадского правительства об освобождении Троцкого [Этот раздел основан на документах правительства Канады]

Документы о кратком пребывании Троцкого под стражей в Канаде, хранящиеся в архивах канадского правительства, сейчас рассекречены и доступны исследователям. Согласно этим архивным документам, 3 апреля 1917 года Троцкий был снят канадскими и британскими военными моряками с парохода "Кристианиафиорд" в Галифаксе (провинция Новая Шотландия), зачислен в германские военнопленные и интернирован в пункте для германских военнопленных в Амхерсте, Новая Шотландия. Жена Троцкого, двое его сыновей и пятеро других лиц, названных "русскими социалистами", были также сняты с парохода и интернированы. Их имена по канадским досье следующие: Nickita Muchin, Leiba Fisheleff, Konstantin Romanchanco, Gregor Teheodnovski, Gerchon Melintchansky[1] и Leon Bronstein Trotsky (имена и фамилии здесь и далее воспроизведены так, как они зарегистрированы в оригинальных канадских документах).

---

[1] Речь идет о Г.И. Чудновском (1894–1918) и Г.Н. Мельничанском (1886–1937). Первый в России стал одним из руководителей штурма Зимнего дворца, затем военным комиссаром Киева; второй — членом Московского Военно-революционного комитета, позже членом Совета рабоче-крестьянской обороны от ВЦСПС. — Прим. ред. "РИ".

На Троцкого была заполнена форма LB-1 канадской армии под номером 1098 (включающая отпечатки пальцев) со следующим описанием: "37 лет, политический эмигрант, по профессии журналист, родился в Громскти (Gromskty), Чусон (Chuson), Россия, гражданин России". Форма подписана Львом Троцким, а его полное имя дано как Лев Бромштейн (так) Троцкий.[2]

Группа Троцкого была снята с парохода "Кристианиафиорд" согласно официальным указаниям, полученным 29 марта 1917 года дежурным морским офицером в Галифаксе по телеграфу из Лондона (предположительно из Адмиралтейства). В телеграмме сообщалось, что на "Кристианиафиорд" находится группа Троцкого, которая должна быть "снята и задержана до получения указаний". Причина задержания, доведенная до сведения дежурного морского офицера в Галифаксе, заключалась в том, что "это — русские социалисты, направляющиеся в целью начать революцию против существующего российского правительства, для чего Троцкий, по сообщениям, имеет 10.000 долларов, собранных социалистами и немцами".

1 апреля 1917 года дежурный морской офицер, капитан О.М. Мейкинс, направил конфиденциальный меморандум командиру соединения в Галифаксе о том, что он "проверил всех русских пассажиров" на борту парохода "Кристианиафиорд" и обнаружил шестерых человек во втором классе: "Все они общепризнанные социалисты, и хотя они открыто заявляют о желании помочь новому российскому правительству, они вполне могут быть в союзе с немецкими социалистами в

---

[2] Троцкий родился в Яновке под Херсоном. — Прим. ред. "РИ".

Америке и, вполне вероятно, будут большой помехой правительству России именно в это время". Капитан Мейкинс добавил, что он собирается снять группу, а также жену и двоих сыновей Троцкого, чтобы интернировать их в Галифаксе. Копия этого отчета была направлена из Галифакса начальнику Генерального штаба в Оттаву 2 апреля 1917 года.

Следующий документ в канадских архивах датирован 7 апреля; он послан начальником Генерального штаба из Оттавы директору по интернированию и подтверждает получение предыдущего письма (его нет в архивах) об интернировании русских социалистов в Амхерсте, Новая Шотландия: "… в этой связи должен сообщить вам о получении вчера длинной телеграммы от генерального консула России в Монреале, протестующего против ареста этих людей, так как они имели паспорта, выданные генеральным консулом России в Нью-Йорке, США".

Ответ на эту монреальскую телеграмму заключался в том, что эти люди были интернированы "по подозрению, что они немцы", и будут освобождены только при точном доказательстве их национальности и лояльности союзникам. В канадских досье никаких телеграмм от генерального консула России в Нью-Йорке нет; известно, что это консульство неохотно выдавало русские паспорта русским политэмигрантам. Однако, в досье есть телеграмма от нью-йоркского адвоката Н. Алейникова Р.М. Култеру, в то время заместителю министра почты Канады. Ведомство почтового министра не имело отношения ни к интернированию военнопленных, ни к военной деятельности. Следовательно, эта телеграмма имела характер личного неофициального обращения. Она гласит:

"Д-ру Р.М. Култеру, министру почты, Оттава. Русские политические эмигранты, возвращающиеся в Россию, задержаны в Галифаксе и интернированы в лагере Амхерста. Не будете ли Вы столь любезны, чтобы изучить и сообщить причину задержания и имена задержанных? Считающийся борцом за свободу, вы вступитесь за них. Просьба направить доплатную телеграмму. Николай Алейников".

11 апреля Култер телеграфировал Алейникову: "Телеграмма получена. Пишу Вам сегодня же вечером. Вы получите ответ завтра вечером. Р.М. Култер". Эта телеграмма была направлена по телеграфу Канадских тихоокеанских железных дорог, но оплачена канадским министерством почты. Обычно частную деловую телеграмму оплачивает получатель, а это не было официальным делом. Следующее письмо Култера Алейникову интересно тем, что после подтверждения о задержании группы Троцкого в Амхерсте, в нем говорится, что они подозреваются в пропаганде против нынешнего российского правительства и "предполагается, что они германские агенты". Затем Култер добавляет: "... они не те, за которых себя выдают"; группа Троцкого "... задержана не Канадой, а органами [британской] Империи". Заверив Алейникова, что задержанные будут устроены с комфортом, Култер добавляет, что любая информация "в их пользу" будет передана военным властям. Общее впечатление от письма таково, что, хотя Култер симпатизирует Троцкому и полностью уверен в его прогерманских связях, но не хочет вмешиваться.

11 апреля Култеру послал телеграмму Артур Вольф (адрес: Нью-Йорк, Ист Бродвей 134). И вновь, хотя эта телеграмма была послана из Нью-Йорка, после

подтверждения она была оплачена министерством почты Канады.

Реакция Култера, однако, отражает нечто большее, нежели беспристрастную симпатию, очевидную из его письма Алейникову. Ее надо рассматривать в свете того факта, что эти письма в поддержку Троцкого поступили от двух американских жителей города Нью-Йорка и затрагивали военный вопрос Канады и Британской Империи, имеющий международное значение. Кроме того, Култер, как заместитель министра почты, был канадским государственным служащим, имеющим значительное положение. Поразмышляем минуту, что случилось бы с тем, кто подобным образом вмешался бы в дела США! В деле Троцкого мы имеем двух американских жителей, переписывающихся с заместителем министра почты Канады, чтобы высказаться в интересах интернированного российского революционера.

Последующие действия Култера также предполагают нечто большее, чем случайное вмешательство. После того, как Култер подтвердил получение телеграмм Алейникова и Вольфа, он написал в Оттаву генерал-майору Уиллоуби Гуаткину из Департамента милиции и защиты — последний имел значительное влияние в канадских военных кругах — и приложил копии телеграмм Алейникова и Вольфа:

"Эти люди были враждебно настроены к России из-за того, как там обращались с евреями, а сейчас решительно выступают в поддержку нынешнего руководства, насколько мне известно. Оба — достойные доверия и уважения люди, и я направляю Вам их телеграммы такими, каковы они есть, чтобы Вы могли предоставить их английским властям, если сочтете это разумным".

Култер явно знает — или намекает, что знает — многое об Алейникове и Вольфе. Его письмо по сути было рекомендацией и было нацелено в корень проблемы интернирования — в Лондон. Гуаткин был хорошо известен в Лондоне, фактически он был временно командирован в Канаду лондонским военным министерством [**Меморандумы Гуаткина в досье правительства Канады не подписаны, но помечены загадочным значком или символом. Этот знак был определен как знак Гуаткина, так как одно его письмо с этим знаком (от 21 апреля) было подтверждено.**].

Затем Алейников направляет письмо Култеру, чтобы поблагодарить его — "самым сердечным образом за тот интерес, который Вы проявили к судьбе русских политических эмигрантов... Вы знаете меня, уважаемый д-р Култер, и Вы также знаете о моей привязанности делу свободы России... К счастью, я близко знаком с г-ном Троцким, г-ном Мельничанским и г-ном Чудновским..."

Можно заметить в скобках, что если Алейников "близко" знал Троцкого, то ему, вероятно, также было известно, что Троцкий объявил о своем намерении возвратиться в Россию, чтобы свергнуть Временное правительство и начать "повторную революцию". По получении письма Алейникова Култер немедленно (16 апреля) направляет его генерал-майору Гуаткину, добавив, что он познакомился с Алейниковым "в связи с работой министерства над документами США на русском языке" и что Алейников работает "в тех же областях, что и г-н

Вольф… который был заключенным и бежал из Сибири".

Чуть раньше, 14 апреля, Гуаткин направил меморандум своему военно-морскому коллеге из канадского военного межведомственного комитета, повторив известное нам сообщение, что были интернированы русские социалисты с "10.000 долларов, собранных социалистами и немцами". Заключительный абзац гласит: "С другой стороны, есть мнения, что был совершен акт своеволия и несправедливости".

Вице-адмирал К.Э. Кингсмилл, начальник Военно-морского управления, принял обращение Гуаткина за чистую монету. 16 апреля он заявил в письме капитану Мейкинсу, дежурному морскому офицеру в Галифаксе:

"Органы милиции просят, чтобы принятие решения об их (то есть шести русских) освобождении было ускорено". Копия этого указания была передана Гуаткину, который, в свою очередь, информировал замминистра почты Култера. Через три дня Гуаткин оказал давление. В меморандуме от 20 апреля, направленном министру военно-морского флота, он пишет: "Не могли бы Вы сказать, принято ли решение Военно-морской контрольной службой?"

В тот же день (20 апреля) капитан Мейкинс подал рапорт адмиралу Кингемиллу, объясняя свои причины для задержания Троцкого; он отказался принимать решение под давлением, заявив: "Я направлю телеграмму в Адмиралтейство и сообщу им о том, что органы милиции просят об ускоренном принятии решения относительно их освобождения". Однако, на следующий день, 21 апреля, Гуаткин написал Култеру: "Наши друзья, русские социалисты, должны быть освобождены; необходимо принять меры для их проезда в Европу". Приказ Мейкинсу освободить Троцкого исходил из Адмиралтейства в Лондоне. Култер подтвердил информацию, "которая будет крайне приятной для наших нью-йоркских корреспондентов".

Хотя мы и можем, с одной стороны, сделать вывод, что Култер и Гуаткин были крайне заинтересованы в освобождении Троцкого, с другой стороны, — не знаем, почему. В карьере замминистра почты Култера или генерал-майора Гуаткина мало что могло бы объяснить столь настойчивое желание освободить меньшевика Льва Троцкого.

Д-р Роберт Миллер Култер от родителей шотландского и ирландского происхождения был доктором медицины, либералом, масоном и членом тайного братства ("Odd Fellow"). Он был назначен заместителем министра почты Канады в 1897 году. Его единственная претензия на известность состояла в участии членом делегации на съезде Всемирного почтового союза в 1906 году и членом делегации в Новую Зеландию и Австралию в 1908 году для обсуждения проекта "All red" ["Все красное"]. Это название не имеет ничего общего с красными революционерами; это был план всебританских пароходных линий между Великобританией, Канадой и Австралией.

Генерал-майор Уиллоуби Гуаткин происходил из английской семьи с давними военными традициями (Кембридж и затем штабной колледж). В качестве специалиста по мобилизации он служил в Канаде с 1905 по 1918 годы. Однако, если опираться только на документы из канадских досье, можно сделать вывод, что их действия в интересах Троцкого остаются загадкой.

Канадская военная разведка допрашивает Троцкого

Мы можем подойти к делу об освобождении Троцкого под другим углом зрения: канадской разведки. Подполковник Джон Бэйн Маклин, видный канадский издатель и бизнесмен, основатель и президент издательства "Маклин Паблишинг Компани" в Торонто, руководил многочисленными канадскими торговыми журналами, включая "файнэншл пост". Маклин также поддерживал длительную связь с канадской военной разведкой [H.J. Morgan. *Canadian Men and Women of the Times*, 1912, 2 vols. (Toronto: W. Briggs, 1898–1912)].

В 1918 году подполковник Маклин написал для собственного журнала "Маклинз" статью, озаглавленную "Почему мы отпустили Троцкого? Как Канада потеряла возможность приблизить конец войны" [MacLean's. June 1919, pp. 66a–66b. **Экземпляр имеется в Публичной библиотеке Торонто. Поскольку номер журнала "Маклин", в котором была помещена статья полковника Маклина, найти нелегко — далее приводится ее полный пересказ.**]. Статья содержала подробную и необычную информацию о Льве Троцком, хотя ее вторая половина и растекается мыслью по древу с рассуждениями о вряд ли относящихся к делу вещах. У нас есть две догадки относительно подлинности информации. Во-первых, подполковник Маклин был честным человеком с превосходными связями в канадской правительственной разведке. Во-вторых, открытые теперь государственные архивы Канады, Великобритании и США подтверждают большинство заявлений Маклина. Некоторые из них еще ждут подтверждения, но информация, доступная нам в начале 1970-х годов, вполне совпадает со статьей подполковника Маклина.

Исходным аргументом Маклина является то, что "некоторые канадские политики и официальные лица несут особую ответственность за продолжение войны [первой мировой], за большие человеческие жертвы, множество раненых и страдания зимой 1917 года и за крупные сражения 1918 года".

Кроме того, заявляет Маклин, эти лица сделали (в 1919 году) все возможное, чтобы утаить от парламента и народа Канады правдивую информацию. Официальные отчеты, включая отчеты сэра Дугласа Хейга, показывают, что, если бы не крушение России в 1917 году, война могла бы закончиться гораздо раньше, и что "человеком, несущим особую ответственность за поражение России, 11 является Троцкий, действовавший по германским инструкциям". Кем был Троцкий? По мнению Маклина, Троцкий был не русским, а немцем. Каким бы странным это утверждение ни казалось, оно совпадает с другими частями разведывательной информации, то есть, что Троцкий лучше говорил на немецком, чем на русском языке, и что он был русским исполнительным сотрудником германской организации "Блэк бонд". По мнению Маклина, в августе 1914 года Троцкий был "для виду" выслан из Берлина [**См. также:** Trotsky. *My Life.* p. 236]; в конечном итоге он прибыл в США, где организовал русских революционеров, а также революционеров в Западной Канаде, которыми "были по большей части немцы и австрийцы, путешествующие под видом русских". Маклин продолжает:

"Вначале англичане выяснили через российских коллег, что Керенский [**См. Приложения**], Ленин и некоторые лидеры меньшего масштаба еще в 1915 году практически находились на содержании Германии, а в 1916 году они установили связи с Троцким жившим тогда в Нью-Йорке. С того времени за ним вели пристальное наблюдение... члены группы бомбистов. В начале 1916 года один германский служащий отплыл в Нью-Йорк. Его сопровождали сотрудники британской разведки. Он был задержан в Галифаксе, но по их указанию его пропустили с многочисленными извинениями за случившуюся задержку. После многочисленных маневров он прибыл в маленькую грязную редакцию газеты, находившуюся в трущобах, и там нашел Троцкого, для которого он имел важные инструкции. С июня 1916 года и до тех пор, пока его не передали британцам, нью-йоркский отряд бомбистов никогда не терял контакта с Троцким. Они узнали, что его действительная фамилия была Браунштейн и что он был немцем, а не русским" [**Согласно его собственному объяснению, Троцкий не приезжал в США до января 1917 года. Настоящая фамилия Троцкого — Бронштейн, он сам придумал себе фамилию "Троцкий". Бронштейн — немецкая фамилия, а Троцкий — скорее польская, чем русская. Его имя обычно дается как "Лев", однако на первой книге Троцкого, которая была опубликована в Женеве, стоит инициал "Н", а не "Л".**].

Такая германская деятельность в нейтральных странах подтверждена в отчете Государственного департамента (316-9-764-9), описывающем организацию русских беженцев для революционных целей.

Далее Маклин пишет, что Троцкий и четверо его сопровождающих отплыли на пароходе "Кристианиа" (так), и 3 апреля, по сообщению "капитана Мейкинга" (так), они были сняты с корабля в Галифаксе согласно указаниям лейтенанта Джоунса. (В действительности группа из девяти человек, включая шестерых мужчин, были сняты с парохода "Кристианиафиорд". Имя дежурного морского офицера в Галифаксе было капитан О.М. Мейкинс. Имя офицера, снявшего группу Троцкого с корабля, не упоминается в канадских правительственных документах; Троцкий говорил, что это был "Махен"). Опять-таки, по мнению Маклина, деньги Троцкому поступили "от германских источников в Нью-Йорке". И далее:

"Обычно даваемое объяснение заключается в том, что освобождение было произведено по просьбе Керенского; однако за несколько месяцев до того эти британские офицеры и один канадец, работавший в России и мог говорить по-русски, сообщили в Лондон и Вашингтон, что Керенский находится на службе у немцев" [**См. Приложения; этот документ был получен в 1971 г. из британского министерства иностранных дел, но, очевидно, был известен Маклину.**].

Троцкий был освобожден "по просьбе посольства Великобритании в Вашингтоне..., которое действовало по просьбе Государственного департамента США, который действовал для кого-то еще". Канадские официальные лица "получили указания информировать прессу, что Троцкий является американским гражданином, путешествующим по американскому паспорту, что его освобождения специально требовал Государственный департамент в Вашингтоне". Более того, пишет Маклин, в Оттаве "Троцкий имел и продолжает иметь сильное скрытое влияние. Там его власть была такой большой, что отдавались приказы оказывать ему всяческое внимание".

Главное в отчете Маклина то, что вполне очевидны тесные отношения Троцкого с германским Генеральным штабом и вполне вероятна работа на него. А так как наличие таких отношений установлено у Ленина — в том смысле, что немцы субсидировали Ленина и облегчили его возвращение в Россию, — то кажется естественным, что Троцкому помогали аналогичным образом. 10.000 долларов Троцкого в Нью-Йорке были из германских источников; и недавно рассекреченный документ, хранящийся в фондах Государственного департамента США, гласит следующее:

"9 марта 1918 года — американскому консулу, Владивосток, от Полка, исполняющего обязанности государственного секретаря, Вашингтон, Округ Колумбия.

Вам для конфиденциальной информации и незамедлительного внимания: ниже приводится суть сообщения от 12 января от фон Шанца из Германского имперского банка Троцкому, кавычки, Имперский банк дал согласие на ассигнование из приходной статьи генерального штаба пяти миллионов рублей для командирования помощника главного комиссара военно-морских сил Кудришева на Дальний Восток".

Это сообщение указывает на некоторую связь между Троцким и немцами в январе 1918 года, когда Троцкий предлагал союз с Западом. Государственный департамент не приводит источника телеграммы, указывая только то, что она исходила от персонала Военного колледжа. Государственный департамент считал сообщение подлинным и действовал на основе предполагаемой подлинности. И это совпадает с главным содержанием статьи подполковника Маклина.³

Намерения и цели Троцкого

Итак, мы можем выстроить такую последовательность событий: Троцкий уехал из Нью-Йорка в Петроград по паспорту, предоставленному в результате вмешательства Вудро Вильсона, и с объявленным намерением "продвигать революцию". Британское правительство явилось непосредственным инициатором освобождения Троцкого из-под ареста в Канаде в апреле 1917 года, но там вполне могло быть оказано "давление". Линкольн Стеффенс, американский коммунист, действовал в качестве связующего звена между Вильсоном и Чарльзом Р. Крейном и между

---

³ Следует заметить, что это послание и.о. госсекретаря Полка во Владивосток от 9 марта 1918 г. относится к совершенно другой ситуации. Ведь после возвращения в Россию и тем более после Октябрьского переворота Троцкий был уже в союзе с Лениным, и тогда все большевицкое руководство напрямую подпитывалось деньгами от Германии (как минимум до лета 1918 г.). Поэтому и Троцкому приходилось иметь к этому отношение — в этом новом качестве он и фигурирует в послании Полка. В то же время Саттон тут верно отмечает, что Троцкий был сторонником союза с Антантой, а не с немцами (поэтому и сорвал первые мирные переговоры с ними в Бресте). Таким образом, утверждения о прямом германском финансировании Троцкого в США в книге не доказаны (источник денег логичнее искать в кругах финансистов, выхлопотавших Троцкому американский паспорт и сопровождавших его на пароходе). Мнение Маклина о службе "немца" Троцкого на Германию противоречит его же словам о "сильном скрытом влиянии" Троцкого в американском и канадском правительствах. Они явно имели основания не верить подобным обвинениям, ибо отпустили Троцкого из Галифакса. Подробнее см. в послесловии издателя. — Прим. ред. "РИ".

Крейном и Троцким. Далее, хотя Крейн и не занимал официального поста, его сын Ричард был доверенным помощником государственного секретаря Роберта Лансинга, и Крейна-старшего снабжали быстрыми и подробными отчетами о развитии большевицкой революции. Более того, посол Уильям Додд (посол США в Германии во времена Гитлера) показал, что Крейн играл активную роль в период Керенского; письма Стеффенса подтверждают, что Крейн рассматривал период правления Керенского лишь как первый шаг в развитии революции.

Интересным моментом, однако, является не столько связь между столь непохожими лицами, как Крейн, Стеффенс, Троцкий и Вудро Вильсон, сколько существование их согласия в процедуре, которой необходимо следовать — то есть рассматривать Временное правительство как "временное", за которым должна была последовать "повторная революция".

С другой стороны, толкование намерений Троцкого должно быть осторожным: он был мастером двойной игры. Официальные документы четко демонстрируют его противоречивые действия. Например, 23 марта 1918 года отдел по делам Дальнего Востока Государственного департамента получил два не соответствующих друг другу сообщения. Одно, датированное 20 марта, исходило из Москвы и основывалось на российской газете "Русское слово". В этом сообщении цитировалось интервью с Троцким, где он заявлял, что какой бы то ни было союз с США невозможен:

"Советская Россия не может встать в один ряд... с капиталистической Америкой, так как это было бы предательством… Возможно, что американцы, движимые своим антагонизмом к Японии, ищут такого сближения с нами, но в любом случае не может быть и речи о нашем союзе любого характера с буржуазной нацией" [U.S. State Decimal File, 861.00/1351].

Другое сообщение, датированное 17 марта 1918 года, то есть тремя днями ранее, также исходило из Москвы и было информацией от посла Фрэнсиса: "Троцкий просит пять американских офицеров в качестве инспекторов армии, организуемой для обороны, а также просит людей и оборудование для эксплуатации дорог" [U.S. State Decimal File, 861.00/1341].

Эта его просьба к США, конечно, противоречит отказу от "союза".

Перед тем, как мы оставим Троцкого, необходимо упомянуть о сталинских показательных судах в 1930-е годы и, в частности, об обвинениях и суде в 1938 году над "антисоветским правотроцкистским блоком". Эти вымученные пародии на судебные процессы, почти единодушно отвергнутые на Западе, могут пролить свет на намерения Троцкого.

Центральным пунктом сталинского обвинения было то, что троцкисты являются платными агентами международного капитализма. Х.Г. Раковский, один из ответчиков на процессе 1938 года, сказал или был вынужден сказать: "Мы были авангардом иностранной агрессии, международного фашизма, и не только в СССР, но и в Испании, Китае, во всем мире". Вывод "суда" содержит заявление: "В мире не найдется ни одного человека, который бы принес столько горя и несчастья людям, как Троцкий. Он является самым подлым агентом фашизма…" [**Судебный отчет по делу антисоветского "правотроцкистского блока", рассмотренному военной коллегией Верховного суда Союза ССР 2-13 марта 1938 г. (Москва: Юридическое издательство НКЮ СССР, 1938), с. 293. [На указанной странице нет таких слов Раковского, подобные фразы встречаются в речи прокурора Вышинского с. 284–285. — Прим. ред. "РИ".].**

Хотя это и может быть воспринято не более чем словесное оскорбление, обычно применявшееся среди интернационалистов-коммунистов в 1930-е и 1940-е годы, теперь очевидно, что эти обвинения и самообвинения совпадают с доказательствами, приведенными в данной главе. Кроме того, как мы увидим позже, Троцкий сумел создать себе поддержку от интернационалистов-капиталистов, которые, по совпадению, также поддерживали Муссолини и Гитлера [**См. также в главе 11. Томас Ламонт от Морганов был одним из первых, кто поддерживал Муссолини.**].

Если мы рассматриваем всех революционеров-интернационалистов и всех международных капиталистов как непримиримых врагов, то мы упускаем решающий момент: в действительности между ними существуете некоторое деловое сотрудничество, включая фашистов. И не существует априорной причины, почему мы должны отвергать Троцкого как часть этого союза.

Это предположение обретет четкие очертания, когда мы обратимся к истории Михаила Грузенберга, главного большевицкого агента в Скандинавии, который под псевдонимом Александр Гомберг[4] был также доверенным советником банка "Чейз Нэшнл Бэнк" в Нью-Йорке и затем Флойда Одлума из "Атлас Корпорейшн". О его двойной роли знали, принимая ее, и Советы, и его американские наниматели. История Грузенберга является "историей болезни" интернационалистической революции в союзе с международным капитализмом.

Замечания полковника Маклина, что Троцкий имел "сильное скрытое влияние" и что "его власть была столь большой, что поступали приказы оказывать ему всяческое внимание", совсем не противоречат вмешательству Култера-Гуаткина в пользу Троцкого, или сталинским обвинениям в этом вопросе на показательных судах над троцкистами в 1930-е годы. Также не противоречат они и делу Грузенберга. С другой стороны, единственная известная прямая связь между Троцким и международными банкирами осуществлялась через его родственника Абрама Животовского,[5] который был частным банкиром в

---

[4] Александр Гомберг (у Саттона: Gumberg, из-за разного произношения на разных языках возможны иные варианты русского написания; идентифицировать его с Грузенбергом в других источниках не удалось) (1887–1939) — род. в России в семье раввина, эмигрировал в США, где стал бизнесменом; земляк Льва Троцкого и его литературный агент в США; был секретарем и переводчиком миссии американского Красного Креста в России в 1917 г. (см. главу 5). Подробнее о нем см.: Иванова И.И. Лев Троцкий и его земляки // Альманах "Из глубины времен". 1995. № 4. — Прим. ред. "РИ".

[5] Абрам Львович (Лейбович) Животовский (ок. 1868 г.р.) — дядя Л. Троцкого по материнской линии. Известный биржевой спекулянт, миллионер; с 1912 г. — член специального консорциума "Русско-Азиатского банка". В 1915 г. создал Петроградское торгово-транспортное акционерное общество, одним из его поставщиков была фирма "Америкэн Металл Компани", финансовые расчеты производились через нью-йоркский "Нэшнл Сити Бэнк". У А. Животовского известны как предприниматели и биржевые дельцы еще три брата, осевшие после

Киеве до русской революции и в Стокгольме после нее. Хотя Животовский исповедовал антибольшевизм, в 1918 году в валютных сделках он действовал фактически в интересах Советов [**См. о нем также в конце главы 7**].

Можно ли сплести международную паутину из этих фактов? Во-первых, есть Троцкий, российский революционер-интернационалист с германскими связями, который ожидает помощи от двух предполагаемых сторонников правительства князя Львова в России (Алейников и Вольф, россияне, проживающие в Нью-Йорке). Эти двое воздействуют на либерального заместителя министра канадской почты, который, в свою очередь, ходатайствует перед видным генерал-майором британской армии в военном штабе Канады. Все это — достоверные звенья цепи.

Короче, лояльность может не всегда оказаться такой, какой она провозглашается или видится. Мы можем высказать догадку, что Троцкий, Алейников, Вольф, Култер и Гуаткин, действуя ради общей конкретной цели, имели также какую-то общую более высокую цель, чем государственная лояльность или политическая окраска. Подчеркну, что абсолютных доказательств этого нет. В данный момент есть только логическое предположение, основанное на фактах. Эта лояльность, более высокая, чем формируемая общей непосредственной целью, не обязательно должна выходить за рамки обычной дружбы, хотя это и трудно

революции в разных странах и пытавшиеся "наладить контакты между Советской республикой и коммерческими кругами Запада". (Подробнее см.: Островский А.В. О родственниках Л.Д. Троцкого по материнской линии // Альманах "Из глубины времен". СПб. 1995. № 4). См. также послесловие издателя. — Прим. ред. "РИ".

себе представить при столь многоязычной комбинации. Причиной могут, однако, быть и другие мотивы. Картина еще неполная.

ГЛАВА 3

ЛЕНИН И ГЕРМАНСКАЯ ПОМОЩЬ БОЛЬШЕВИКАМ

> *"Только после того, как большевики получили от нас постоянный поток средств по различным каналам и под разными этикетками, они оказались в состоянии создать свой главный орган — "Правду', вести энергичную пропаганду и заметно расширить первоначально узкую базу своей партии'.*
>
> Фон Кюльман, министр иностранных дел Германии, из письма кайзеру от 3 декабря 1917 года.[6]

В апреле 1917 года Ленин и группа из тридцати двух российских революционеров, главным образом большевиков, проследовала поездом из Швейцарии через Германию и Швецию в Петроград. Они находились на пути к соединению с Львом Троцким для "завершения революции". Их транзит через Германию одобрил, организовал и финансировал германский Генеральный штаб. Транзит Ленина в Россию был частью плана, утвержденного германским верховным командованием и, очевидно, непосредственно не

---

[6] Небольшая неточность: это письмо фон Кюльмана, статс-секретаря иностранных дел (функции министра исполнял рейхсканцлер), адресовано не лично кайзеру, а представителю Министерства иностранных дел при Ставке (см.: Germany and the Revolution, in Russia, 1915–1918. Documents from the Archives of the German Foreign Ministry. Edited by Z.A.B. Zeman. London. 1958. P. 94). — Прим. ред. "РИ".

известного кайзеру, с целью развала русской армии и тем самым — устранения России из первой мировой войны. Мысль о том, что большевики могут "быть направлены против Германии и Европы, не возникала в германском Генеральном штабе. Генерал-майор Хофман писал: "Мы не знали и не предвидели опасности человечеству от последствий этого выезда большевиков в Россию" [Max Hoffman. *War Diaries and Other Papers* (London: M. Seeker, 1929), 2:177].

Германским политическим деятелем, который на высшем уровне одобрил проезд Ленина в Россию, был канцлер Теобальд фон Бетман-Гольвег, отпрыск франкфуртской семьи банкиров Бетманов, достигших большого процветания в XIX веке. Бетман-Гольвег был назначен канцлером в 1909 году, а в ноябре 1913 года стал субъектом первого вотума недоверия, когда-либо принимавшегося германским Рейхстагом в отношении канцлера. Именно Бетман-Гольвег в 1914 году сказал миру, что германская гарантия Бельгии была просто "клочком бумаги". И по другим военным вопросам, например, неограниченным военным действиям подводных лодок, Бетман-Гольвег проявлял двусмысленность: в январе 1917 года он сказал кайзеру: "Я не могу дать Вашему Величеству ни моего согласия на неограниченные военные действия подводных лодок, ни моего отказа". К 1917 году Бетман-Гольвег утратил поддержку Рейхстага и вышел в отставку, но до того он уже одобрил транзит большевицких революционеров в Россию. Указания Бетмана-Гольвега о транзите были переданы через статс-секретаря Артура Циммермана, который подчинялся непосредственно Бетману-Гольвегу и в начале апреля 1917 года по дням разрабатывал детали операции с германскими посланниками в Берне и Копенгагене.

Кайзер же не был информирован о революционном движении до тех пор, пока Ленин не приехал в Россию.

Хотя сам Ленин и не знал точного источника оказываемой ему помощи, он, конечно, знал, что германское правительство обеспечивает какое-то финансирование. Существовали, однако, промежуточные связи между германским министерством иностранных дел и Лениным, что видно из следующего:

Переброска Ленина в Россию в апреле 1917 года Окончательное решение — Бетман-Гольвег (канцлер).

Посредник I — Артур Циммерман (статс-секретарь).

Посредник II — Брокдорф-Ранцау (германский посланник в Копенгагене).

Посредник III — Александр Израэль Гельфанд (он же Парвус).

Посредник IV — Яков Фюрстенберг (он же Ганецкий).

[Исполнитель] Ленин в Швейцарии

Из Берлина Циммерман и Бетман-Гольвег сообщались с Брокдорфом-Ранцау, германским посланником в Копенгагене. В свою очередь, тот был в контакте с Александром Израэлем Гельфандом (более известен по своему псевдониму — Парвус),[7] который находился в Копенгагене [Z.A.B. Zeman and W.B. Scharlau. *The Merchant of Revolution: The Life of Alexander Israel Helphand*

---

[7] Сведения о Парвусе см. в конце издательского Приложения 4: "Меморандум" Гельфанда-Парвуса. — Прим. ред. "РИ".

(Parvus), 1867–1924 (New York: Oxford University Press, 1965)]. Парвус поддерживал связь с Яковом Фюрстенбергом, поляком из богатой семьи, более известным под псевдонимом Ганецкий. А Яков Фюрстенберг был непосредственно связан с Лениным. Хотя канцлер Бетман-Гольвег и был конечной инстанцией по разрешению переезда Ленина и хотя Ленин, вероятно, знал о германских источниках этой помощи, Ленина нельзя назвать германским агентом. Германское министерство иностранных дел оценивало предполагаемые действия Ленина в России как совпадающие с их собственными целями по разложению структуры российской власти. Обе стороны имели еще и скрытые цели: Германия хотела приоритетного доступа к послевоенным рывкам в России, а Ленин намеревался установить в ней марксистскую диктатуру. Идея использования с этой целью российских революционеров может быть прослежена с 1915 года, когда 14 августа Брокдорф-Ранцау написал заместителю статс-секретаря Германии о беседе с Гельфандом (Парвусом) и настоятельно рекомендовал воспользоваться услугами Гельфанда, "исключительно важного человека, чьи необычные возможности, я полагаю, мы должны использовать во время войны…" [Z.A.B. Zeman. *Germany and the Revolution in Russia*, 1915–1918: Documents from the Archives of the German Foreign Ministry (London: Oxford University Press, 1958), p. 4–5, doc. 5].[8] В докладе содержится

---

[8] Эта идея начала осуществляться раньше. Согласно документам и комментариям в сборнике Земана, первое сообщение о предложении Гельфанда-Парвуса "разжечь резолюцию в России" и "раздробить ее на отдельные части" получено в германском МИДе 9.1.1915; "Меморандум" Парвуса представлен 9.3.1915; выделение Германией первой суммы в 2 миллиона марок Парвусу одобрено 11.3.1915. В следующем документе (от 6.7.1915), приводимом Земаном, тогдашний статс-секретарь Ягов запрашивает "на революционную пропаганду в России" еще 5 миллионов марок. В цитируемом Саттоном письме германского посланника в

предостережение: "Быть может, это опасно — использовать силы, стоящие за Гельфандом, но это, конечно, было бы признанием нашей слабости, если бы нам пришлось отказаться от их услуг из страха неспособности руководить ими" [Ibid.].

Идея Брокдорфа-Ранцау о руководстве или контроле за революционерами соответствовала, как мы увидим, идеям финансистов Уолл-стрита. Именно Дж. П. Морган и "Америкэн Интернэшнл Корпорейшн" пытались контролировать и внутренних и внешних революционеров в США для своих целей.

В следующем документе [Ibid, p. 6, doc. 6 — **документ, сообщающий о беседе с эстонским посредником Кескюлой.**] изложены условия, продиктованные Лениным, из которых самым интересным является пункт 7, который разрешал "русским войскам продвинуться в Индию"; предполагалось, что Ленин "готов был" продолжить царскую программу экспансионизма. Составитель документации Земан говорит также о роли Макса Варбурга[9] в создании русского издательства и ссылается на соглашение от 12 августа 1916 года, по которому германский промышленник Стиннес согласился внести два миллиона рублей на финансирование издательства в России [Z.A.B. Zeman. Germany and the Revolution..., p. 92, n. 3. **[Составитель указанного сборника Земан, ссылаясь на какие-то известные ему документы, пишет в этой связи: "Вероятно, что часть этих денег, предназначенных для оказания влияния на русскую**

Копенгагене Брокдорфа-Ранцау (от 14.8.1915) также говорится, что "первую часть своего плана Парвус уже осуществил". — Прим. ред. "РИ".
[9] О роли банкиров Варбургов в годы войны см. в послесловии издателя. — Прим. ред. "РИ".

печать в пользу Германии и установления мира, попала... в социал-демократическую газету "Новая жизнь" Максима Горького". — Прим. ред. "РИ".].

Итак, 16 апреля 1917 года железнодорожный вагон с 32 пассажирами, включая Ленина, его жену Надежду Крупскую, Григория Зиновьева, Сокольникова и Карла Радека, отправился с центрального вокзала Берна в Стокгольм. Когда группа прибыла на русскую границу, только Фрицу Платтену и Радеку было отказано во въезде. Через несколько месяцев за ними последовали почти двести меньшевиков, включая Мартова и Аксельрода.[10]

Стоит еще раз отметить, что Троцкий, находившийся в то время в Нью-Йорке, также имел средства, следы которых вели к германским источникам. Кроме того, фон Кюльман намекает на неспособность Ленина расширить базу его большевицкой партии без предоставления денег немцами. Троцкий был меньшевиком, который превратился в большевика только в 1917 году. Это наводит на мысль, что, возможно, немецкие деньги побудили Троцкого сменить свою партийную принадлежность.[11]

Документы Сиссона

---

[10] Список проехавших через Германию революционеров см. в издательском Приложении. — Прим. ред. "РИ".
[11] Л. Троцкий в 1903 г. порвал с Лениным, а в 1904 г. вышел также из фракции меньшевиков и занял промежуточное положение между ними. Стремясь к объединению тех и других, он действовал с самостоятельной группой. Вернувшись в послефевральскую Россию Троцкий стал сотрудничать с Лениным, чему, видимо, более всего способствовал общий источник денег. Подробнее см. в послесловии издателя. — Прим. ред. "РИ".

В начале 1918 года Эдгар Сиссон, представитель в Петрограде от Комитета США по общественной информации, купил кипу русских документов, якобы доказывающих, что Троцкий, Ленин и другие большевики-революционеры не только были на содержании германского правительства, но и являлись его агентами.

Эти документы, впоследствии названные "документами Сиссона", были отправлены в США в большой спешке и секретности. В Вашингтоне они были представлены в Национальный совет исторических служб для определения подлинности. Два видных историка, Дж. Франклин Джеймсон и Сэмюэл Н. Харпер, засвидетельствовали их подлинность. Эти историки разделили документы Сиссона на три группы. В отношении группы I они сделали следующий вывод:

"Соблюдая большую осторожность, мы подвергли их всевозможным проверкам, которые известны исследователям-историкам, и... на основании этих исследований без колебаний заявляем, что мы не видим причины сомневаться в подлинности этих 53-х документов" [U.S. Committee on Public Information. *The German-Bolshevik Conspiracy*, War Information Series, no. 20, October 1918.].

Менее уверенно эти историки высказались в отношении материалов группы II. Эта группа не была ими опровергнута как явная подделка, но они высказали предположение, что это копии с оригиналов. По документам группы III историки хотя не сделали "уверенного заявления", все же не были готовы опровергнуть их как поддельные.

Документы Сиссона были опубликованы Комитетом США по общественной информации, председателем которого был Джордж Крил, ранее писавший для пробольшевицкого издания "Массы". Американская пресса в целом восприняла документы как подлинные. Заметным исключением была газета "Нью-Йорк ивнинг пост", которой в то время владел Томас У. Ламонт, партнер фирмы Моргана. Уже когда было опубликовано всего лишь несколько текстов, эта газета оспорила подлинность всех документов [*New York Evening Post*, September 16–18, 21; October 4, 1918. **Также интересно, хотя и ничего не доказывает, что и большевики упорно ставили под сомнение подлинность этих документов.**].

Теперь мы знаем, что почти все документы Сиссона были поддельными, и только один или два маловажных германских циркуляра — подлинные. Даже из поверхностного обследования германского бланка становится ясно, что лица, изготовлявшие эти подделки, были крайне неосторожными, возможно работая на легковерный американский рынок. Немецкий текст усыпан ошибками, граничащими со смешным: например, Bureau вместо немецкого слова Buro; Central вместо Zentral и т. д.

То, что эти документы — подделки, выяснилось в результате обширного исследования Джорджа Кеннана [George F. Kennan. *The Sisson Documents. Journal of Modern History 27–28 (1955–1956): 130–154*] и исследований, проведенных в 1920-х годах британским правительством. Некоторые документы основывались на подлинной информации, и, замечает Кеннан, те, кто подделывал их, определенно имели доступ к какой-то необычно надежной информации. Например, в документах 1, 54, 61 и 67 упоминается, что "Ниа Банкен" в Стокгольме использовался в качестве канала для направлявшихся большевикам германских денег. Это подтверждается и в более надежных источниках. В документах 54, 63 и 64 упоминается Фюрстенберг как банкир-посредник между немцами и большевиками; имя Фюрстенберга встречается также и в подлинных документах. В документе 54 упомянут Олоф Ашберг, а он, по его собственным заявлениям, был "банкиром большевиков". Ашберг в 1917 году был директором "Ниа Банкен". В других документах из подборки Сиссона упоминаются такие учреждения и имена как Германский нефтепромышленный банк, "Дисконто-Гезельшафт", банкир из Гамбурга Макс Варбург, но доказательства в подкрепление этих утверждений менее твердые. В общем, документы Сиссона хотя и являются подделкой, тем не менее частично основаны на подлинной информации.

Загадочным аспектом в свете содержания нашей книги является то, что эти документы попали к Эдгару Сиссону от Александра Гомберга (он же Берг, настоящее имя — Михаил Грузенберг), большевицкого агента в Скандинавии, а позднее — доверенного лица в "Чейз Нэшнл бэнк" и у Флойда Одлума из корпорации "Атлас". С другой стороны, большевики резко отвергли материалы Сиссона. Это сделал Джон Рид, американский представитель в исполкоме Третьего Интернационала, чей платежный чек поступил от принадлежавшего Дж. П. Моргану журнала "Метрополитэн" [John Reed. *The Sisson Documents* (New York: Liberator Publishing, n.d.)]. Это сделал и партнер Моргана Томас Ламонт, владелец газеты "Нью-Йорк ивнинг пост". Тут есть несколько возможных объяснений. Вероятно, связи между кругами Моргана в

Нью-Йорке и такими агентами, как Джон Рид и Александр Гомберг, были очень гибкими. Подбрасывание поддельных документов могло быть приемом Гомберга для дискредитации Сиссона и Крила; также возможно, что Гомберг работал в своих собственных интересах.

Документы Сиссона "доказывают", что исключительно немцы были связаны с большевиками. Они также использовались для "доказательства" теории еврейско-большевицкого заговора в соответствии с "Сионскими протоколами". В 1918 году правительство США захотело повлиять на мнение американцев после непопулярной войны с Германией, и документы Сиссона, драматически "доказывая" исключительную связь Германии с большевиками, обеспечивали дымовую завесу, скрывая от общества те события, которые описываются в этой книге.

Перетягивание каната в Вашингтоне [Эта часть книги основана на разделе 861.00 десятичного файла Государственного департамента США, также имеющегося в Национальном архиве в виде рулонов 10 и 11 микрокопии 316.]

Изучение документов в архиве Государственного департамента наводит на мысль, что Госдепартамент и посол США Фрэнсис в Петрограде были очень хорошо информированы о намерениях и развитии большевицкого движения. Летом 1917 года, например. Государственный департамент решил прекратить отъезд из США "вредных лиц" (т. е. возвращающихся в Россию революционеров), но не смог этого сделать, так как те использовали новые российские и американские паспорта. Подготовка же к самой большевицкой революции была хорошо известна по крайней мере за шесть недель до того, как она произошла. Один отчет в архиве Государственного департамента так говорит о силах Керенского: "сомнительно, сможет ли правительство... подавить восстание". В сентябре и октябре сообщалось о распаде правительства Керенского и о большевицких приготовлениях к перевороту. Британское правительство предупредило своих граждан в России о необходимости отъезда по крайней мере за шесть недель до начала большевицкой фазы революции. Первый полный отчет о событиях начала ноября поступил в Вашингтон 9 декабря 1917 года. В этом отчете описан низкий уровень самой революции, упомянуто, что генерал Уильям В. Джудсон нанес несогласованный визит Троцкому, и говорится о присутствии немцев в Смольном — штаб-квартире Советов.

Президент Вудро Вильсон 28 ноября 1917 года отдал указание не вмешиваться в большевицкую революцию. Это указание явно было ответом на запрос посла Фрэнсиса о Союзной конференции, на которую уже согласилась Великобритания. Государственный департамент считал, что такая конференция бесполезна. В Париже прошли дискуссии между союзниками и полковником Эдвардом М. Хаусом,[12] который извещал Вудро Вильсона о "длительных и частых дискуссиях о России". Относительно такой конференции Хаус сообщил, что Англия "пассивно желает", Франция настроена "безразлично против", а Италия "активно". Вскоре после этого Вудро Вильсон утвердил телеграмму,

---

[12] Полковник Э.М. Хаус был личным другом, советником и представителем президента США Вильсона и тем самым — одной из влиятельнейших фигур в американской официальной и закулисной политике. — Прим. ред. "РИ".

подготовленную государственным секретарем Робертом Лансингом, о предоставлении финансовой помощи движению Каледина (12 декабря 1917 года). В Вашингтон просачивались слухи, что "монархисты работают с большевиками, и это подтверждается различными случаями и обстоятельствами", что правительство в Смольном находится под полным контролем германского Генерального штаба и что" многие или большинство из них [то есть большевиков] из Америки". В декабре генерал Джудсон снова посетил Троцкого; это рассматривалось как шаг к признанию Советов Америкой, хотя отчет посла Фрэнсиса от 5 февраля 1918 года, направленный в Вашингтон, включал в себя рекомендации против этого признания. В меморандуме, исходившем от Бэсила Майлса в Вашингтоне, утверждалось, что "мы должны иметь дело со всеми властями в России, включая большевиков". И 15 февраля 1918 года Государственный департамент телеграфировал послу Фрэнсису в Петроград: "Департамент желает, чтобы вы постепенно входили в более тесный и неформальный контакт с большевицкими властями, используя такие каналы, которые будут избегать официального признания".

На следующий день государственный секретарь Лансинг передал послу Франции в Вашингтоне Ж.Ж. Жуссерану следующее: "Считаем нецелесообразным предпринимать какие-либо действия, которые в это время будут вести к вражде с любыми элементами, контролирующими власть в России…" [U.S. State Dept. Decimal File, 861.00/1117a. **То же самое сообщение было передано итальянскому послу.**].

20 февраля 1918 года посол Фрэнсис телеграфировал в Вашингтон о приближающемся конце большевицкого

правления. Через две недели, 7 марта, Артур Буллард сообщил полковнику Хаусу, что Германия субсидирует большевиков и что эти субсидии более существенны, чем считалось раньше. Артур Буллард (из Комитета США по общественной информации) утверждал: "Мы должны быть готовы помочь любому честному национальному правительству. Но люди, или деньги, или оборудование, направленные теперешним правителям России, будут использованы против русских как минимум в такой же степени, что и против немцев" [См. **бумаги Артура Булларда** (Arthur Bullard) **в Принстонском университете.**].

За этим последовало еще одно послание от Булларда полковнику Хаусу: "Я настоятельно не рекомендую оказывать материальную помощь теперешнему правительству России. Кажется, что контроль захватывают темные элементы в Советах".

Но работали и влиятельные противодействующие силы. Еще 28 ноября 1917 года полковник Хаус телеграфировал из Парижа президенту Вудро Вильсону о том, что "исключительно важно", чтобы американские газеты возражали против того, что "Россию следует считать врагом" и "подавить". Затем, в следующем месяце Уильям Франклин Сэндс, исполнительный секретарь контролируемой Морганом "Американ Интернэшнл Корпорейшн" и друг упоминавшегося ранее Бэсила Майлса, представил меморандум, характеризующий Ленина и Троцкого как нравящихся массам, и настаивал на признании России Соединенными Штатами. Даже американский социалист Уоллинг пожаловался в Государственный департамент на просоветскую позицию Джорджа Крила (из Комитета США по общественной информации),

Херберта Своупа и Уильяма Б. Томпсона (из Федерального Резервного Банка Нью-Йорка).

17 декабря 1917 года в одной московской газете появились нападки на полковника Робинса из Красного Креста и на Томпсона, намекающие на связь между российской революцией и американскими банкирами:

"Почему они так заинтересованы в [финансировании] просвещения?[13] Почему деньги были даны социалистам-революционерам, а не конституционным демократам? Ведь можно предположить, что последние ближе и дороже сердцам банкиров".

Статья видит причину этого в том, что американский капитал рассматривает Россию как будущий рынок и таким образом хочет прочно обосноваться на нем. Деньги были даны революционерам потому, что "…отсталые рабочие и крестьяне доверяют социалистам-революционерам. В то время, когда деньги были переданы, социалисты-революционеры были у власти,[14] и предполагалось, что они сохранят контроль над Россией в течение некоторого времени".

Еще одно сообщение от 12 декабря 1917 года, относящееся к Раймонду Робинсу, детализирует "переговоры с группой американских банкиров из миссии Американского Красного Креста"; "переговоры" касались выплаты двух миллионов долларов. Роберт Л. Оуэн, председатель Комитета по банкам и валюте Сената США, связанный с дельцами Уолл-стрита, 22 января 1918 года направил письмо Вудро Вильсону,

---

[13] См. об этом далее в главах 5 и 6. — Прим. ред. "РИ".
[14] Эсеры были представлены во Временном правительстве, а летом 1917 г. его возглавил эсер Керенский. — Прим. ред. "РИ".

рекомендуя признать власть большевиков в России де-факто, разрешить направить грузы, остро необходимые России для противостояния германскому влиянию, и создать группу государственной службы в России.

Этот подход получал неизменную поддержку от Раймонда Робинса, находившегося в России. Например, 15 февраля 1918 года в телеграмме от Робинса из Петрограда Дэвисону в Красный Крест в Вашингтоне (и для пересылки Уильяму Б. Томпсону) подчеркивалось, что надо поддерживать большевицкую власть как можно дольше и что новая революционная Россия повернется к США, как только "сломит германский империализм". По мнению Робинса, большевики хотели поддержки от США, а также сотрудничества в реорганизации железных дорог, так что "путем щедрой помощи и технических консультаций для реорганизации торговли и промышленности Америка может полностью исключить германскую торговлю во время военного равновесия".

Короче, перетягивание каната в Вашингтоне отражало борьбу между, с одной стороны, дипломатами старой школы (такими, как посол Фрэнсис) и государственными служащими низкого уровня и, с другой стороны, финансистами наподобие Робинса, Томпсона и Сэндса с такими их союзниками, как Лансинг и Майлс в Государственном департаменте и сенатор Оуэн в Конгрессе.

ГЛАВА 4

УОЛЛ-СТРИТ И МИРОВАЯ РЕВОЛЮЦИЯ

> *"В чем вы, радикалы, и мы, сторонники противоположных взглядов, расходимся, это не столько цель, сколько средства; не столько то, что должно быть достигнуто, сколько — как это должно и может быть достигнуто…"*
>
> Отто Х. Кан, директор "Америкэн Интернэшнл Корпорейшн" и партнер в фирме "Кун, Леб & Ко.", из выступления перед членами Лиги за индустриальную демократию, Нью-Йорк, 30 декабря 1924 г.

Перед первой мировой войной в финансовых и деловых структурах США доминировали два объединения: предприятие Рокфеллера "Стандарт Ойл" и промышленный комплекс Моргана — финансовые и транспортные компании. Союзы трестов Рокфеллера и Моргана главенствовали не только на Уолл-стрит, но и через взаимосвязанных директоров почти во всей экономике США [John Moody. *The Truth about the Trusts* (New York: Moody Publishing. 1904)].

Фирмы Рокфеллера монополизировали нефтяную и относящиеся к ней отрасли промышленности, контролировали медный трест, трест плавильных предприятий и гигантский табачный трест, а также имели влияние в некоторых владениях Моргана, таких как корпорация "Ю.С. Стал", в сотнях более мелких промышленных трестов, в общественных службах, на железных дорогах и в банковских учреждениях. "Нэшнл Сити Бэнк" был крупнейшим из банков, находившихся под влиянием "Стандарт Ойл" Рокфеллера, но его финансовый контроль распространялся и на "Юнайтед Стейтс Траст Компани", и на "Гановер Нэшнл Бэнк", а также на крупные компании по страхованию жизни — "Экуитабл Лайф" и "Мьючуэл оф Нью-Йорк".

Крупнейшие предприятия Моргана были в сталелитейной, судоходной и электротехнической промышленности; они включали в себя "Дженерал Электрик", резиновый трест и железные дороги. Как и Рокфеллер, Морган контролировал финансовые корпорации: "Нэшнл Бэнк оф Коммерс" и "Чейз Нэшнл Бэнк"", "Нью-Йорк Лайф Иншуренс" и "Гаранта Траст Компани". Имя Дж. П. Моргана и название "Гаранта Траст" неоднократно встречаются в этой книге. В начале XX века в "Гаранта Траст Компани" преобладали интересы Гарримана. Когда старший Гарриман (Эдуард Генри) умер в 1909 году, Морган с партнерами купил "Гаранта Траст", а также "Мьючуэл Лайф" и "Нью-Йорк Лайф". В 1919 году Морган также купил контрольный пакет компании "Экуитабл Лайф", а "Гаранта Траст" поглотила еще шесть меньших траст-компаний. Поэтому в конце первой мировой войны "Гаранта Траст" и "Бэнкерс Траст" были, соответственно, первой и второй крупнейшими траст-компаниями в США, и в обеих господствовали интересы Моргана [**Компания Дж. П. Моргана была первоначально создана в Лондоне в 1838 г. как фирма "Джордж Пибоди энд Ко.". Она не была зарегистрирована как юридичсске лицо до 21 марта 1940 г. Компания прекратила свое существование в апреле 1954 г., слившись с "Гаранта Траст Компани", в то время наиболее важной из дочерних компаний коммерческого банка, сегодня** она известна как "Морган Гаранта Траст Компани оф Нью-Йорк".].

Связанные с этими группами американские финансисты были вовлечены в финансирование революций еще до 1917 года. В слушаниях Конгресса в 1913 году зарегистрировано вмешательство юридической фирмы с Уолл-стрит "Салливан & Кромвель" в правовой спор о Панамском канале. Об этом случае высказывает свое заключение конгрессмен Рейни:

"Я утверждаю, что представители нашего правительства [Соединенных Штатов] сделали возможной революцию на Панамском перешейке. Если бы не вмешательство нашего правительства, революция могла не достичь успеха, и я заявляю, что наше правительство нарушило договор 1846 года. Я смогу представить доказательства того, что декларация независимости, обнародованная в Панаме 3 ноября 1903 года, была подготовлена прямо здесь, в Нью-Йорке, и передана туда она подготовлена в конторе Уилсона [так] Нельсона Кромвеля..." [United States, House, Committee on Foreign Affairs. *The Story of Panama*, Hearings on the Rainey Resolution, 1913, p. 53].

Конгрессмен Рейни заявил, что только 10 или 12 из крупнейших панамских революционеров плюс "сотрудники фирмы "Панама Рейлроуд & Стимшип Ко.", которые были под контролем Уильяма Нельсона Кромвеля из Нью-Йорка и сотрудников Государственного департамента в Вашингтоне", знали о приближающейся революции [Ibid., p. 60.]. Цель революции заключалась в том, чтобы лишить Колумбию, частью которой тогда была Панама, 40 миллионов долларов и приобрести контроль над Панамским каналом.

Лучшим документальным примером вмешательства Уолл-стрит в революцию является деятельность нью-йоркского синдиката в китайской революции 1912 года, возглавлявшейся Сунь Ят-сеном. Хотя конечная выгода синдиката остается неясной, намерение и роль этой нью-йоркской финансовой группы полностью документированы вплоть до денежных сумм и информации о связанных с нею китайских секретных обществах и отгрузочных списках купленного оружия. В синдикат нью-йоркских банкиров, поддержавших революцию Сунь Ят-сена, входил Чарльз Б. Хилл, поверенный в юридической фирме "Хант, Хилл & Беттс". В 1912 году эта фирма располагалась по адресу: Нью-Йорк, Бродвей 165, но в 1917 году она переехала на Бродвей 120 (значение этого адреса будет указано в главе 8). Чарльз Б. Хилл был директором в нескольких дочерних компаниях корпорации "Вестингауз", включая "Брайант Электрик", "Перкинс Электрик Суитч" и "Вестингауз Лэмп"; это все филиалы компании "Вестингауз Электрик", нью-йоркская контора которой тоже была расположена по адресу: Бродвей 120. Чарльз Р. Крейн, организатор дочерних компаний корпорации "Вестингауз" в России, сыграл известную роль в первой и второй фазах большевицкой революции (**см. главу** 2).

Деятельность синдиката Хилла в Китае в 1910 году зафиксирована в документах Лоренса Бута в Институте Гувера [**Стэнфорд, Калифорния.** См. также: Los Angeles Times. October 13, 1966]. Эти документы содержат свыше 110 относящихся к этому делу единиц хранения, включая письма Сунь Ят-сена своим американским покровителям и их ответы. В обмен на финансовую поддержку Сунь Ят-сен обещал синдикату Хилла железнодорожные, банковские и торговые концессии в новом революционном Китае.

Еще один случай поддержки революции нью-йоркскими финансовыми учреждениями относится к мексиканской революции 1915–1916 годов. В мае 1917 года нью-йоркский суд обвинил фон Ринтелена, германского шпиона в США [**Позже содиректор "Национальбанк фюр Дейчланд" вместе с Ялмаром Шахтом (банкиром Гитлера) и Эмилем Виттенбергом.**], в попытке "поссорить" США с Мексикой и Японией, чтобы отвлечь в другую сторону оружие, предназначенное для союзников в Европе [United States, Senate, Committee on Foreign Relations. Investigation of Mexican Affairs, 1920.]. Оплата оружия, которое отправлялось из США мексиканскому революционеру Панчо Вилье, производилась через "Гаранта Траст Компани". Советник фон Ринтелена Зоммерфельд заплатил через "Гаранта Траст" и "Миссисипи Вэлли Траст Компани" 380.000 долларов компании "Уэстерн Картридж" из города Алтон (штат Иллинойс) за оружие, отправленное в Эль-Пасо для переправки Вилье. Это было в середине 1915 года. 10 января 1916 года Вилья убил 17 американских шахтеров в Санта-Исабель, а 9 марта 1916 года он напал на город Колумбус (штат Нью-Мексико) и убил еще 18 американцев.

Участие Уолл-стрита в этих набегах на мексиканской границе стало предметом письма (от 6 октября 1916 года) американского коммуниста Линкольна Стеффенса полковнику Хаусу, адъютанту Вудро Вильсона:

"Мой дорогой полковник Хаус:

Как раз перед тем, как я в прошлый понедельник покинул Нью-Йорк, мне было сообщено из достоверного источника, что "Уолл-стрит" завершил приготовления к еще одному набегу мексиканских бандитов в США: он так приурочен ко времени и так жесток, что решит вопрос с выборами...".

После прихода к власти в Мексике, правительство Каррансы закупило дополнительное количество оружия в США. Был заключен контракт с компанией "Америкэн Ган" о поставке 5.000 маузеров, и Палата военной торговли выдала отгрузочную лицензию на 15.000 винтовок и 15.000.000 патронов. Американский посол в Мексике Флетчер "наотрез отказался рекомендовать или санкционировать отправку каких бы то ни было патронов, ружей и т. д. Каррансе" [Lincoln Steffens. *The Letters of Lincoln Steffens* (New York: Harcourt, Brace, 1941), 1:386]. Однако вмешательство государственного секретаря Роберта Лансинга свело это препятствие к временной задержке, после которой "вскоре... компания "Америкэн Ган" получит разрешение на отгрузку и поставку" [U.S., Senate, Committee on Foreign Relations. *Investigation of Mexican Affairs*, 1920, pts.2, 18, p. 681].

Набеги на США отрядов Вильи и Каррансы освещались в газете "Нью-Йорк таймс" как "техасская революция" (что-то вроде тренировки для большевицкой революции) и предпринимались совместно немцами и большевиками. Свидетельство Джона Э. Уолсса, окружного поверенного из Браунсвилля (штат Техас) в Комитете 1919 года было подкреплено документальными доказательствами связи между интересами большевиков в США, деятельностью немцев и силами Каррансы в Мексике [Ibid. 1, *New York Times*,

January 23, 1919]. Следовательно, правительство Каррансы, первое в мире, которое имело конституцию советского типа (написанную троцкистами), пользовалось поддержкой Уолл-стрита. Революция Каррансы, возможно, не была бы успешной без американского вооружения, и Карранса не пробыл бы у власти столько, сколько он продержался с американской помощью [U.S., Senate, *Committee on Foreign Relations*. Op. cit., pp. 795-96].

Аналогичное вмешательство в большевицкую революцию 1917 года в России вращается вокруг шведского банкира и посредника Олофа Ашберга. Рассказ об этом логичнее начать с дореволюционных царских займов у банковских синдикатов Уолл-стрита.

Американские банкиры и царские займы

В августе 1914 года Европа вступила в войну. По международному праву нейтральные страны (а США были нейтральны до апреля 1917 года) не могли давать займы воюющим странам. Это был вопрос как права, так и морали.

Когда дом Моргана предоставил военные займы Великобритании и Франции в 1915 году, Дж. П. Морган приводил доводы, что это вовсе не военные займы, а средство содействия международной торговле. Такое различие было искусно разработано президентом Вильсоном в октябре 1914 года; он объяснил, что продажа облигаций в США в интересах иностранных правительств фактически представляет собой сберегательный займ воюющим правительствам, а не финансирование войны. С другой стороны, принятие казначейских билетов или другого доказательства задолженности в платежах за товары является лишь средством, способствующим торговле, а не финансирующим военные действия [U.S., Senate. Hearings Before the Special Committee Investigating the Munitions Industry, 73-74 **Ш** Cong., 1934-37, pt. 25, p. 7666.].

Документы в фондах Государственного департамента показывают, что "Нэшнл Сити Бэнк", контролируемый Стиллменом и Рокфеллером, и "Гаранта Траст", контролируемый Морганом, совместно предоставили существенные займы воюющей России до вступления в войну США и что эти займы были предоставлены после того, как Государственный департамент указал этим фирмам, что они действуют вопреки международному праву. Кроме того, переговоры о займах проводились по официальной правительственной связи США с использованием "Зеленого шифра" высшего уровня Государственного департамента. Ниже приведены выдержки из телеграмм Государственного департамента, которые относятся к этому случаю.

24 мая 1916 года посол Фрэнсис в Петрограде послал в Государственный департамент в Вашингтон следующую телеграмму для передачи Фрэнку Артуру Вандерлипу, тогдашнему президенту "Нэшнл Сити Бэнк" в Нью-Йорке. Телеграмма была направлена по "Зеленому шифру" и была зашифрована и дешифрована сотрудниками Госдепартамента США в Петрограде и Вашингтоне за счет налогоплательщиков (**досье 861.51/110**).

"563, 24 мая, 13:00

Для Вандерлипа, Нэшнл Сити Бэнк, Нью-Йорк. Пять. Наши предыдущие мнения по кредиту укрепились. Мы рассматриваем переданный план как безопасные инвестиции плюс очень привлекательная спекуляция рублями. Ввиду гарантии обменного курса сделали курс немного выше нынешнего рыночного. Из-за неблагоприятного мнения, вызванного долгой задержкой, пришлось под собственную ответственность предложить взять двадцать пять миллионов долларов. Мы думаем, что значительная часть этого должна храниться в банках и связанных с ними учреждениях. При пункте договора в отношении таможни облигации становятся практическим правом удержания более чем ста пятидесяти миллионов долларов в год в случае неуплаты, причем таможня обеспечивает абсолютную безопасность и закрепляет рынок, даже если он дефектный. Мы считаем опцион в три [года?] по облигациям очень ценным, и по этой причине сумма рублевого кредита должна быть увеличена группой или путем распределения среди близких друзей. "Америкэн Интернэшнл" должна взять партию облигаций, и мы проинформируем правительство. Думаю, группа должна быть сформирована сразу же, чтобы взять, и выпуск облигаций... должен обеспечивать полную гарантию сотрудничества. Предлагаю Вам повидаться с Джеком лично, использовать все возможности, чтобы заставить их действительно работать, или сотрудничать с гарантией для образования новой группы. Возможности государственного и промышленного финансирования здесь на ближайшие десять лет очень большие, и если эта сделка будет завершена, они без сомнения осуществятся. При ответе имейте в виду ситуацию с телеграфом. Мак-Робертс Рич. Фрэнсис, американский посол" [U.S. State Dept. Decimal File, 861.51/110 (316-116-682).].

Относительно приведенной телеграммы необходимо подчеркнуть несколько моментов, чтобы понять историю, которая за ней последовала. Первое: отметьте ссылку на "Америкэн Интернэшнл Корпорейшн", фирму Моргана — название, которое снова и снова встречается в этой истории. Второе: слово "гарантия" относится к "Гаранта Траст Компани". Третье: Мак-Робертс это Сэмюэл Мак-Робертс, вице-президент и исполнительный директор "Нэшнл Сити Бэнк".

24 мая 1916 года посол Фрэнсис отправил по телеграфу сообщение от Рольфа Марша, представителя "Гаранта Траст" в Петрограде, в нью-йоркскую "Гаранта Траст" — и опять по особому "Зеленому шифру", вновь используя средства связи Государственного департамента. Эта телеграмма гласит:

"565, 24 мая, 18:00

для Гаранти Траст Компани, Нью-Йорк: Три. Олоф и я рассматриваем новое предложение, о котором заботится Олоф и которое скорее поможет, чем повредит Вашему престижу. Ситуация такова, что сотрудничество необходимо, если необходимо здесь делать большие дела. Настоятельно рекомендую Вам связаться с Сити для совместного рассмотрения и действий по всем крупным здешним предложениям. Определенные преимущества для обоих и не будет игры друг против друга. Представители Сити здесь хотят (написано рукой) такого сотрудничества. Рассматриваемое предложение исключает наш кредит на имя, а также опцион, но мы оба рассматриваем рублевый кредит с опционом по облигациям в предложениях. Второй параграф предлагает прекрасную выгодную возможность, настоятельно рекомендую Вам принять его. Просьба передать мне по телеграфу все полномочия для действий в связи с Сити. Учтите, что наше увлекательное предложение создает для нас удовлетворительную ситуацию и позволяет делать большие дела. Снова настоятельно рекомендую Вам взять двадцать пять миллионов из рублевого кредита. Никакой потери возможностей и определенные биржевые преимущества. Снова настоятельно рекомендую привлечь вице-президента. Эффект здесь будет определенно хорошим. Местный поверенный не имеет такого престижа и веса. Это идет через посольство по коду, ответьте так же. Смотрите телеграмму о возможностях.

Рольф Марш, Фрэнсис, американский посол

Примечание:

Все сообщение дано Зеленым шифром.

Телеграфный кабинет" [U.S. State Dept. Decimal File, 861.51/112]

"Олоф" в телеграмме означает Олофа Ашберга, шведского банкира и главы "Ниа Банкен" в Стокгольме. Аш-берг был в Нью-Йорке в 1915 году и вел переговоры с фирмой Моргана об этих русских займах. Теперь, в 1916 году, он был в Петрограде с Рольфом Маршем из "Гаранта Траст" и Сэмюэлем Мак-Робертсом и Ричем из "Нэшнл Сити Бэнк" (в телеграмме "Сити"), организуя займы для консорциума Моргана-Рокфеллера. В следующем году Ашберг, как мы увидим позже, станет известным как "большевицкий банкир", и в его мемуарах приведены доказательства его права на этот титул.

В досье Государственного департамента также имеется серия телеграмм между послом Фрэнсисом, исполняющим обязанности секретаря Фрэнком Полком и государственным секретарем Робертом Лансингом о законности и уместности передачи телеграмм "Нэшнл Сити Бэнка" и "Гаранта Траст" за государственный счет. 25 мая 1916 года посол Фрэнсис направил в Вашингтон телеграмму, сославшись на две предыдущие, следующего содержания:

"569, 25 мая, 13:00

Мои телеграммы 563 и 565 от 24 мая направлены за местных представителей учреждений-адресатов в надежде заключения займа, который значительно увеличит международную торговлю и даст большие выгоды (в дипломатических отношениях). Перспективы успеха многообещающие. Представители в Петрограде считают выдвинутые условия весьма удовлетворительными, но опасаются, что такие представления в их учреждения могут помешать заключению займа, если здешнее правительство узнает об этих предложениях. Фрэнсис, американский посол" [U.S. State Dept. Decimal File, 861.51/111].

Основная причина, которой Фрэнсис оправдывает содействие в передаче телеграмм, — "надежда заключения займа, который значительно увеличит международную торговлю". Однако передача коммерческих сообщений с использованием средств Государственного департамента была запрещена, и 1 июня 1916 года Полк телеграфирует Фрэнсису:

"842 Ввиду инструкции Департамента, содержащейся в его циркулярной телеграмме от 15 марта (прекращение передачи коммерческих сообщений) **Написано от руки в скобках.**] 1915 года, прошу объяснить, почему надо было передать сообщения в Ваших 563, 565 и 575. После этого просьба точно следовать инструкциям Департамента.

Исполняющий обязанности. (861.51/112 и /110) Полк"

Затем, 8 июня 1916 года государственный секретарь Лансинг расширил этот запрет и ясно заявил, что предлагаемые займы являются незаконными:

"860 Ваши 563, 565, 24 мая, и 569, 25 мая, 13:00. До передачи сообщений Вандерлипу и Гаранти Траст Компани я должен проверить, не относятся ли они к займам любого вида российскому правительству. Если да, я сожалею, что Департамент не сможет участвовать в их передаче, так как такое действие подвергнет его оправданной критике из-за участия нашего правительства в сделке о займе воюющей стране для цели ведения ее военных операций. Такое участие противоречит общепринятой норме международного права о том, что нейтральные правительства не должны оказывать помощь осуществлению военных займов воюющим странам".

Последняя строка написанной Лансингом телеграммы не была передана в Петроград. Эта строка гласит: "Нельзя ли организовать пересылку этих сообщений по русским каналам?"

Как мы можем оценить эти телеграммы и вовлеченные стороны?

Ясно, что круги Моргана-Рокфеллера не были заинтересованы в соблюдении норм международного права. В этих телеграммах есть очевидное намерение предоставить займы воюющим странам. Эти фирмы без колебаний использовали для переговоров средства Государственного департамента. Кроме того, несмотря на протесты. Государственный департамент позволил сообщениям пройти. В заключение, и что самое интересное для последующих событий, Олоф Ашберг, шведский банкир, был видным участником и посредником в переговорах от имени "Гаранти Траст". Поэтому, давайте присмотримся к Олофу Ашбергу.

Олоф Ашберг в Нью-Йорке, 1916 год

Олоф Ашберг, "большевицкий банкир" (или "банкир народной революции", как его называла германская пресса), был владельцем банка "Ниа Банкен", основанного в 1912 году в Стокгольме. В число его содиректоров входили видные члены шведских кооперативов и шведские социалисты, включая Г.В. Даля, К.Г. Рослинга и К. Герхарда Магнуссона [Olof Aschberg. *En Vandrande Jude Fran Glasbruksgatan* (Stockholm: Albert Bonniers Forlag, n.d.), pp. 98–99, **которая включена в:** Memoarer (Stockholm: Albert Bonniers Forlag, 1946). **Для дальнейшей информации об Ашберге см. также:** Gastboken (Stockholm: Tidens Forlag, 1955).]. В 1918 году из-за финансовых операций в пользу Германии "Ниа Банкен" попал в черный список союзников. После этого "Ниа Банкен" сменил свое название на "Свенск Экономиболагет". Банк оставался под контролем Ашберга и принадлежал главным образом ему. Лондонским агентом банка был "Бритиш Бэнк оф Норт Коммерс", президентом которого был Эрл Грей, бывший коллега Сесила Родса. В число других лиц заинтересованного круга деловых коллег Ашберга входили: Красин, который до большевицкой революции (когда он сменил окраску на видного большевика) был русским управляющим фирмы "Сименс-Шукерт" в

Петрограде; Карл Фюрстенберг, министр финансов в первом большевицком правительстве;[15] и вице-президент "Гаранта Траст" в Нью-Йорке Макс Мэй, отвечающий за иностранные операции. Олоф Ашберг был такого высокого мнения о Максе Мэе, что фотография Мэя помещена в книге Ашберга [**Aschberg. p. 123**].

Летом 1916 года Олоф Ашберг находился в Нью-Йорке, представляя "Ниа Банкен" и П. Барка, царского министра финансов. Главным делом Ашберга в Нью-Йорке, как писала "Нью-Йорк таймс" от 4 августа 1916 года, было заключение соглашения о займе в 50 миллионов долларов для России с американским банковским синдикатом, возглавлявшимся "Нэшнл Сити Бэнк" (НСБ) Стиллмена. Эта сделка была заключена 5 июня 1916 года; ее результатом стал кредит России в 50 миллионов долларов в Нью-Йорке по банковской ставке 7,5 % годовых и соответствующий кредит в 150 миллионов рублей для НСБ в России. Затем нью-йоркский синдикат изменил политику и выпустил на американский рынок 6,5 %-ные сертификаты от своего имени на сумму в 50 миллионов долларов. Таким образом, синдикат НСБ получил прибыль на 50-миллионном займе России, выпустил его на американский рынок для получения дополнительной прибыли и получил кредит на 150 миллионов рублей в России.

---

[15] Яков (не Карл) Фюрстенберг-Ганецкий (1879–1937) был не министром, а членом коллегий наркомата финансов, затем — наркомата внешней торговли и наркомата иностранных дел. Первым наркомом финансов был масон И.И. Скворцов-Степанов. — Прим. ред. "РИ".

Во время своего посещения Нью-Йорка по поручению царского российского правительства Ашберг пророчествовал о будущем для Америки в России:

"Когда борьба окончится, по всей стране для американского капитала и американской инициативы будет существовать благоприятная обстановка вследствие пробуждения, вызванного войной. Сейчас в Петрограде много американцев, представляющих фирмы, которые следят за ситуацией, и как только наступит изменение, должна развиться обширнейшая американская торговля с Россией" [*New York Times*. August 4, 1916.].

Олоф Ашберг в большевицкой революции

В то время как в Нью-Йорке осуществлялась эта операция с царским займом, "Ниа Банкен" и Олоф Ашберг направляли средства от германского правительства российским революционерам, которые в конечном счете свергли "комитет Керенского" и установили большевицкий режим.

Доказательства тесной связи Олофа Ашберга с финансированием большевицкой революции поступают из различных источников, одни из которых имеют бо́льшую ценность, другие меньшую. "Ниа Банкен" и Олоф Ашберг часто упоминаются в документах Сиссона (см. гл. 3); однако, Джордж Кеннан скрупулезно проанализировал эти документы и доказал, что они поддельные, хотя отчасти и основываются на подлинном материале. Еще одно доказательство исходит от полковника Б.В. Никитина, занимавшегося контрразведкой в правительстве Керенского; оно состоит из 29 телеграмм, переданных из Стокгольма в Петроград и обратно, касающихся финансирования большевиков. Три из них относятся к банкам телеграммы 10 и 11 относятся к "Ниа Банкен", а телеграмма 14 относится к "Русско-Азиатскому Банку" в Петрограде.[16]

Телеграмма 10 гласит:

"Гиза Фюрстенберг Сальтшэбадсн. Финансы весьма затруднительны абсолютно нельзя дать крайнем случае 500 как последний раз карандашах громадные убытки оригинал безнадежно пуст Нюе Банкен телеграфирует новых 100 тысяч Суменсон".

А вот телеграмма 11:

"Козловскому Сергиевская 81. Первые письма получили Нюэ Банкен телеграфировали телеграфируйте кто Соломон предлагает местное телеграфно агентство ссылается Бронека Савельевича Авилова".

Фюрстенберг был посредником между Парвусом (Александр И. Гельфанд) и германским правительством. Майкл Футрелл делает вывод об этих переводах:

"Было установлено, что в течение последних нескольких месяцев она [Евгения Суменсон] получила почти миллион рублей от Фюрстенберга через Ниа Банкен в Стокгольме и что эти деньги поступили из германских источников" [Michael Futrell. *Northern Underground* (London: Faber and Faber, 1963), p. 162.].

Телеграмма 14 из подборки Никитина гласит: "Фюрстенберг Сальтшэбаден. Номер 90 Внесла в Русско-

---

[16] Тексты телеграмм воспроизводятся нами по книге: Никитин Б. Роковые годы. Париж. 1937. С. 112–114. — Прим. ред. "РИ".

Азиатский сто тысяч Сумэнсон". Представителем "Русско-Азиатского Банка" в США была компания "МакГрегор Грант", располагавшаяся по адресу: Нью-Йорк, Бродвей 120, а финансировался банк компанией "Гаранта Траст" в США и "Ниа Банкен" в Швеции.

Еще раз "Ниа Банкен" упоминается в материале "Обвинения против большевиков", который был опубликован еще при Керенском. Особого внимания в этом материале заслуживает документ, подписанный бывшим членом Второй Государственной думы Григорием Алексинским и касающийся переводов денег большевикам. Документ, в частности, гласит:

"В соответствии с только что полученной информацией, этими доверенными лицами в Стокгольме были: большевик Яков Фюрстенберг, более известный под именем "Хансцки (Ганецкий), и Парвус (д-р Гельфанд); в Петрограде: большевицкий адвокат М.У. Козловский, Сумэнсон, родственница Ханецкого, занимавшаяся спекуляцией вместе с Ханецким, и другие. Козловский — главный получатель германских денег, которые переводятся из Берлина через посредство акционерного общества "Дисконто-Гезельшафт" в стокгольмский "Виа Банк", а оттуда в "Сибирский Банк" в Петрограде, где сальдо его счета в настоящее время равно более чем 2.000.000 рублей. Военная цензура раскрыла непрерывный обмен телеграммами политического и финансового характера между германскими агентами и лидерами большевиков [Стокгольм-Петроград]" [**См.** Robert Paul Browder and Alexander F. Kerensky. *The Russian Provisional Government, 1917* (Stanford, Calif.: Stanford University Press, 1961), 3: 1365. **"Виа Банк" тут явно означает "Ниа Банкен".**].

Кроме того, в досье Государственного департамента есть сообщение, кодированное "Зеленым шифром", из посольства США в Христианин (переименована в Осло в 1925 году), Норвегия, от 21 февраля 1918 года, которое гласит: "Меня информировали, что средства большевиков депонированы в Ниа Банкен в Стокгольме. Дипломатической миссии в Стокгольме сообщено. Шмедеман" [U.S. State Dept. Decimal File, 861.00/1130.].

В заключение Майкл Футрелл, который расспрашивал Олофа Ашберга незадолго до его смерти, делает вывод, что средства большевиков были действительно переведены из Германии через посредство "Ниа Банкен" и Якова Фюрстенберга под прикрытием платежа за поставленные товары. По Футреллу, Ашберг сообщил ему, что Фюрстенберг вел коммерческие дела с "Ниа Банкен" и направлял средства в Петроград. Эти заявления подтверждены в мемуарах Ашберга (стр. 70). В общем, Ашберг со своим "Ниа Банкен" несомненно являлся каналом для средств, использованных в большевицкой революции, а "Гаранта Траст" была косвенно связана через свою ассоциацию с Ашбергом и его долей в компании "МакГрегор Грант" из Нью-Йорка, которая в свою очередь была агентом "Русско-Азиатского Банка", еще одного орудия перевода этих средств.

"Ниа Банкен" и "Гаранти Траст" вступают в "Роскомбанк"

Через несколько лет, осенью 1922 года, Советы создали свой первый международный банк. Он основывался на синдикате, в котором участвовали бывшие российские частные банкиры и новые инвесторы из числа германских, шведских, американских и британских банкиров. Известный как "Роскомбанк"[17] ("Внешторгбанк" или "Банк для внешней торговли"), он возглавлялся Олофом Ашбергом; в его правление входили российские частные банкиры царского времени, представители германских, шведских и американских банков и, конечно, представители Советского Союза. Дипломатическая миссия США в Стокгольме, сообщая в Вашингтон об этом деле, отметила относительно Ашберга, что "его репутация плохая. Он упоминается в документе 54 из документов Сиссона и в диппочте № 138 от 4 января 1921 года из дипломатической миссии в Копенгагене" [U.S. State Dept. Decimal File, 861.516/129, August 28. 1922. **Донесение в Государственный департамент из Стокгольма, датированное 9 октября 1922 года (861.516/137), в отношении Ашберга гласит: "Я встретил г-на Ашберга несколько недель назад, и в беседе он в сущности сказал все, что содержится в сообщении. Он также попросил меня узнать, может ли он посетить США, и назвал в качестве поручителей несколько видных банков. В связи с этим, однако, я хочу привлечь внимание Департамента к документу 54 из документов Сиссона, а также ко многим другим донесениям, которые отправляла наша дипломатическая миссия в отношении этого человека во время войны; его репутация и положение плохие. Он, несомненно, работает в тесной связи с Советами, а в течение всей войны тесно сотрудничал с немцами"** (U.S. State Dept. Decimal File, 861.516/137, Stockholm, October 9,1922. **Подпись под сообщением:** Ira N. Morris). Имеется в виду "Русско-Азиатский Банк". — Прим. ред. "РИ".].

---

[17] Российский коммерческий банк". — Прим. ред. "РИ".

Иностранный банковский консорциум, участвовавший в "Роскомбанке", представлял в основном британский капитал Он включал компанию "Руссо-Эйшиэтик Консолидейтед Лимитед", которая была одним из крупнейших частных кредиторов России и которой Советы предоставили 3 миллиона фунтов стерлингов как компенсацию за ущерб, нанесенный ее имуществу в Советском Союзе в результате национализации. Само британское правительство уже купило солидные доли в российских частных банках; согласно отчета Государственного департамента: "Британское правительство осуществило большие инвестиции в рассматриваемый консорциум" [Ibid., 861.516/130. September 13, 1922.].

Консорциуму предоставлялись крупные концессии в России, и банк имел акционерный капитал в 10 миллионов золотых рублей. В датской газете "Националь тиденде" сообщалось, что "были созданы возможности для сотрудничества с советским правительством, которые были бы невозможны путем политических переговоров" [Ibid.]. Другими словами, как продолжает газета, политики не смогли добиться сотрудничества с Советами, но "можно считать как нечто само собой разумеющееся, что капиталистическая эксплуатация России начинает принимать более определенные формы" [Ibid.].

В начале октября 1922 года Олоф Ашберг встретился в Берлине с Эмилем Виттенбергом, директором "Националь банк фюр Дейчланд", и Шейнманом, главой Государственного банка РСФСР. После бесед о германском участии в "Роскомбанке" эти три банкира поехали в Стокгольм и там встретились с Максом Мэем, вице-президентом "Гаранти Траст Компани". Макс Мэй был тогда назначен директором иностранного отдела "Роскомбанка"; кроме него директорами были: Шлезингер, бывший глава "Московского Купеческого Банка", Калашкин, бывший глава банка "Юнкер", и Терновский, бывший глава "Сибирского Банка". Последний банк был частично куплен британским правительством в 1918 году. Шведский профессор Густав Кассель по договоренности стал советником "Роскомбанка". Шведская газета "Свенскадагбладет" (от 17 октября 1922 года) приводит следующие слова Касселя:

"То, что Россия учредила банк для решения чисто банковских вопросов, является большим шагом вперед, и мне кажется, что этот банк был создан, чтобы что-то делать для строительства новой экономической жизни в России. России нужен именно банк для налаживания внутренней и внешней торговли. Если между Россией и другими странами должны вестись дела, для этого необходим банк. Этот шаг вперед должен всячески поддерживаться другими странами, и когда спрашивают моего совета, я отвечаю, что готов его дать. Я не выступаю за негативную политику и считаю, что для помощи в позитивной реконструкции следует использовать любую возможность. Большая проблема сейчас — это возврат российской валюты к нормальной работе. Это сложная проблема, которая нуждается в серьезном изучении. Для ее разрешения я, естественно, очень хочу принять участие в этой работе. Безрассудно было бы предоставлять Россию с ее ресурсами ее собственной судьбе" [Ibid., 861.516/140, Stockholm, October 23, 1922.].

Бывшее здание "Сибирского Банка" в Петрограде использовалось как штаб-квартира "Роскомбанка", целями которого были получение краткосрочных займов за границей, привлечение иностранного капитала в Советский Союз и общее содействие российской внешней торговле. Он открылся 1 декабря 1922 года в Москве, в нем работало около 300 человек.

В Швеции "Роскомбанк" был представлен стокгольмским "Свенска Экономиболагет", то есть это был "Ниа Банкен" Олофа Ашберга под новым названием, а в Германии — берлинским "Гаранта унд Кредитбанк фюр ден Остен". В США банк представляла нью-йоркская Таранти Траст Компани". При открытии банка Олоф Ашберг сказал:

"Новый банк будет контролировать закупки машин и сырья в Англии и США, и он будет гарантировать выполнение контрактов. Вопрос о закупках в Швеции еще не поднимался, но есть надежда, что позже это произойдет" [**Ibid., 861.516/147, December 8, 1922.**].

При вступлении в "Роскомбанк" Макс Мэй из "Гаранта Траст" сделал аналогичное заявление:

"США, будучи богатой страной с хорошо развитой промышленностью, не нуждаются в импорте чего-либо из зарубежных стран, но... они очень заинтересованы с экспорте своей продукции в другие страны и считают Россию наиболее подходящим рынком для этой цели, учитывая огромные потребности России во всех сферах ее экономической жизни" [**Ibid., 861.516/144, November 18, 1922.**].

Мэй заявил, что "Российский коммерческий банк" является "очень важным" и что он будет "главным образом финансировать все отрасли российской промышленности".

С самого начала операции "Роскомбанка" были ограничены советской монополией на внешнюю торговлю. Банк испытывал трудности в получении депонированных за границей авансов за русские товары. Из-за того, что их переводили на имя советских торговых представительств, большая доля средств "Роскомбанка" была заперта на депозитных счетах в Государственном банке РСФСР. В конце концов, в начале 1924 года "Российский коммерческий банк" был слит с советским Комиссариатом внешней торговли, а Олоф Ашберг был смещен со своего поста в банке по причине, как заявили в Москве, его злоупотреблений средствами банка. Его первоначальная связь с банком объяснялась его дружбой с Максимом Литвиновым. Через эту связь, как говорится в отчете Государственного департамента, Олоф Ашберг имел доступ к крупным суммам денег для осуществления платежей за товары, заказываемые Советами в Европе:

"Эти суммы явно вносились в "Экономиболагет", частную банковскую фирму, принадлежащую г-ну Ашбергу. Теперь утверждают [так], что якобы большая часть этих средств была использована г-ном Ашбергом для осуществления вкладов на свой личный счет, и что он сейчас пытается сохранить свой пост в банке ввиду того, что этими деньгами владеет он. По мнению моего осведомителя, г-н Ашберг был не единственным, кто наживался на операциях с советскими деньгами, он делил выручку с теми, кто ответствен за его назначение в "Российский коммерческий банк", среди них и Литвинов" [Ibid., 861.316/197, Stockholm, March 7, 1924.].

Затем "Роскомбанк" стал "Внешторгбанком", под каковым названием он известен и сегодня.

Теперь мы вернемся назад и рассмотрим деятельность во время первой мировой войны "Гаранта Траст Компани" — нью-йоркского компаньона Ашберга, чтобы более основательно исследовать ее роль в эпоху революции в России.

"Гаранти Траст Компани" и германский шпионаж в США, 1914–1917 [Этот раздел основан на материалах слушаний в Комитете Овермана Сената США, 1919 г.: U.S. Senat, *Brewing and Liquor Interests and German and Bolshevik Propaganda*. Hearings bevor the Subcommittee on the Judiciary, 65th Cong., 1919, 2:2154-74.]

Во время первой мировой войны Германия собрала в Нью-Йорке значительные средства для шпионажа и тайных операций в Северной и Южной Америке. Важно проследить путь этих средств, поскольку они поступали от тех же фирм — "Гаранти Траст Компани" и "Америкэн Интернэшнл Корпорейшн", — которые были вовлечены в большевицкую революцию и ее последствия, не говоря уже о том факте (отмеченном в главе зу; что германское правительство также финансировало революционную деятельность Ленина.

В 1919 году американская военная разведка передала в Комитет Овермана Сената США сведения о займах, предоставленных американскими банками германской стороне в годы первой мировой войны. Эти сведения основывались на письменном показании Карла Хайнена, который прибыл в США в апреле 1915 года для оказания помощи д-ру Альберту в коммерческих и финансовых делах германского правительства. Официальной функцией Хайнена были перевозки товаров из США в Германию через Швецию, Швейцарию и Голландию. На самом же деле он по уши погряз в тайных операциях.

Крупнейшими займами, полученными Германией в США в период между 1915 и 1918 годами, по мнению Хайнена, были следующие. Первый заём в 400.000 долларов был предоставлен примерно в сентябре 1914 года инвестиционными банкирами "Кун, Леб & Ко.". Параллельно ломбардная сумма в 25 миллионов марок была депонирована у Макса М. Варбурга в Гамбурге, в германском филиале фирмы "Кун, Леб & Ко.". Капитан Джордж Б. Лестер из военной разведки рассказал Сенату, что ответом Хайнена на вопрос: "Почему Вы пошли к фирме "Кун, Леб & Ко."?" — было: "Мы считали фирму "Кун, Леб & Ко." естественными банкирами германского правительства и Рейхсбанка".

Второй заём, на 1,3 миллиона долларов, поступил не прямо из США, а был заключен с Джоном Симоном, агентом акционерного общества "Зюддойче Дисконто-Гезельшафт", для получения средств на отправку товаров в Германию.

Третий заём был получен от "Чейз Нэшнл Банк" (группа Моргана) на сумму 3 миллиона долларов. Четвертью заём в 1 миллион долларов был дан банком "Мекэникс энд Металс Нэшнл". Из этих займов финансировалась германская шпионская деятельность в США и Мексике. Некоторые средства можно проследить до Зоммерфельда, который был советником фон Ринтелена (еще один германский шпион), а позже был связан с Ялмаром Шахтом и Эмилем Виттенбергом. Зоммерфельд должен был закупать боеприпасы для использования их в Мексике. Он имел счет в "Гаранти

Траст Компани", откуда и шли платежи в компанию "Уэстерн Картридж Ко.", г. Альтон (штат Иллинойс) за боеприпасы, которые переправлялись в Эль-Пасо для использования их мексиканскими бандитами Панчо Вильи. На боеприпасы, пропаганду в Мексике и тому подобную деятельность было истрачено около 400.000 долларов.

Тогдашний германский посол граф фон Берншторф рассказал о своей дружбе с Адольфом фон Павенштедтом, старшим партнером фирмы "Амсинк & Ко", которая контролировалась корпорацией "Америкэн Интернэшнл", а в ноябре 1917 года стала и принадлежать ей. "Америкэн Интернэшнл Корпорейшн" часто фигурирует в последних главах этой книги; в ее совет директоров входили главные лица Уолл-стрита: Рокфеллер, Кан, Стиллмен, Дюпон, Уинтроп и т. д. По мнению фон Берншторфа, фон Павенштедт был "близко знаком со всеми сотрудниками посольства" [Count von Bemstorff. *My Three Years in America* (New York: Scribner's, 1920), p. 261.]. Сам фон Берншторф считал фон Павенштедта одним из наиболее уважаемых, "если не самым уважаемым имперским немцем в Нью-Йорке" [Ibid.]. Действительно, фон Павенштедт "в течение многих лет был главным кассиром германской шпионской сети в этой стране" [Ibid.]. Другими словами, не возникает сомнения, что фирма "Амсинк & Ко", контролируемая корпорацией "Америкэн Интернэшнл", была тесно связана с финансированием германского шпионажа военного времени в США. В подтверждение последнего заявления фон Берншторфа существует фотография чека в пользу "Амсинк", датированного 8 декабря 1917 года — ровно через месяц после начала большевицкой революции в России — и подписанного фон Папеном (еще один германский шпион); на корешке чека есть пометка: "расходы на проезд фон В." (то есть фон Веделла). Френч Строзерс [French Strothers. *Fighting Germany's Spies* (Garden City, N.Y.: Double-day, Page,1918), p. 152.], который опубликовал эту фотографию, заявил, что этот чек свидетельствует о том, что фон Папен "стал соучастником преступления против американских законов"; это также дает возможность выдвинуть аналогичное обвинение и против "Амсинк & Ко".

Пауль Боло-Паша, еще один германский шпион и видный французский финансист, ранее служивший египетскому правительству, прибыл в Нью-Йорк в марте 1916 года с рекомендательным письмом к фон Павен-штедту. Через последнего Боло-Паша встретился с Хуго Шмидтом, директором "Дойче Банк" в Берлине, и его представителем в США. Одним из проектов Боло-Паши была покупка иностранных газет, чтобы повлиять на их передовицы в пользу Германии. Средства для этой программы были организованы в Берлине в виде кредита от "Гаранта Траст Компани", причем впоследствии этот кредит был предоставлен через фирму "Амсинк & Ко.". Адольф фон Павенштедт из фирмы "Амсинк" в свою очередь передавал эти средства Боло-Паше.

Другими словами, и "Гаранта Траст Компани", и "Амсинк & Ко.", филиал "Америкэн Интернэшнл Корпорейшн", были непосредственными участниками германского шпионажа и другой деятельности в США. Можно установить, что некоторые нити тянулись от этих фирм к каждому из крупных германских деятелей в США: д-ру Альберту, Карлу Хайнену, фон Ринтелену, фон Папену, графу Жаку Минотто (см. ниже) и Паулю Боло-Паше.

В 1919 году сенатский Комитет Овермана также установил, что "Гаранта Траст" "не нейтральным образом" играла активную роль в финансировании действий Германии в ходе первой мировой войны. Это проясняется из свидетельства офицера разведки США Беккера:

"В своей миссии Хуго Шмидт [из "Дойче Банк"] широко использовал помощь некоторых американских банковских учреждений. Это было, когда мы были нейтральными, но их действия наносили ущерб британским интересам, и у меня есть достаточные данные о действиях "Гаранти Траст Компани" в этом отношении; мне хотелось бы узнать, пожелает ли Комитет заслушать их.

Сенатор Нельсон: Это отделение "Сити Бэнк", не так ли?

Г-н Беккер: Нет.

Сенатор Оверман: Если это было враждебно британским интересам, то это не было нейтральным, и я думаю, что вам лучше это раскрыть.

Сенатор Кинг: Была ли это обычная банковская сделка?

Г-н Беккер: Это как посмотреть. Она имеет отношение к маскировке валюты, чтобы она казалась нейтральной валютой, когда в действительности это была немецкая валюта в Лондоне. В результате этих операций, в которых "Гаранти Траст" участвовала главным образом между 1 августа 1914 года и моментом вступления Америки в войну, "Дойче Банк" сумел в своих отделениях в Южной Америке получить от Лондона 4.670.000 фунтов стерлингов.

Сенатор Оверман: Я полагаю, это компетентно" [U.S. Senate, Overman Committee, 2:2009.].

И важно здесь не то, что Германии предоставлялась финансовая помощь, которая была лишь незаконной, а то, что директора "Гаранти Траст" в то же время оказывали финансовую помощь союзникам. Другими словами, "Гаранти Траст" финансировал обе стороны конфликта. Это ставит вопрос о нравственности.

Нити "Гаранти траст" — Минотто — Кайо [Этот раздел основывается на следующих источниках (а также на цитируемых в других местах): Jean Bardanne. *Le Colonel Nicolai: espion de genie* (Paris: Editions Siboney, n.d.); Cours de Justice. *Affaire Caillaux*, Loustalot et Comby: Procedure Generate Interrogatoires (Paris, 1919), pp. 349-50. 937-46; Paul Vergnet. *L'Affaire Caillaux* (Paris, 1918), especially the chapter titled "Marx de Mannheim"; Henri Guemut, Emile Kahn and Camille M. Lemer-cier. Etudes documentaires sur L'Affaire Caillaux (Paris, n.d.), pp. 1012-15; and George Adam. *Treason and Tragedy: An Account of French War Trials* (London: Jonathan Cape, 1929).]

Личность графа Жака Минотто — наиболее неправдоподобная, но доказуемая и постоянная нить, которая связывает большевицкую революцию в России с германскими банками и германским шпионажем во время первой мировой войны в США, с компанией "Гаранти Траст" в Нью-Йорке, с неудавшейся большевицкой революцией во Франции и последующими судами по шпионскому делу Кайо-Мальви.

Жак Минотто родился 17 февраля 1891 года в Берлине от отца-австрийца, выходца из итальянской знати, и матери-немки. Молодой Минотто получил образование в Берлине и в 1912 году поступил там на службу в "Дойче Банк". Почти сразу же Минотто был направлен в США в качестве помощника Хуго Шмидта, заместителя директора "Дойче Банк" и его нью-йоркского представителя. После года работы в Нью-Йорке Минотто был переведен от "Дойче Банк" в Лондон, где он вращался в высоких политических и дипломатических кругах. В начале первой мировой войны Минотто вернулся в США и сразу же встретился с германским послом графом фон Бернсторфом, после чего стал сотрудником "Гаранти Траст Компани" в Нью-Йорке. В "Гаранти Траст" Минотто подчинялся непосредственно Максу Мэю, директору ее иностранного отдела и приятелю шведского банкира Олофа Ашберга. Минотто не был мелким банковским служащим. Допросы в парижском суде над Кайо в 1919 году установили, что Минотто работал непосредственно под руководством Макса Мэя [**См. конец этой главы.**]. 25 октября 1914 года "Гаранти Траст" послала Жака Минотто в Южную Америку для подготовки отчета о политической, финансовой и торговой ситуации. Так же, как в Лондоне, Вашингтоне и Нью-Йорке, Минотто вошел там в высшие дипломатические и политические круги. Одной из целей поездки Минотто в Латинскую Америку было создание механизма, по которому "Гаранти Траст" могла быть использована в качестве посредника для ранее упоминавшегося получения средств Германией на лондонском денежном рынке, который был тогда закрыт для Германии из-за первой мировой войны. Минотто вернулся в США, возобновил свою связь с графом фон Бернсторфом и графом Люксбергом и позже, в 1916 году, попытался поступить на службу в военно-морскую разведку США. После этого он был арестован по обвинению в прогерманской деятельности. После ареста Минотто работал на чикагском заводе своего тестя Луи Свифта из фирмы по производству мясных консервов "Свифт & Ко.". Для освобождения Минотто Свифт предоставил залог в 50.000 долларов и адвоката Генри Видера фирмы "Свифт & Ко.". Позже за прогерманскую деятельность был арестован сам Луи Свифт. Интересное и немаловажное совпадение: "майор" Харольд Х. Свифт, брат Луи Свифта, был членом миссии Красного Креста под руководством Уильяма Бойса Томпсона в Петрограде в 1917 году, то есть он был одним из группы юристов и бизнесменов Уолл-стрита, чьи тесные связи с российской революцией будут описаны далее. Хелен Свифт Нельсон, сестра Луи и Харольда Свифтов, позже была в контакте с прокоммунистическим центром им. Авраама Линкольна "Единство". Это создает некоторую взаимосвязь между германскими банками, американскими банками, германскими шпионами и, как мы увидим позже, большевицкой революцией [**Эта связь подробно рассматривается в трехтомном отчете Комитета Овермана за 1919 год. См. библиографию.**].

Жозеф Кайо — известный (иногда его называли "печально известным") французский политический деятель. Он также был связан с графом Минотто, когда тот работал в Латинской Америке на "Гаранта Траст", а позже был замешан в знаменитых французских делах о шпионаже 1919 года, которые имели отношение к большевикам. В 1911 году Кайо стал министром финансов, а затем, в том же году, премьер-министром Франции. Джон Луи Мальви был назначен заместителем статс-секретаря в правительстве Кайо. Через несколько лет мадам Кайо убила Гастона Кальметта, редактора крупной парижской газеты "Фигаро". Следствие установило, что мадам Кайо убила Кальметта, чтобы не допустить опубликования некоторых компрометирующих документов. Дело привело к выезду Кайо и его жены из Франции. Они уехали в Латинскую Америку и там встретились с графом Минотто, агентом "Гаранта Траст Компани", который находился в Латинской Америке с целью создания посреднических фирм для германских финансов. Граф Минотто публично появлялся вместе с четой Кайо в Рио-де-Жанейро и Сан-Пауло (Бразилия), в Монтевидео (Уругвай) и в Буэнос-Айресе (Аргентина). Другими словами, граф Минотто постоянно сопровождал чету Кайо во время ее пребывания в Латинской Америке [**См.**: Rudolph Binion. *Defeated Leaders* (New York: Columbia University Press, 1960).]. По возвращении во Францию Кайо и его жена жили в Биаррице в качестве гостей Пауля Боло-Паши, который, как мы уже знаем, также был германским шпионом в США и Франции [George Adam. *Treason and Tragedy: An Account of French War Trials* (London: Jonathan Cape, 1929).]. Позже, в июле 1915 года, и граф Минотто прибыл во Францию из Италии и встретился с четой Кайо; в том же году чета Кайо вновь посетила Боло-Пашу в Биаррице. Другими словами, в 1915 и 1916 годах Кайо установил постоянные дружеские взаимоотношения с графом Минотто и Боло-Пашой, которые оба были германскими агентами в США.

Работа Боло-Паши во Франции заключалась в том, чтобы наращивать прогерманское влияние в парижских газетах "Тан" и "Фигаро". Затем Боло-Паша уехал в Нью-Йорк, куда прибыл 24 февраля 1916 года. Там он должен был заключить соглашение о займе в 2 миллиона долларов, для чего связался с фон Павенштедтом, видным германским агентом в "Амсинк & Ко." [Ibid.].

Северанс Джонсон в книге "Враг внутри", связав Кайо и Мальви с неудавшейся французской большевицкой революцией 1918 года, заявил, что в случае удачи этой революции "Мальви был бы французским Троцким, если бы Кайо стал французским Лениным" [Severance Johnson. *The Enemy Within* (London: George Alien & Unwin, 1920).]. Кайо и Мальви на немецкие деньги создали во Франции радикальную социалистическую партию и за эту подрывную деятельность попали под суд. Судебные следователи по делам о шпионаже во Франции в 1919 году представили свидетельства, касающиеся нью-йоркских банкиров и их отношений с этими германскими шпионами. Они также вскрыли связи между "Гаранта Траст Компани" и "Дойче Банк" и сотрудничество между Хуго Шмидтом из "Дойче Банк" и Максом Мэем из "Гаранта Траст Компани", а также между графом Минотто и Кайо. В этом деле (страница 940) имеется следующая выдержка из письменных показаний графа Минотто (в переводе с французского):

"Вопрос: Кто был вашим начальником в "Гаранта Траст"?

Ответ: Г-н Макс Мэй.

Вопрос: Он был вице-президентом?

Ответ: Он был вице-президентом и начальником иностранного отдела".

Позже, в 1922 году, Макс Мэй стал директором советского "Роскомбанка", представляя в этом банке интересы "Гаранта Траст". Французское следствие устанавливает, что граф Минотто, германский шпион, был на службе в "Гаранта Траст Компани", что его начальником был Макс Мэй и что Макс Мэй также был в тесном контакте с большевицким банкиром Олофом Ашбергом. Короче: Макс Мэй из "Гаранта Траст" был связан с незаконным сбором средств и германским шпионажем в США во время первой мировой войны; он косвенно был связан с большевицкой революцией и непосредственно — с созданием "Роскомбанка", первого международного банка Советского Союза.

Пока еще рано пытаться дать объяснение этой кажущейся непоследовательной, незаконной и иногда аморальной международной деятельности. Хотя, в общем, тут могут быть два приемлемых объяснения: первое — неустанное стремление к прибыли; второе, которое согласуется со словами Отто Кана из фирмы "Кун, Леб & Ко." и "Америкэн Интернэшнл Корпорейшн", вынесенными в эпиграф к данной главе, — реализация социалистических целей, которые "должны и могут быть достигнуты" несоциалистическими средствами.

ГЛАВА 5

МИССИЯ АМЕРИКАНСКОГО КРАСНОГО КРЕСТА В РОССИИ. 1917

> *"Бедный г-н Биллингс верил, что ему была поручена научная миссия для помощи России... В действительности же, его использовали лишь как маску — ибо миссия Красного Креста была всего лишь камуфляжем".*
>
> Корнелиус Келлегер, помощник Уильяма Бойса Томпсона (по книге Джорджа Ф. Кеннана "Россия выходит из войны")

По проекту Уолл-стрита миссия Красного Креста использовалась в России в 1917 году как оперативный инструмент. И "Гаранта Траст", и "Нэшнл Сити Бэнк" имели представителей в России во время революции. Фредерик М. Коре из отделения банка "Нэшнл Сити" в Петрограде был прикреплен к американской миссии Красного Креста; о нем еще будет сказано далее. Компанию "Гаранта Траст" представлял Генри Кросби Эмери. После того, как Эмери был временно задержан немцами в 1918 году, его перевели представителем "Гаранти Траст" в Китае.

Примерно до 1915 года наиболее влиятельным лицом в американской национальной штаб-квартире Красного Креста в Вашингтоне была мисс Мейбл Бордмен. Активный и энергичный учредитель, мисс Бордмен была движущей силой Красного Креста, хотя пожертвования поступали от богатых и известных лиц, включая Дж. П. Моргана, г-жу Э.Г. Гарриман, Кливленда Х. Доджа и г-жу Рассел Сейдж. В 1910 году кампания по сбору двух миллионов долларов была успешной только потому, что ее поддержали богатые жители Нью-Йорка. Фактически, именно отсюда поступала большая часть средств. Сам Дж. П. Морган внес 100.000 долларов, а семь остальных жертвователей в Нью-Йорке внесли еще 300.000 долларов. Лишь один человек не из Нью-Йорка внес более 10.000 долларов, это был Уильям Дж. Бордмен, отец мисс Бордмен. Генри П. Дэвисон был председателем нью-йоркского комитета 1910 года по сбору средств, а позже стал председателем Военного совета американского Красного Креста. Другими словами, в первую мировую войну Красный Крест сильно зависел от Уолл-стрита и конкретно от фирмы Моргана.

Красный Крест не мог справиться с требованиями первой мировой войны и фактически перешел в руки этих нью-йоркских банкиров. По словам Джона Фостера Даллеса, эти бизнесмены "рассматривали американский Красный Крест как свой инструмент управления, посредством которого они задумали внести немалый вклад в военную победу" [John Foster Dulles. *American Red Cross* (New York: Harper, 1950).]. Таким образом, они превратили в насмешку девиз Красного Креста — "Нейтралитет и гуманность".

В обмен на сбор средств Уолл-стрит добился формирования Военного совета Красного Креста, и по рекомендации Кливленда Х. Доджа (одной из финансовых опор Вудро Вильсона) председателем Совета стал Генри П. Дэвисон, партнер в фирме Дж. П. Моргана. После этого перечень руководителей Красного

Креста начинает напоминать нью-йоркский справочник директоров: Джон Д. Райан, президент "Анаконда Коппер Компани" (см. фронтиспис книги); Джордж У. Хилл, президент "Америкэн Тобэкко Компани"; Грейсон М.П. Мерфи, вице-президент "Гаранта Траст Компани"; и Айви Ли, специалист по связям с общественностью у Рокфеллеров. Гарри Гопкинс, достигший позже славы при президенте Рузвельте, стал помощником главного управляющего Красного Креста в Вашингтоне.

Вопрос о направлении миссии Красного Креста в Россию возник накануне третьего заседания этого реформированного Военного совета, которое состоялось в здании Красного Креста в Вашингтоне в пятницу 29 мая 1917 года, в 11.00. Председатель Дэвисон был уполномочен изучить эту идею с Александром Легге из компании "Интернэшнл Харвестер". В результате "Интернэшнл Харвестер Компани", имевшая значительные интересы в России, дала 200.000 долларов для этой миссии. На одном из последних заседаний стало известно, что Уильям Бойс Томпсон, директор Федерального резервного банка Нью-Йорка, "предложил оплатить все расходы этой миссии"; предложение было одобрено телеграммой: "Ваше предложение оплатить расходы миссии в Россию высоко оценено и, с нашей точки зрения, очень важно" [*Minutes of the War Council of the American National Red Cross* (Washington, D.C., May 1917). — **[Протоколы Военного совета американского национального Красного Креста (Вашингтон, Округ Колумбия, май 1917 года).**].

Члены миссии не получали жалования. Все расходы оплачивались Уильямом Б. Томпсоном, а 200.000 долларов от компании "Интернэшнл Харвестер" явно были использованы в России на политические субсидии. Из досье посольства США в Петрограде мы узнаем, что американский Красный крест выдал 4.000 рублей князю Львову. председателю Совета Министров, на "помощь революционерам", и 10.000 рублей в два приема Керенскому — на "помощь политическим эмигрантам".

Миссиия американского Красного Креста в России, 1917

В августе 1917 года миссия американского Красного Креста в России имела лишь номинальное отношение к американскому Красному Кресту, и наверняка являлась самой необычной миссией Красного Креста в истории. Все расходы, включая расходы на униформу — ибо все члены миссии были полковниками, майорами, капитанами и лейтенантами — оплачивались из кармана Уильяма Б. Томпсона. Один из тогдашних комментаторов назвал эту полностью офицерскую группу "гаитянской армией

"Вчера прибыла делегация американского Красного Креста, примерно сорок полковников, майоров, капитанов и лейтенантов. Ее возглавляет полковник (доктор) Биллингс из Чикаго, в ее составе полковник Уильям Б. Томпсон и много докторов и гражданских лиц, все с военными званиями; мы назвали эту группу "гаитянской армией", так как в ней нет частных лиц. Они приехали для выполнения некоей четко не определенной задачи; насколько мне удалось выяснить, и как сказал мне Фрэнсис некоторое время тому назад, он настаивал на запрещении их приезда, так как в России уже находилось слишком много миссий союзников. Явно эта миссия вообразила, что в России существует острая потребность в докторах и сиделках; фактически же здесь сейчас избыток медицинских светил и сиделок, своих и иностранных, и много госпиталей в крупных городах стоят полупустыми" [Gibbs Diary, August 9, 1917. State Historical Society of Wisconsin.].

В действительности миссия состояла из 24 (а не 40) человек, имевших военные звания от подполковника до лейтенанта, а также включала трех ординарцев, двух кинооператоров и двух переводчиков без званий. Только 5 человек (из 24) были врачами, и еще двое — медицинскими исследователями. Миссия прибыла в Петроград поездом через Сибирь в августе 1917 года. Пять докторов и ординарцы пробыли там один месяц и вернулись в США 11 сентября. Д-р Фрэнк Биллингс, номинальный глава миссии и профессор медицины в Чикагском университете, как сообщалось, испытывал отвращение к нескрываемой политической активности большинства членов миссии. Другими врачами были: Уильям С. Тэйер, профессор медицины в Университете Джона Гопкинса; Д.Дж. Маккарти, научный работник в Филадельфийском институте Фиппса по изучению и предотвращению туберкулеза; Генри К. Шерман, профессор пищевой химии в Колумбийском университете; К.Э.А. Уинслоу, профессор бактериологии и гигиены в Йельской медицинской школе; Уилбур Э. Пост, профессор медицины в медицинском колледже Раша; д-р Малькольм Гроу из резерва медицинских офицеров армии США; и Оррин Уайтмен, профессор клинической медицины из Нью-йоркского госпиталя. Джордж К. Уиппл назван в списке профессором по медицинской технике из Гарвардского университета, но в действительности он был партнером в нью-йоркской фирме технических консультантов "Хейзн, Уиппл &

Фуллер". Это важно, поскольку Малькольм Пирни, о котором подробнее будет сказано ниже, был назван в списке помощником инженера по медицинской технике, а служил инженером в фирме "Хейзн, Уиппл & Фуллер".

Состав миссии американского Красного Креста в России в 1917 г.

Члены финансового сообщества Уолл-стрита и его филиалов

Эндрюз ("Лиггстт & Майерс Тобэкко")
Барр ("Чейз Нэшнл Банк")
Браун (сотрудник Уильяма Б. Томпсона)
Кохран ("МакКенн Ко.")
Келлегер (сотрудник Уильяма Б. Томпсона)
Нихольсон ("Свифт & Ко.")
Пирни ("Хейзн, Уиппл & Фуллер")
Рэдфилд ("Стетсон, Дженнингс & Расселл")
Робине (горнопромышленник)
Свифт ("Свифт & Ко.")
Тэчер ("Симпсон, Тэчер & Бартлетт")
Томпсон (Федеральный резервный банк Нью-Йорка)
Уардуэлл ("Стетсон, Дженнингс & Расселл")
Уиппл ("Хейзн, Уиппл & Фуллер")
Коре ("Нэшнл Сити Банк")
Магнусон (рекомендован конфиденциальным агентом полковника Томпсона)
Медицинский персонал
Биллингс (врач)
Гроу (врач)
Маккарти (медицинский научный работник, врач)
Пост (врач)
Шерман (профессор пищевой химии)
Тэйер (врач)

Уайтмен (врач)
Уинслоу (профессор гигиены)
Ординарцы, переводчики и т. д.
Брукс (ординарец)
Кларк (ординарец)
Роккья (ординарец)
Трейвис (кинооператор)
Уикофф (кинооператор)
Харди (юрист)
Хори (транспорт)

Большинство членов миссии, как видно из списка, составляли юристы, финансисты и их помощники из финансового района Нью-Йорка. Миссию финансировал Уильям Б. Томпсон, который был записал в официальном циркуляре Красного Креста как "комиссар и управляющий делами; директор Федерального банка США в Нью-Йорке". Томпсон взял с собой Корнелиуса Келлегера, записанного как атташе при миссии, а в действительности являвшегося секретарем Томпсона с тем же адресом — Нью-Йорк, Уолл-стрит 14. По тому же адресу Генри С. Браун осуществлял связи миссии с общественностью. Томас Дэй Тэчер был юристом в фирме "Симпсон, Тэчер & Бартлетт", основанной его отцом Томасом Тэчером в 1884 году и активно занимавшейся реорганизацией и слиянием железнодорожных компаний. Томас-младший сначала работал в фамильной фирме, потом стал помощником прокурора США при Генри Л. Стимсоне и возвратился в фамильную фирму в 1909 году. Молодой Тэчер был близким другом Феликса Франкфуртера и позже стал помощником Раймонда Робинса, также из миссии Красного Креста. В 1925 году его назначили окружным судьей при президенте Кулидже, затем он стал главным прокурором при Герберте Гувере и директором института Уильяма Б. Томпсона.

Алан Уардуэлл, еще один заместитель комиссара и секретарь председателя, был юристом в юридической фирме "Стетсон, Дженнингс & Рассел", располагавшейся по адресу: Нью-Йорк, Брод Стрит 15, а Х.Б. Рэдфилд — юридическим секретарем Уардуэлла. Майор Уардуэлл — сын Уильяма Томаса Уардуэлла, который в течение долгого времени был казначеем компании "Стандарт Ойл" в штате Нью-Джерси и той же компании в Нью-Йорке. Старший Уардуэлл был одним из подписавших договор об учреждении концерна "Стэндарт Ойл", членом комитета по организации деятельности Красного Креста в Испано-американской войне и директором Гринвичского сберегательного банка. Его сын стал директором не только Гринвичского сберегательного банка, но и "Бэнк оф Нью-Йорк", а также фирмы "Траст Ко." и "Джорджиан Манганиз Компани" (вместе с У. Авереллом Гарриманом, директором компании "Гаранта Траст"). В 1917 году Алан Уардуэлл представлял интересы фирмы "Стетсон, Дженнингс & Расселл", а позднее присоединился к фирме "Дэвис, Полк, Уардуэлл, Гарднер & Рид" (Фрэнк Л. Полк исполнял обязанности Государственного секретаря в период большевицкой революции). Овермановский Комитет Сената отметил, что Уардуэлл благосклонно относился к советскому режиму, хотя Пул, представитель Государственного департамента на месте, отмечал, что "майор Уардуэлл лучше всех американцев лично знал о терроре" (документ 316-23-1449). В 1920-е годы Уардуэлл активно работал в Российско-американской торговой палате, способствуя советской торговле.

Казначеем миссии был Джеймс У. Эндрюз, аудитор компании "Лиггетт & Майерс Тобэкко" из Сент-Луиса. Роберт И. Барр, еще один член миссии, указан в списке как заместитель комиссара; он был вице-президентом "Чейз Секьюритиз Компани" (Бродвей 120) и "Чейз Нэшнл Банк". Уильяма Кохрана (Нью-Йорк, Бродвей 61) записали как ответственного за рекламу. Раймонд Робинс, горнопромышленник, был включен в состав миссии в качестве заместителя комиссара и охарактеризован как "экономист-социолог". Кроме того, в состав миссии входили два члена фирмы "Свифт & Ко." из "Юнион Стокъярдс", Чикаго. Свифты упоминались ранее как связанные с германским шпионажем в США во время первой мировой войны. Харольд Х. Свифт, заместитель комиссара, был помощником вице-президента фирмы "Свифт & Ко."; Уильям Дж. Нихольсон также работал в фирме Свифт & Ко.", входящей в "Юнион Стокъярдс".

Два человека были неофициально добавлены в состав миссии после ее прибытия в Петроград: Фредерик М. Корс, представитель "Нэшнл Сити Бэнк" в Петрограде, и Герберт Э. Магнусон, который имел "очень высокую рекомендацию Джона У. Финча, конфиденциального агента полковника Уильяма Б. Томпсона в Китае" [Billings report to Henry P. Davison, October 22, 1917, American Red Cross Archives. — [**Отчет Биллингса Генри П. Дэвисону, 22 октября 1917 года, архивы Американского Красного Креста.**].

Документы Пирни, хранящиеся в Институте Гувера, содержат информацию о миссии из первых рук. Малькольм Пирни был инженером, работавшим в фирме "Хейзн, Уиппл & Фуллер" (инженеры-консультанты), располагавшейся по адресу Нью-Йорк,

42-я стрит. Пирни входил в состав миссии и указан в списке как помощник инженера по медицинскому оборудованию. Джордж К. Уиппл, партнер в фирме, также был включен в группу. Среди документов Пирни есть оригинал телеграммы от Уильяма Б. Томпсона, приглашающей помощника инженера по медицинскому оборудованию встретиться с ним и с Генри П. Дэвисоном, председателем Военного совета Красного Креста и партнером в фирме Дж. П. Моргана, до отъезда в Россию. Вот текст этой телеграммы:

"Уэстерн Юнион Телеграф, Нью-Йорк, 21 июня 1917 г.

Мальколму Пирни

Очень хотелось бы пригласить Вас пообедать со мной в клубе "Метрополитэн", перекресток 16-й стрит и Пятой авеню в Нью-Йорке, в 8 часов вечера завтра в пятницу, чтобы встретиться с г-ном Г.П. Дэвисоном.

У.Б. Томпсон, Уолл-стрит 14".

Архивы не раскрывают, почему партнер Моргана Дэвисон и директор Федерального резервного банка Томпсон — двое из наиболее видных финансистов в Нью-Йорке — пожелали отобедать с помощником инженера по медицинскому оборудованию, собирающимся в Россию. Архивы не объясняют также ни того, почему Дэвисон впоследствии не смог встретиться с д-ром Биллингсом и самой миссией, ни того, почему о невозможности этой встречи необходимо было сообщить именно Пирни. Но мы можем предположить, что деятельность Красного Креста — официальное прикрытие миссии — представляла для них значительно меньший интерес, нежели деятельность Томпсона-Пирни, кем бы они ни были. Мы знаем, что Дэвисон писал д-ру Биллингсу 25 июня 1917 года:

"Дорогой доктор Биллингс:

К разочарованию моему и моих коллег по Военному совету, мы не сможем встретиться с членами Вашей миссии…"

Копия этого письма была отправлена по почте помощнику инженера по медицинскому оборудованию Пирни с личным письмом Генри П. Дэвисона, банкира Моргана, которое гласило:

"Мой дорогой г-н Пирни:

Вы, я уверен, полностью поймете причину письма доктору Биллингсу, копия которого прилагается, и примете его в том духе, в котором оно написано…"

Письмо Дэвисона д-ру Биллингсу было написано с целью принести извинения миссии и Биллингсу за невозможность встретиться с ними. Тогда может быть оправданным наше предположение, что Дэвисон и Пирни разработали какие-то более важные планы относительно деятельности миссии в России и что эти планы были известны Томпсону. Предположительный характер этой деятельности будет изложен далее [**Бумаги Пирни позволяют нам также установить точные даты отъезда членов миссии из России. В отношении Уильяма Б. Томпсона эта дата имеет очень важное значение для аргументации в этой книге: Томпсон выехал из Петрограда в Лондон 4 декабря 1917 года. Джордж Ф. Кеннан же полагает, что Томпсон уехал из Петрограда 27 ноября 1917 года (Russia Leaves the War, p. 1140).].

В миссии американского Красного Креста (или, возможно, ее следует называть миссией Уолл-стрита в России) участвовали также три переводчика: капитан Иловайский, русский большевик; Борис Рейнштейн, русский американец, позднее секретарь Ленина и глава Бюро международной революционной пропаганды Карла Радека, в котором работали Джон Рид и Альберт Рис Вильяме; и Александр Гомберг (он же Берг, настоящее имя — Михаил Грузенберг) — брат большевицкого министра Зорина. Гомберг был еще и главным большевицким агентом в Скандинавии. Позже он стал конфиденциальным помощником Флойда Одлума из корпорации "Атлас" в США, а также советником Рива Шли, вице-президента "Чейз Банк".

Мимоходом следует поставить вопрос о том, насколько полезными были переводы этих переводчиков? Х.Э. Дулиттл, американский вице-консул в Стокгольме, 13 сентября 1918 года сообщал Государственному секретарю о беседе с капитаном Иловайским (который был "близким личным другом" полковника Робинса из миссии Красного Креста) относительно встречи союзников с мурманским Советом. В Совете обсуждали вопрос приглашения союзников высадиться в Мурманске;[18] от имени союзников в обсуждении

---

[18] В 1918 г. страны Антанты, с согласия Троцкого, высадили десанты 6 марта в Мурманске и 2 августа в Архангельске для противодействия не большевикам, а немцам, чтобы не дать им овладеть этими стратегически важными городами и имевшимися там богатыми царскими складами военного снаряжения. После капитуляции Германии необходимость пребывания союзных войск на севере России отпала, они были выведены, царская же амуниция частично вывезена, частично передана

участвовал майор Тэчер из миссии Красного Креста. Иловайский переводил для Совета выступления Тэчера. "Иловайский долго говорил по-русски, предположительно переводя Тэчера, а в действительности Троцкого..." — в том смысле, что "Соединенные Штаты никогда не позволят произойти такой высадке и настаивают на быстрейшем признании Советов и их политики" [U.S. Stole Dept. Decimal File, 861.00/3644.]. Очевидно, Тэчер заподозрил, что его переводят неправильно и возмутился. "Иловайский немедленно телеграфировал суть в штаб-квартиру большевиков и через их пресс-бюро передал эту информацию во все газеты как исходящую из замечаний майора Тэчера и как общее мнение всех должным образом аккредитованных американских представителей" [Ibid.].

Иловайский рассказывал Мэддину Саммерсу, генеральному консулу США в Москве, о нескольких случаях, когда он (Иловайский) и Раймонд Робинс из миссии Красного Креста манипулировали большевицкой прессой, особенно "в отношении отзыва посла, г-на Фрэнсиса". Он признал, что они были неразборчивы в средствах, "однако действовали исходя из своего понимания права, невзирая на то, что могли бы войти в конфликт с политикой аккредитованных американских представителей" [Ibid.].

Такова была миссия американского Красного Креста в России в 1917 году.

Миссия американского Красного Креста в Румынии

красным или утоплена в море; — оставить ее белым войскам союзники отказались. — Прим. ред. "РИ".

В 1917 году американский Красный Крест также направил свою миссию медицинской помощи в Румынию, воевавшую тогда против Центральных держав как союзница России. Сравнение миссии американского Красного Креста в России с миссией в Румынии показывает, что группа Красного Креста, обосновавшаяся в Петрограде, имела крайне слабую официальную связь с Красным Крестом и еще меньшее отношение имела к оказанию медицинской помощи. Если в Румынии миссия доблестно соблюдала принцип "гуманности" и "нейтралитета" Красного Креста, то миссия в Петрограде вопиюще злоупотребляла им.

Из США в Румынию миссия американского Красного Креста выехала в июле 1917 года и расположилась в Яссах. В нее входили 30 человек во главе с Генри У. Андерсоном, юристом из штата Вирджиния. Из этих тридцати человек шестнадцать были докторами или военными врачами. Для сравнения, из двадцати девяти человек миссии Красного Креста в России только трое были врачами и еще четверо университетских специалистов работали в областях, связанных с медициной. Таким образом, не более семи человек из миссии в России можно назвать врачами по сравнению с шестнадцатью в румынской миссии. В обеих миссиях было примерно одинаковое количество ординарцев и медсестер. Однако существенное значение имеет тот факт, что в румынской миссии было только два юриста, один казначей и один инженер. А в российской миссии — пятнадцать юристов и бизнесменов. Ни один из юристов или врачей в румынской миссии не был из Нью-Йорка или близлежащих округов, тогда как все юристы и бизнесмены в российской миссии были из Нью-Йорка (за исключением одного "наблюдателя" из министерства юстиции в Вашингтоне). Важно отметить, что более половины всех членов миссии в России были из финансового района Нью-Йорка. Другими словами, сопоставление составов этих миссий подтверждает, что миссия в Румынии имела законную цель — осуществлять медицинскую деятельность, тогда как у миссии в России была не медицинская, а строго политическая задача. С точки зрения состава, эта миссия может быть определена как коммерческая или финансовая, но с точки зрения ее действий, это была группа для подрывных политических акций.

Состав миссий американского Красного Креста в России и Румынии в 1917 году

Состав / В России /Румынии

Медицинский персонал (доктора и воен. врачи) 7 / 16

Ординарцы, вспомогательный персонал 7 / 10

Юристы и бизнесмены 15 / 4

Всего 29 / 30

Источники: Американский Красный Крест, Вашингтон, Округ Колумбия. Государственный департамент США, посольство в Петрограде, досье Красного Креста, 1917 год.

Миссия Красного Креста в Румынии оставалась на своем посту в Яссах и в 1918 году. Медицинский персонал миссии американского Красного Креста в России — семь человек — с возмущением вернулся в США в знак протеста против политической деятельности полковника Томпсона. И когда в сентябре 1917 года румынская миссия обратилась в Петроград с просьбой оказать ей помощь врачами или санитарами в почти критических условиях в Яссах, в России не было американских медиков, которые могли бы поехать в Румынию.

В то время, как основная часть миссии в России проводила время во внутриполитических маневрах, миссия в Румынии погрузилась в работу с момента своего приезда. Президент румынской миссии Генри У. Андерсон в своей конфиденциальной телеграмме, направленной 17 сентября 1917 года американскому послу Фрэнсису в Петроград, запросил срочной и неотложной помощи в 5 миллионов долларов для борьбы с надвигающейся в Румынии катастрофой. Затем последовала еще серия писем, телеграмм и сообщений от Андерсона Фрэнсису, безуспешно взывавших о помощи.

28 сентября 1917 года Вопичка, американский посланник в Румынии, направил Фрэнсису для передачи в Вашингтон длинную телеграмму, в которой подтвердил анализ Андерсона о кризисе в Гумынии и опасность эпидемии, увеличивающуюся с приближением зимы:

"Для предотвращения приближающейся катастрофы требуются значительные деньги и самоотверженные меры... Бесполезно пытаться управлять ситуацией, не имея человека с полномочиями и доступом к правительству... При правильной организации необходимо искать транспорт для приема и распределения поставок".

Но руки у Вопички и Андерсона были связаны, так как все румынские поставки и финансовые сделки проходили через миссию Красного Креста в Петрограде, а у Томпсона и его команды из пятнадцати юристов и бизнесменов с Уолл-стрит явно имелись дела поважнее, чем проблемы румынского Красного Креста. В досье посольства в Петрограде, хранящемся в Государственном департаменте, нет указаний на то, что Томпсон, Робине или Тэчер в 1917 или 1918 году позаботились о ситуации в Румынии. Хотя сообщения из Румынии поступали к послу Фрэнсису или к одному из сотрудников посольства, а время от времени и через консульство в Москве.

К октябрю 1917 года ситуация в Румынии достигла критической точки. 5 октября Вопичка телеграфировал Дэвисону в Нью-Йорк (через Петроград):

"Самая насущная проблема здесь... Опасаются катастрофического результата... Не могли бы вы организовать специальную поставку... Надо очень спешить или будет слишком поздно".

5 ноября Андерсон телеграфировал в петроградское посольство, что задержка с направлением помощи уже "стоила нескольких тысяч жизней". 13 ноября он сообщал послу Фрэнсису об отсутствии у Томпсона интереса к румынским событиям:

"Попросил Томпсона представить данные о всех полученных поставках, но до сих пор ничего нет... Также попросил его держать меня в курсе состояния перевозок, но получил очень мало информации".

Затем Андерсон попросил посла Фрэнсиса выступить от его имени, чтобы получить средства для румынского Красного Креста, находящиеся на отдельном счете в

Лондоне, в распоряжение непосредственно Андерсона и изъять их из-под контроля миссии Томпсона.

Томпсон в России при Керенском

Что же тогда делала миссия Красного Креста в России? Томпсон определенно приобрел репутацию человека, роскошно жившего в Петрограде, но реально он осуществил в России при Керенском только два крупных проекта: поддержку программы американской пропаганды и поддержку "Займа русской свободы". Вскоре после прибытия в Россию Томпсон встретился с г-жой Брешко-Брешковской и Давидом Соскисом, секретарем Керенского, и согласился внести 2 миллиона долларов в Комитет народного образования, чтобы последний "мог иметь собственную прессу и… нанять штат лекторов, а также использовать кинематографические средства обучения" (861.00/1032); пропагандной целью этого было — заставить Россию продолжать войну против Германии. По словам Соскиса, "пакет с 50.000 рублей" был передан Брешко-Брешковской со словами: "Это Вам для того, чтобы тратить, как Вам будет угодно". Еще 2.100.000 рублей были внесены на текущий банковский счет. Письмо от Дж. П. Моргана в Государственный департамент (861.51/190) подтверждает, что Морган перевел телеграфом 425.000 рублей Томпсону по его просьбе для "Займа русской свободы", отметив при этом заинтересованность фирмы Моргана в "умном проведении индивидуальной подписки через г-на Томпсона" на "Заем русской свободы". Переведены эти суммы были через петроградское отделение "Нэшнл Сити Банк".

Томпсон дает большевикам 1 миллион долларов

Большее историческое значение, однако, имеет помощь, оказанная большевикам — сначала Томпсоном, а затем, после 4 декабря 1917 года, Раймондом Робинсом.

Вклад Томпсона в дело большевиков был зафиксирован в тогдашней американской прессе. 2 февраля 1918 года газета "Вашингтон пост" сообщала следующее:

"ДАЕТ МИЛЛИОН БОЛЬШЕВИКАМ

У.Б. Томпсон, жертвователь Красного Креста, верит партии, представленной в ложном свете. Нью-Йорк, 2 февраля (1918). Уильям Б. Томпсон, находился в Петрограде с июля по ноябрь прошлого года и сделал личный вклад в 1.000.000 долларов в пользу большевиков для распространения их учения в Германии и Австрии.

Г-н Томпсон имел возможность узнать российские условия, возглавляя миссию американского Красного Креста, расходы на которую также в большой степени покрывались из его личных вкладов. Он считает, что большевики составляют самую серьезную силу против германофильства в России и что их пропаганда подрывает милитаристские режимы Центральных держав.

Г-н Томпсон осуждает американскую критику большевиков. Он считает, что они были выставлены в ложном свете, и сделал финансовый вклад в их дело в надежде, что эти деньги будут потрачены для будущего России, а также на дело союзников".

Биографическая книга Германа Хейгдорна "Магнат: Уильям Бойс Томпсон и его время (1869–

1930)"¹⁹ воспроизводит фотографию телеграммы от Дж. П. Моргана из Нью-Йорка У.Б. Томпсону: "Для американского Красного Креста, гостиница "Европа", Петроград". Штамп на телеграмме показывает, что она была принята в Петрограде "8-дек 1917" (8 декабря 1917 года); вот ее текст:

"New York Y757/5 24 W5 Nil — Ваша вторая телеграмма получена. Мы выплатили Нэшнл Сити Бэнк один миллион долларов согласно инструкции — Морган".

Отделение "Нэшнл Сити Банк" в Петрограде было освобождено от действия большевицкого декрета о национализации — единственный такой случай среди иностранных и внутренних банков в России. Хейгдорн говорит, что этот миллион долларов, внесенный на счет Томпсона в НСБ, был использован в "политических целях".

Социалистический горнопромышленник Раймонд Робине [Правильное написание "Робине". В файлах Государственного департамента эта фамилия все время пишется "Роббинс".]

Уильям Б. Томпсон, возвращаясь домой, выехал из России в начале декабря 1917 года. Он ехал через Лондон, где в компании с Томасом Ламонтом из фирмы Дж. П. Моргана нанес визит премьер-министру Ллойд Джорджу, — этот эпизод мы опишем в следующей главе. Его заместитель Раймонд Робине остался во главе миссии Красного Креста в России. Общее впечатление, которое произвел полковник Робине в последующие месяцы, не было оставлено без внимания прессой. По

---

[19] Hermann Hagedom. The Magnate: William Boyce Thompson and His Time (1869–1930). — Прим. ред. "РИ".

словам российской газеты "Русское слово", Робине, "с одной стороны, представляет американских людей труда, в с другой — американский капитал, который пытается через Советы завоевать российские рынки" [U.S. State Dept. Decimal File, 316-11-1265, March 19, 1918.].

Телеграмма Дж. Л. Моргана одного миллиона долларов для Уильяма Б. Томпсона из Нью-Йорка о переводе большевиков по просьбе.

Раймонд Робине начал свою деятельность заведующим складом фосфатной компании во Флориде. С этой базы он разрабатывал месторождение каолина, затем, в конце XIX века, занимался геологоразведкой в Техасе и на индейских территориях. Двигаясь на север к Аляске, Робине сделал себе состояние во время "золотой лихорадки" в Клондайке. Позже, без видимых причин, он переключился на социализм и реформистское движение. К 1912 году он был активным членом Прогрессивной партии Рузвельта. А в 1917 году он присоединился к миссии американского Красного Креста в России как "экономист-социолог".

Имеются весомые доказательства, включая заявления самого Робинса, что его реформистские призывы к социальному благу были не более чем прикрытие для приобретения дальнейшей власти и богатства, что напоминает утверждения Фредерика Хоува в книге "Признания монополиста". Например, в феврале 1918 года Артур Буллард, будучи в Петрограде с Комитетом США по общественной информации, написал пространный меморандум для полковника Эдварда Хауса. До отправки Хаусу в Вашингтон Буллард передал этот меморандум Робинсу для комментариев и критических замечаний. Робине сделал весьма несоциалистические и империалистические комментарии, что рукопись является "необычайно точной, прозорливой и хорошо выполненной", но при этом он сделал одну или две оговорки, в частности о том, что признание большевиков сильно запоздало и должно быть осуществлено немедленно, ибо если США признают большевиков, — "я верю, мы будем иметь контроль над избытком ресурсов России и поставим контролирующих сотрудников на всех пограничных пунктах" [Bullard ins., U.S. State Dept. Decimal File, 316-11-1265.].

Это стремление получить "контроль над избытком ресурсов России" было очевидно и для русских. Звучало ли это как голос социального реформатора из американского Красного Креста или как дельца-горнопромышленника с Уолл-стрит, занимающегося практическим осуществлением империализма?

В любом случае Робинс не испытывал колебаний в отношении своей поддержки большевиков [The New World Review (осень 1967 г., с. 40) **в комментарии относительно Робинса отмечает, что он "симпатизировал целям революции, хотя и был капиталистом…".**]. Спустя всего лишь три недели после начала большевицкой фазы революции Робинс телеграфировал Генри Дэвисону в штаб-квартиру Красного Креста: "Прошу настоять у президента на необходимости наших непрерывных связей с правительством большевиков". Интересно, что эта телеграмма была ответом на телеграмму с инструкциями Робинсу о том, что "президент хочет прекратить прямую связь представителей США с большевицким правительством" [**Посольство в Петрограде, архив Красного Креста.**]. Несколько отчетов Государственного департамента содержат жалобы на партизанский характер деятельности Робинса. Например, 27 марта 1919 года Харрис, американский консул во Владивостоке, прокомментировал долгую беседу, которую имел с Робинсом, протестуя против серьезных неточностей в отчетах последнего. Харрис писал: "Робине заявил мне, что германские и австрийские военнопленные не вступали в армию большевиков до мая 1918 года. Робине знал, что это заявление было абсолютно ложным". Харрис далее привел очевидные детали, о которых знал Робине [U.S. State Dept. Decimal File, 861.00/4168.].

Харрис делал вывод: "Робине намеренно исказил факты, касающиеся тогдашнего положения в России, и с тех пор продолжает делать это".

После возвращения в США в 1918 году Робине продолжил свою деятельность в пользу большевиков. Когда Комитет Ласка изъял документы Советского бюро, обнаружилось, что Робине состоял в "обширной переписке" с Людвигом Мартенсом и другими членами Бюро. Одним из наиболее интересных изъятых документов было письмо от Сантери Нуортева (он же Александр Ниберг), первого советского представителя в США, "товарищу Кагану", редактору газеты "Нью-Йорк дейли форвард". Письмо призывало партию с полным доверием подготовить путь для Раймонда Робинса:

"(В газету) "Форвард" 6 июля 1918 года

Уважаемый товарищ Каган,

Крайне важно, чтобы социалистическая пресса немедленно потребовала слушания и публичного отчета перед американским народом полковника Раймонда Робинса, только что вернувшегося из России, где он возглавлял миссию Красного Креста. Опасность вооруженной интервенции сильно возросла. Реакционеры используют чехословацкий мятеж как причину для вторжения. У Робинса есть все факты об этом и о ситуации в России в общем. Он придерживается нашей точки зрения.

Прилагаю копию редакционной статьи Колла, в которой показана общая линия аргументации, а также содержатся некоторые факты о чехословаках.

С братским приветом, PS&AU Сантери Нуортева"

Международный Красный Крест и революция

В тайне от своих администраторов Красный Крест время от времени использовался как средство или прикрытие революционной деятельности. Использование эмблемы Красного Креста в неразрешенных целях является вполне обычным делом.[20] Когда царя Николая перевозили из Петрограда в Тобольск якобы для его безопасности (хотя это направление вело скорее к опасности, чем к

---

[20] Красный Крест — нейтральная международная организация для помощи военнопленным, жертвам войн и стихийных бедствий — был основан в 1863 г. в Швейцарии масоном А. Дюнаном, получившим за это в 1910 г. Нобелевскую премию мира (данные масонского словаря: Lennhoff E., Posner O. Internationales Freimaurerlexikon. Wien-Miinchen. 1932. S. 390–391). Впоследствии масоны охотно подчеркивали масонское происхождение Красного Креста, рассматривая его как часть своей деятельности по "демократизации и объединению мира на гуманных принципах", особенно в ходе первой мировой войны и после нее, когда в 1919 г. был образован Международный комитет Красного Креста (в мусульманских странах — Красного полумесяца, позже в Израиле — Красной шестиконечной звезды). — Прим. ред. "РИ".

безопасности), то поезд, на котором он ехал, имел знаки Красного Креста. Архив Госдепартамента также содержит примеры революционной деятельности под прикрытием Красного Креста. Например, в 1919 году в Голландии за революционные действия был арестован сотрудник российского Красного Креста Челгайнов (316-21-107). Во время большевицкой революции в Венгрии под руководством Бела Куна в 1918 году в Вене и Будапеште были обнаружены российские сотрудники Красного Креста (или революционеры, действовавшие как сотрудники российского Красного Креста). В 1919 году посол США в Лондоне телеграфировал в Вашингтон ошеломляющие новости: через британское правительство он узнал, что "несколько американцев, прибывших в эту страну в униформе Красного Креста, заявили, что они большевики... и следуют через Францию в Швейцарию для распространения большевицкой пропаганды". Посол отметил, что в ноябре-декабре 1918 года в Лондон прибыло около 400 человек из американского Красного Креста; четвертая их часть вернулась в США, а "остальные настаивали на переезде во Францию". Было также сообщение от 15 января 1918 года о том, что к редактору лейбористской газеты в Лондоне в трех разных случаях обращались трое разных сотрудников американского Красного Креста, которые предлагали дать им поручения к большевикам в Германии. Редактор предложил посольству США присмотреться к персоналу американского Красного Креста.[21] Государственный департамент США серьезно

---

[21] Англичане и сами вели себя аналогичным образом. Так, в Крыму представитель ген. Врангеля писал, что они "Под флагом "Красного креста" и оказания помощи... снарядили специфическую разведочную организацию, действия которой могут быть чреваты последствиями: не исключается возможность передачи большевикам сведений военного характера, добываемых этой миссией для сообщения в Лондон. Так, по

отнесся к этим сообщениям, и Полк запросил по телеграфу их имена, заявив: "Если это правда, я думаю, это крайне важно" (861.00/3602 и /3627).

Таким образом, картина, которую мы изобразили о миссии американского Красного Креста, посланной в Россию в 1917 году, далека от нейтрального гуманизма. Эта миссия фактически была миссией финансистов Уолл-стрита, которые должны были повлиять или на Керенского, или на большевиков, проложив себе путь к контролю над российским рынком и ресурсами. Никакие другие соображения не объясняют действий миссии. Однако, ни Томпсон, ни Робине не были большевиками. Они не были даже последовательными социалистами. Автор склонен считать, что их социалистические призывы были прикрытием более прозаических целей. Каждый имел коммерческие намерения, то есть каждый старался использовать политический процесс в России в личных финансовых целях. Хотел ли русский народ большевиков или нет, это их не беспокоило. Будет ли большевицкий режим действовать против США — как постоянно стал это делать позже — была не их забота. Их единственной целью, стоявшей превыше всего, было получение политического и экономического влияния при новом режиме, какую бы идеологию он ни проповедовал. Если бы Уильям Бойс Томпсон действовал в одиночку, то его деятельность как директора Федерального резервного банка не была бы столь последовательной. Как бы то ни было, тот факт, что в его миссии преобладали представители учреждений с Уолл-стрит, ставит

крайней мере, утверждает агентура, в отношении которой не может быть никаких сомнений" (цит. по: Росс Н. Врангель в Крыму. Франкфурт-на-Майне. 1982. С. 234.). Тогда же англичане требовали от Врангеля капитулировать перед ленинской "амнистией"... — Прим. ред. "РИ".

серьезный вопрос: не была ли эта миссия спланированной и продуманной операцией Уолл-стритовского синдиката. Читатель может судить об этом сам, следуя за ходом событий.

ГЛАВА 6

КОНСОЛИДАЦИЯ И ЭКСПОРТ РЕВОЛЮЦИИ

> *"Великая книга Маркса "Капитал" одновременно является монументальным образцом аргументации и кладезем фактов'.*
> Лорд Мильнер, член британского военного кабинета, 1917, и директор лондонского банка "Джойнт Сток".

Имя Уильям Бойс Томпсон неизвестно в истории XX века, хотя он сыграл очень важную роль в большевицкой революции [**Биографию см.**: Hermann Hagedorn. *The Magnate: William Boyce Thompson and His Time (1869–1930)* (New York: Reynal & Hitchcock, 1935).]. Действительно, если бы в России в 1917 году не было Томпсона, последующие события могли бы развиваться совсем другим курсом. Без финансовой и, что более важно, дипломатической и политической поддержки, оказанной Троцкому и Ленину Томпсоном, Робинсом и их нью-йоркскими приятелями, большевики вполне могли быть сметены и Россия эволюционировала бы в социалистическое, но конституционное общество.

Кто же он — Уильям Бойс Томпсон? Томпсон был основателем акционерных обществ в области горного дела, что относится к числу лучших видов предпринимательства с высокой степенью риска. Перед первой мировой войной он вел операции на биржевом рынке для медных предприятий Гугенгейма. Когда Гугенгейму срочно потребовался капитал для борьбы на рынке акций с Джоном Д. Рокфеллером, именно Томпсон помог концерну "Юкон Консолидейтед Голдфилдс" собрать у ничего не подозревавшей публики 3,5 миллиона долларов под предлогом войны. Томпсон был управляющим синдиката "Кеннекотт", еще одного предприятия Гугенгейма, оценивавшегося в 200 миллионов долларов. С другой стороны, именно компания "Гугенгейм Эксплорейшн" взяла опционы Томпсона по богатой компании "Невада Консолидейтед Коппер". Примерно три четверти компании "Гугенгейм Эксплорейшн", первоначально принадлежавшей Гугенгейму, контролировалась семейством Гугенгейма, семейством Уитни (владельцем журнала "Метрополитэн", в котором работал большевик Джон Рид) и Джоном Райаном. В 1916 году предприятия Гугенгейма реорганизовались в концерн "Гугенгейм Бразерс" и пригласили Уильяма К. Поттера, который ранее работал в компании Гугенгейма "Америкэн Смелтинг энд Рифайнинг", но в 1916 году был первым вице-президентом компании "Гаранта Траст".

Исключительное умение собирать капитал для рисковых кампаний помогло Томпсону составить личное состояние и получить директорские посты в компаниях "Инспирейшн Консолидейтед Коппер", "Невада Консолидейтед Коппер" и "Юта Коппер" — все крупные американские производители меди. Медь же является одним из основных материалов в производстве боеприпасов. Томпсон был также директором железной дороги "Чикаго Рок Айленд энд Пасифик", железной дороги "Магма Аризона" и страховой компании "Метрополитен Лайф Иншуренс". И особенно интересно для нашей книги то, что Томпсон был "одним из крупнейших акционеров "Чейз Нэшнл Бэнк"". Именно Альберт Х. Уиггин, президент "Чейз Бэнк", протолкнул Томпсона на работу в федеральной резервной системе; и в 1914 году Томпсон стал первым постоянным директором Федерального резервного банка Нью-Йорка — самого важного банка в Федеральной резервной системе.[22]

К 1917 году Уильям Бойс Томпсон стал оперировать значительными финансовыми средствами, продемонстрировав чутье к осуществлению проектов размещения капитала и легко проникая в центры политической и финансовой власти. Он первым поддержал А. Керенского и затем стал ярым сторонником большевиков; он оставил потомству непреходящий символ этой поддержки — хвалебную книжку на русском языке "Правда о России г большевиках" [**Полковник Виллиам Бойс Томпсон. Правда о России и Большевиках** (New York: Russian-American Publication Society, 1918).].

Перед тем, как покинуть Россию в начале декабря 1917 года, Томпсон передал миссию американского Красного Креста своему заместителю Раймонду Робинсу, который стал координировать действия русских революционеров, чтобы осуществить план Томпсона по распространению большевицкой пропаганды в Европе (см. Приложение 3). Это подтверждает документ французского правительства: "Оказалось, что

---

[22] Федеральная резервная система (Federal Reserve System) в США, основанная в 1913 г., соответствует понятию Центрального банка и имеет право печатать доллар, однако является системой частных банков и в своих решениях не зависит от правительства США. Подробнее см. в послесловии издателя — Прим. ред. "РИ".

полковник Робине... смог послать подрывную миссию российских большевиков в Германию, чтобы инициировать там революцию" [John Bradley. *Allied Intervention in Russia* (London: Weidenfeld and Nicolson, 1968.)]. Эта миссия привела к неудавшемуся "спартаковскому" восстанию в Германии в 1918 году. Общий план также включал в себя схемы распространения большевицкой литературы путем разбрасывания с самолета или контрабандной переправкой через германские линии.

В конце 1917 года Томпсон приготовился оставить Петроград и заинтересовать в большевицкой революции европейские и американское правительства. С этой целью Томпсон дал телеграмму Томасу У. Ламонту, партнеру в фирме Моргана, находившемуся тогда в Париже с полковником Э.М. Хаусом. В своей автобиографии Ламонт отметил факт получения этой телеграммы:

"Сразу же после того, как миссия Хауса завершила переговоры в Париже в декабре 1917 года, я получил интересную телеграмму от моего старого школьного и делового друга Уильяма Бойса Томпсона, который возглавлял тогда миссию американского Красного Креста в Петрограде" [Thomas W. Lament. *Across World Frontiers* (New York: Harcourt, Brace, 1959), p. 85. См. также pp. 94–97 **о массовом биении себя в грудь из-за того, что президент Вильсон не стал незамедлительно помогать советскому режиму. Корлисс Ламонт, сын Томаса У. Ламонта, стал видным левым деятелем в США.**].

Ламонт съездил в Лондон на встречу с Томпсоном, который выехал из Петрограда 5 декабря и через Берген в Норвегии прибыл в Лондон 10 декабря. Томпсон и Ламонт добились там огромного успеха: сумели убедить британский военный кабинет — тогда решительно антикоммунистический — в том, что большевицкий режим обосновался прочно и что британская политика должна прекратить антибольшевицкую направленность, должна принять новые реалии и поддержать Ленина и Троцкого. Томпсон и Ламонт покинули Лондон 18 декабря и прибыли в Нью-Йорк 25 декабря 1917 года. Они пытались добиться такой же пробольшевицкой перемены в США.

Консультация с Ллойд Джорджем

Секретные документы британского военного кабинета сейчас открыты, и в них есть аргумент, с помощью которого Томпсон склонил британское правительство к пробольшевицкой политике. В то время премьер-министром Великобритании был Дэвид Ллойд Джордж. Частные и политические махинации Ллойд Джорджа конкурировали с махинациями политика из Таммани-Холла,[23] но и при его жизни, и десятилетия спустя биографы не могли или не хотели их изучать. Лишь в 1970 году Дональд МакКормик в книге "Маска Мерлина" приподнял завесу секретности. МакКормик рассказывает, что в 1917 году Д. Ллойд Джордж увяз "слишком глубоко в болоте международных махинаций с оружием, чтобы оставаться свободным деятелем", и был многим обязан международному торговцу оружием сэру Бэзилю Захарову, который составил себе значительное состояние, продавая оружие обеим сторонам в нескольких войнах [Donald McCormick. *The*

---

[23] Tammany Hall — штаб-квартира Демократической партии США в Нью-Йорке; В. Вильсон был избран президентом от этой партии — Прим. ред "РИ".

Mask of Merlin (London: MacDonald, 1963; New York: Holt, Rinehart and Winston, 1964), p. 208. **Личная жизнь Ллойд Джорджа определенно делала его уязвимым для шантажа.**]. Захаров имел огромную закулисную власть и, по словам МакКормика, консультировал лидеров союзников в области военной политики. МакКормик пишет, что Вудро Вильсон, Ллойд Джордж и Жорж Клемансо неоднократно встречались в парижском доме Захарова. МакКормик отмечает, что "государственные деятели и лидеры союзников были вынуждены консультироваться с ним до планирования любого крупного нападения". Британская разведка, по словам МакКормика, "выявила документы, которые обвиняли слуг Короны в том, что они являются секретными агентами сэра Бэзила Захарова с ведома Ллойд Джорджа" [Ibid. **Выделено МакКормиком.**]. В 1917 году Захаров был связан с большевиками; он старался не допустить поставок вооружения антибольшевикам и действовал в Лондоне и Париже в пользу большевицкого режима.

Итак, в конце 1917 года, когда в Лондон прибыли Ламонт и Томпсон, премьер-министр Ллойд Джордж находился в зависимости от могущественных международных торговцев оружием, которые поддерживали большевиков и помогали им в распространении большевицкой власти в России. Таким образом, при встрече с Уильямом Томпсоном в 1917 году британский премьер не был свободным деятелем; к тому же лорд Мильнер был той силой, которая действовала за кулисами, и, как можно предположить из эпиграфа к этой главе, был благосклонен к социализму и Карлу Марксу.

"Секретные" документы военного кабинета содержат "отчет премьер-министра о беседе с г-ном Томпсоном, американцем, вернувшимся из России" [British War Cabinet papers, no. 308. sec. 2 (public Records Office, London).] и отчет премьер-министра перед военным кабинетом после встречи с Томпсоном [**Письменный меморандум, который Томпсон представил Ллойд Джорджу и который стал основой для заявления военного кабинета, имеется в архивах США. См. Приложения**]. Документ кабинета гласит следующее:

"Премьер-министр доложил о беседе, которую он имел с г-ном Томпсоном — американским путешественником и человеком со значительными средствами, — который только что вернулся из России и высказал несколько иное впечатление о событиях в России по сравнению с общеизвестными. Суть его замечаний состояла в том, что революция получила признание, что союзники не показали себя достаточно симпатизирующими революции, и что г-да Троцкий и Ленин не состояли на жаловании у Германии, причем последний является весьма уважаемым профессором. Г-н Томпсон добавил, что, по его мнению, союзники должны вести в России активную пропаганду, осуществляемую какой-то формой Союзного совета, состоящего из людей, специально подобранных для этой цели; кроме того, в целом, по его мнению, учитывая характер "де-факто" российского правительства, несколько союзных правительств представлены в Петрограде недостаточно. Г-н Томпсон считает, что союзникам необходимо осознать, что русская армия и русский народ вышли из войны, и что союзникам придется выбирать между дружественной или враждебно-нейтральной Россией.

Обсуждался вопрос, не должны ли союзники изменить свою политику в отношении существования "де-факто" российского правительства, причем, как заявил г-н Томпсон, большевики настроены против Германии. В этой связи лорд Роберт Сэсил привлек внимание к условиям перемирия между германской и русской армиями, которые предусматривали, помимо всего прочего, торговлю между двумя странами и создание комиссии по закупкам в Одессе; все соглашение явно диктовалось немцами. Лорд Роберт Сэсил выразил мнение, что немцы будут пытаться продолжать перемирие, пока русская армия не растает.

Сэр Эдвард Карсон прочел сообщение, подписанное г-ном Троцким, которое было направлено ему британским подданным, управляющим российским отделением компании "Вокс-холл Мотор", который только что вернулся из России (документ G.T.-3040). Это сообщение указывает на то, что политика г-на Троцкого, в любом случае показная, была скорее враждебной к организации цивилизованного общества, чем прогерманской. С другой стороны, было высказано мнение, что подобное притворство Троцкого никоим образом не противоречит его деятельности в качестве германского агента с целью разрушения России, чтобы Германия могла делать в этой стране все, что захочет".

Заслушав сообщение Ллойд Джорджа и аргументы в его поддержку, военный кабинет решил сотрудничать с Томпсоном и большевиками. Мильнер имел в своем распоряжении бывшего британского консула в России, Брюса Локкарта, полностью готового к этому и ожидавшего указаний. Локкарт был проинструктирован и направлен в Россию для неформальной работы с Советами.

О размахе деятельности Томпсона в Лондоне и о давлении, которое он смог оказать на ситуацию, можно предположить из последующих сообщений, поступивших в военный кабинет из достоверных источников. В этих сообщениях выражены мнения о Троцком и большевиках, которые совершенно отличаются от мнения Томпсона, и все же они не были приняты кабинетом во внимание. Так, в апреле 1918 года генерал Ян Смуте сообщил военному кабинету о своей беседе с генералом Ниффелем, главой французской военной миссии, который только что вернулся из России:

"Троцкий... — законченный негодяй, который не может быть прогерманским лицом, ибо является до конца про-Троцким и прореволюционным, и ему нельзя доверять ни в коей мере. Его влияние видно из того способа, каким он добился доминирования над Локкартом, Робинсом и французским представителем. Он [Ниффель] советует быть очень осторожным в отношениях с Троцким, который, как он допускает, является единственным реально способным человеком в России" [War Cabinet papers, 24/49/7197 (G.T. 4322), Secret, April 24, 1918.].

Несколько месяцев спустя в Лондоне побывал Томас Д. Тэчер, юрист с Уолл-стрит и тоже член миссии американского Красного Креста в России. 13 апреля 1918 года Тэчер написал американскому послу в Лондоне о том, что к нему поступила просьба от Г.П. Дэвисона, партнера Моргана, "обсудить с лордом Норткпиффом" ситуацию в России и затем поехать в Париж "для других встреч". Лорд Норткпифф был болен, и Тэчер оставил другому партнеру Моргана, Дуайту У. Морроу, меморандум для передачи Норткпиффу после его возвращения в Лондон [**Полностью письмо воспроизведено в Приложении**. **Необходимо отметить, что мы идентифицировали Томаса Ламонта, Дуайта Морроу и Г.П. Дейвисона как тесно связанных с выработкой политики в отношении большевиков. Все они были партнерами в фирме Дж. Д. Моргана.** Тэчер работал в юридической фирме "Симпсон, Тэчер & Бартлетт" и был близким другом Феликса Франкфуртера.].

В отношении России этот меморандум не только откровенно излагал политику, предложенную Томпсоном, но даже утверждал, что "советскому правительству должна быть оказана самая полная поддержка в его усилиях по организации добровольной революционной армии". Основных предложений в этом меморандуме Тэчера было четыре:

"Прежде всего... союзники не должны поддерживать японскую интервенцию в Сибири.

Во-вторых, максимальная поддержка должна быть оказана советскому правительству в его усилиях по организации добровольной революционной армии.

В-третьих, союзные правительства должны оказать моральную поддержку русским людям в их усилиях разработать свою собственную политическую систему, свободную от доминирования любой иностранной власти...

В-четвертых, пока не произойдет открытого конфликта между германским правительством и советским правительством России, будет оставаться возможность для мирного коммерческого проникновения германских агентов в Россию. Поскольку открытого разрыва нет, вероятно, невозможно полностью воспрепятствовать такой коммерции. Поэтому, необходимо принять меры для того, чтобы максимально воспрепятствовать перевозкам зерна и сырья в Германию из России" [**Полный текст меморандума находится в архиве Государственного департамента США: U.S. State Dept. Decimal File, 316-13-698.**].

Намерения и цели Томпсона

В чем причина необычного желания видного финансиста с Уолл-стрит и директора Федерального резервного банка помочь в организации большевицких революционеров и оказать им поддержку? Почему не кто иной, как несколько партнеров Моргана, работающих согласованно, захотели поощрить образование советской "добровольной революционной армии" — армии, предположительно предназначенной для уничтожения Уолл-стрита, включая Томпсона, Томаса Ламонта, Дуайта Морроу, фирмы Моргана и всех их коллег?

Томпсон, по крайней мере, был честен относительно своих целей в России: он хотел продлить состояние войны между Россией и Германией (хотя и доказывал в британском военном кабинете, что Россия в любом случае вышла из войны), чтобы сохранить Россию как рынок для послевоенного американского предпринимательства. Эти цели изложены в меморандуме Томпсона Ллойд Джорджу от декабря 1917 года [**См. Приложения**]. Меморандум начинается так: "Контроль над российской ситуацией утрачен, Россия полностью открыта для беспрепятственной германской эксплуатации…", и завершается: "Я верю, что умная и мужественная деятельность все же не даст Германии занять эту область для себя и, таким образом, эксплуатировать Россию за счет союзников". Следовательно именно германской коммерческой и промышленной эксплуатации опасался Томпсон (это также отражено в меморандуме Тэчера), и именно это опасение привело Томпсона и его нью-йоркских друзей к союзу с большевиками. Более того, эта интерпретация отражена в заявлении, сделанном с напускным юмором заместителем Томпсона Раймондом Робинсом британскому агенту Брюсу Локкарту:

"Вы услышите разговоры, что я представитель Уолл-стрита, что я слуга Уильяма Б Томпсона и хочу получить для него алтайскую медь, что я уже получил для себя 500.000 акров лучших лесов в России, что я уже заграбастал Транссибирскую железнодорожную магистраль, что они дали мне монополию на российскую платину, что это объясняет мою работу в пользу Советов... Вы услышите такие разговоры. Так вот, я не думаю, что это правда, комиссар, но давайте допустим, что это правда. Давайте допустим, что я нахожусь здесь, чтобы захватить Россию для Уолл-стрита и американских бизнесменов. Давайте допустим, что Вы британский волк, а я американский волк, и что когда эта война кончится, мы собираемся сожрать друг друга в схватке за русский рынок; давайте будем делать это в совершенно откровенной, человеческой манере, но давайте в то же время допустим, что мы совершенно интеллигентные волки и знаем, что если мы в данный час не будем охотиться вместе, то германский волк сожрет нас обоих, поэтому давайте приступим к работе" [U.S. Senat *Bolshevik Propaganda*, Hearings before a Subcommittee of the Committee on the Judiciary, 65th Cong., 1919, p. 802.].

Имея это в виду, давайте посмотрим на личную мотивацию Томпсона. Томпсон был финансистом, учредителем акционерных обществ и, хотя и не имел прежде интересов в России, лично финансировал отправку миссии Красного Креста в Россию и использовал эту миссию как средство для политического маневрирования. Из общей картины мы можем сделать вывод, что мотивы Томпсона были, главным образом, финансовые и коммерческие. Конкретно, Томпсон был заинтересован в российском рынке; его интересовало, как этот рынок можно подчинить своему влиянию, преобразовать и захватить для послевоенной эксплуатации синдикатом Уолл-стрита, или несколькими синдикатами. Определенно, Томпсон рассматривал Германию как врага, но не столько политического врага, столько экономического или коммерческого. Действительным врагом были германская промышленность и германские банки. Чтобы перехитрить Германию, Томпсон хотел ставить деньги на любой орган политической власти, который достиг бы его цели. Другими словами, Томпсон был американским империалистом, борющимся против германского империализма, и эта борьба была проницательно распознана и практично использована Лениным и Троцким.

Этот аполитичный подход подкрепляется доказательствами. В начале августа 1917 года Уильям Бойс Томпсон обедал в посольстве США в Петрограде с Керенским, Терещенко и американским послом Фрэнсисом. За обедом Томпсон показал своим русским гостям телеграмму, которую он только что послал в нью-йоркскую контору Дж. П. Моргана с просьбой перевести 425.000 рублей для расчета за личную подписку на новый "Заем русской свободы". Томпсон также просил Моргана "информировать моих друзей, что я рекомендую эти облигации как лучшие из военных инвестиций, которые я знаю. Был бы рад обеспечить их покупку здесь без компенсации"; затем он предложил лично взять 20 процентов от покупки нью-йоркским синдикатом облигаций русского займа на 5 миллионов рублей. Неудивительно, что Керенский и Терещенко высказали "большую признательность" поддержке Уолл-стрита. И посол Фрэнсис быстро информировал телеграммой Государственный департамент, что миссия Красного Креста "работает в гармонии со мной" и будет иметь "превосходные результаты" [U.S. State Dept. Decimal File, 861.51/184.]. Другие авторы рассказывали, как Томпсон пытался убедить российских крестьян поддержать Керенского, выделив на эту пропаганду 1 миллион долларов из своих денег и такую же сумму из правительственных фондов США. Благодаря этому Комитет по народному образованию Свободной России, возглавлявшийся "бабушкой русской революции" Брешковской и администратором Давидом Соскисом (личным секретарем Керенского), основал газеты, бюро новостей, типографии и создал группу ораторов для распространения призыва "Бей кайзера, спасай революцию". Нужно отметить, что финансировавшаяся Томпсоном кампания Керенского велась под тем же лозунгом — "Война до победы", — что и его финансовая поддержка большевиков. Общим звеном между поддержкой Томпсоном Керенского и его поддержкой Троцкого и Ленина было "продолжение войны с Германией" и недопущение Германии в Россию.

Короче, за военными, дипломатическими и политическими аспектами первой мировой войны скрывалась еще одна яростная битва, а точнее —

маневрирование международных дельцов с крепкими мускулами и влиянием за послевоенную экономическую власть над миром. Томпсон не был большевиком, он даже не был про-большевиком. Он не был и за Керенского. Он даже не был и за американцев. Его преобладающей мотивацией был захват послевоенного российского рынка. Это была коммерческая, а не идеологическая цель. Идеология может смести революционных деятелей, таких как Керенский, Троцкий, Ленин и других, но не финансистов.

Меморандум Ллойд Джорджу демонстрирует отсутствие пристрастия Томпсона как к Керенскому, так и к большевикам. "После свержения последнего правительства Керенского мы материально помогали распространению большевицкой литературы как через агентов, так и разбрасыванием с самолетов над германской армией" [**См. Приложения**]. Это было написано в середине декабря 1917 года, всего через пять недель после начала большевицкой революции и менее чем через четыре месяца после того, как на обеде в американском посольстве Томпсон выразил свою поддержку Керенскому.

Томпсон возвращается в США

По возвращении в США Томпсон ездил по штатам с публичным призывом признать Советы. В своей речи в клубе "Роки маунтен" в январе 1918 года он призвал помочь зарождающемуся большевицкому правительству и, обращаясь к аудитории, состоявшей в основном из жителей западных штатов, воззвал к духу американских пионеров:

"Эти люди не стали бы долго колебаться в признании правительства рабочих в России и в оказании ему максимальной помощи, так как в 1849 году и в последующие годы мы имели большевицкие правительства... и очень хорошие правительства..." [**Вставлено сенатором Кальдером в "Протоколы Конгресса"**: The Congressional Record, January 31,1918, p. 1409.].

Надо напрячь воображение, чтобы сравнить опыт освоения пионерами наших западных границ с безжалостным искоренением политической оппозиции, имевшим место тогда в России. Содействие этому несомненно рассматривалось Томпсоном как нечто близкое его прошлой акционерной активности в области горного дела. А что касается слушателей Томпсона, то мы не знаем, что они думали; ни один, однако, возражений не высказал. Ведь выступал уважаемый директор Федерального резервного банка Нью-Йорка, сделавший себя миллионером (а это говорит о многом). И в конце концов, разве он только что не вернулся из России? Но не все шло гладко. Биограф Томпсона Герман Хейгдорн писал, что Уолл-стрит была ошеломлена, что его друзья были "шокированы" и "говорили, что он потерял голову, превратившись в большевика" [Hagedom, op. cit„p. 263.].

В то время как на Уолл-стрит интересовались, действительно ли он "превратился в большевика", Томпсон нашел симпатии среди коллег-директоров в совете Федерального резервного банка Нью-Йорка. 17 октября 1918 года содиректор У.Л. Саундерс, президент "Ингерсолл-Рэнд Корпорейшн" и директор Федерального резервного банка, написал президенту Вильсону, что он "испытывает симпатию к советской форме правления"; при этом он отверг какой-либо скрытый мотив, как, например, "подготовка к захвату мировой торговли после войны" [U.S. State Dept. Decimal File, 861.00/3005.].

Наиболее интересным из коллег-директоров Томпсона был Джордж Фостер Пибоди, вице-президент Федерального резервного банка Нью-Йорка и близкий друг социалиста Генри Джорджа. Пибоди сделал себе состояние на манипуляциях с железными дорогами так же, как Томпсон сделал свое состояние на манипуляциях акциями медных предприятий. Затем Пибоди стал активно выступать за государственное владение железными дорогами и открыто принял национализацию [Louis Ware. *George Foster Peabody* (Athens: University of Georgia Press, 1951).]. Как Пибоди примирил свой успех частного предпринимателя с поощрением создания государственной собственности? По мнению его биографа Луиса Вэра "его аргументы подсказывали ему, что для этого вида транспорта важна эксплуатация государством, а не частными интересами". Этот высокий и благой аргумент вряд ли правдив. Более точным было бы сказать, что, с учетом большого политического влияния Пибоди и его приятелей-финансистов в Вашингтоне, они могли легче избежать тягот конкуренции в результате государственного контроля над железными дорогами. Посредством политического влияния они могли манипулировать полицейскими властями штата, чтобы достичь того, чего им не удалось бы достичь при частном предпринимательстве, или удалось бы, но по очень дорогой цене. Другими словами, полицейские власти штата были средством поддержания частной монополии. Это было точно так, как предлагал Фредерик К. Хоув [**См. главу 1.**].

Идея социалистической России с центральным планированием наверняка принадлежит Пибоди.

Только подумать — одна гигантская государственная монополия! И Томпсон, его друг и коллега-директор, имел тайную тропку к парням, руководящим этой операцией! [**Если этот аргумент кому-то покажется слишком натянутым, такому читателю следует обратиться к книге:** Gabriel Kolko. *Railroads and Regulation 1877–1916* (New York: W.W. Norton, 1965), **где описывается, как владельцы железных дорог, а не фермеры и пользователи услугами этих дорог, оказывали давление на правительство для контроля последнего над железными дорогами и для образования Комиссии по торговле между штатами.**]

Неофициальные послы: Робине, Локкарт и Садуль

Большевики, со своей стороны, правильно оценили отсутствие к себе симпатий среди петроградских представителей трех крупных западных держав: США, Великобритании и Франции. США были представлены послом Фрэнсисом, явно не симпатизировавшим революции. Великобританию представлял сэр Джеймс Бьюкенен, который был сильно связан с царской монархией и подозревался в оказании помощи в период революционной фазы Керенского. Франция была представлена послом Палеологом, явным антибольшевиком. Поэтому в начале 1918 года появились еще три персонажа; они стали представителями де-факто этих западных стран и оттеснили официальных посланников.

Раймонд Робине принял миссию Красного Креста от У.Б. Томпсона в начале декабря 1917 года, но больше занимался вопросами экономики и политики, чем получением помощи для бедствующей России. 26

декабря 1917 года он телеграфировал партнеру Моргана Генри Дэвисону, временно исполнявшему обязанности генерального директора американского Красного Креста: "Просьба настоять у президента на необходимости наших постоянных сношений с правительством большевиков" [C.K. dimming and Waller W. Peltit. Russian-American Relations. Documents and Papers (New York: Harcourt. Brace & Howe. 1920), doc. 44.]. А 23 января 1918 года Робине телеграфировал Томпсону, находившемуся тогда в Нью-Йорке:

"Советское правительство сегодня сильнее, чем когда-либо. Его полномочия и власть значительно укреплены в результате роспуска Учредительного собрания... Не могу слишком настаивать на важности незамедлительного признания власти большевиков... Сиссон одобряет этот текст и просит Вас показать эту телеграмму Крилу. Тэчер и Уардуэлл действуют сообща" [Ibid.. doc. 54.].

Позже, в 1918 году, по возвращении в США, Робине представил отчет государственному секретарю Роберту Лансингу со следующим вступительным параграфом: "Американское экономическое сотрудничество с Россией; Россия будет приветствовать американскую помощь в перестройке своей экономики" [Ibid., doc. 92.].

Настойчивые усилия Робинса в пользу большевицкого дела создали ему определенный престиж в лагере большевиков, а возможно, и некоторое политическое влияние. В ноябре 1918 года посольство США в Лондоне заявило, что "Залкинд обязан своим назначением большевицким послом в Швейцарии американцу... не кому иному, как г-ну Раймонду Робинсу" [U.S. State Dept. Decimal File, 861.00/3449. **Но см.** также: Kennan. *Russia*

Leaves the War, pp. 401-5.]. Примерно в это же время в Вашингтон начинают просачиваться сообщения, что Робинс сам является большевиком; возьмем, к примеру, следующее сообщение из Копенгагена, датированное 3 декабря 1918 года:

"Конфиденциально. Согласно заявлению, сделанному Радеком Жоржу де Патпурри, бывшему генеральному консулу Австро-Венгрии в Москве, полковник Роббинс [так], бывший глава миссии американского Красного Креста в России, в настоящее время находится в Москве, ведя переговоры с советским правительством, и действует как посредник между большевиками и их друзьями в США. В некоторых кругах, кажется, создалось впечатление, что полковник Робинс сам является большевиком, хотя другие считают, что нет, но что его деятельность в России противоречит интересам Союзных правительств" [Ibid. 861.00/3333.].

Материалы в документах Советского бюро в Нью-Йорке, конфискованные комитетом Ласка в 1919 году, подтверждают, что и Робинс и его жена были тесно связаны с большевицкой деятельностью в США и с образованием Советского бюро в Нью-Йорке [**См. главу 7.**].

Британское правительство установило неофициальные отношения с большевицким режимом, направив в Россию молодого, говорящего по-русски агента Брюса Локкарта. В сущности, Локкарт занимал такое же положение в Великобритании, что и Робинс в США, но в отличие от Робинса Локкарт имел прямые выходы на свое министерство иностранных дел. Правда, Локкарт не был выбран министром или министерством иностранных дел, их ужаснуло это назначение. По мнению Ричарда Ульмана, Локкарт был "выбран для своей миссии Мильнером и Ллойд Джорджем…". Максим Литвинов, действовавший как неофициальный советский представитель в Великобритании, написал для Локкарта рекомендательное письмо к Троцкому, назвав этого британского агента "исключительно честным человеком, который понимает наше положение и симпатизирует нам" [Richard H. Ullman. Intervention and the War (Princeton, NJ.: Princeton University Press, 1961), p. 61.].

Мы уже говорили о том давлении, которое оказывалось на Ллойд Джорджа, чтобы он занял пробольшевицкую позицию. В особенности это давление исходило от Уильяма Б. Томпсона и косвенно от сэра Бэзиля Захарова и лорда Мильнера. Как свидетельствует эпиграф к данной главе, Мильнер имел очень просоциалистические взгляды. Впрочем, Эдвард Крэнкшоу сухо охарактеризовал двойственность Мильнера.

"Некоторые выражения [у Мильнера] о промышленности и обществе… таковы, что ими мог бы гордиться любой социалист. Но они не были написаны социалистом. Их написал "человек, который сделал Бурскую войну". Некоторые другие отрывки, об империализме и бремени белого человека, могли бы быть написаны твердолобым Тори. Однако их написал ученик Карла Маркса" [Edward Crankshaw. *The Forsaken Idea: A Study of Viscount Milner* (London: Longmans Green, 1952), p. 269.].

По словам Локкарта, социалистический директор банка Мильнер вдохновлял его на "величайшую привязанность и героизм" [Robert Hamilton Bruce

Lockhart. British Agent (New York: Putnam's, 1933), p. 119.]. Локкарт вспоминает, как Мильнер лично организовал его назначение в Россию, протолкнул его на уровне кабинета и после назначения разговаривал с ним "почти ежедневно". Открывая путь к признанию большевиков, Мильнер в то же время способствовал финансовой поддержке их противников на юге России и в других местах, как это делал и Морган в Нью-Йорке. Эта двойственная политика подтверждает тезис, что modus operand! [метод действия] политизированных интернационалистов, — таких как Мильнер и Томпсон, — заключался в том, чтобы ставить государственные деньги на любую, революционную или контрреволюционную лошадь, которая выглядела возможным победителем. Эти интернационалисты, разумеется, притязали на любые вытекающие из этого выгоды. Разгадка, вероятно, кроется в высказывании Брюса Локкарта, что Мильнер был человеком, который верил в высокоорганизованное государство [Ibid., p. 204.].

Французское правительство назначило человека, еще более явно симпатизирующего большевикам — Жака Садуля, старого приятеля Троцкого [См.: Jacques Sadoul. *Notes sur la revolution bolchevique* (Paris: Editions de la sirene, 1919).]. В итоге, союзные правительства нейтрализовали своих дипломатических представителей в Петрограде и заменили их неофициальными агентами, более или менее симпатизирующими большевикам.

Сообщения этих неофициальных послов находились в прямом противоречии с мольбами о помощи, адресуемыми Западу из глубины России. Максим Горький протестовал против предательства революционных идеалов группой Ленина-Троцкого, которая ввела в России железную хватку полицейского государства:

"Мы, русские, народ, еще не работавший свободно, не успевший развить все свои силы, все способности, и когда я думаю, что революция даст нам возможность свободной работы, всестороннего творчества, — мое сердце наполняется великой надеждой и радостью даже в эти проклятые дни, залитые кровью и вином.

Отсюда начинается линия моего решительного и непримиримого расхождения с безумной деятельностью народных комиссаров.

Я считаю идейный максимализм очень полезным для расхлябанной русской души, — он должен воспитать в ней великие и смелые запросы, вызвать давно необходимую дееспособность, активизм, развить в этой вялой душе инициативу и вообще — оформить и оживить ее.

Но практический максимализм анархо-коммунистов и фантазеров из Смольного — пагубен для России и, прежде всего, для русского рабочего класса.

Народные комиссары относятся к России как к материалу для опыта, русский народ для них — та лошадь, которой ученые-бактериологи прививают тиф для того, чтоб лошадь выработала в своей крови противотифозную сыворотку. Вот именно такой жестокий и заранее обреченный на неудачу опыт производят комиссары над русским народом, не думая о том, что измученная, полуголодная лошадь может издохнуть.

Реформаторам из Смольного нет дела до России, они хладнокровно обрекают ее в жертву своей грезе о всемирной или европейской революции…

И пока я могу, я буду твердить русскому пролетарию:

— Тебя ведут на гибель, тобою пользуются как материалом для бесчеловечного опыта…" [**Максим Горький. Несвоевременные мысли // Новая жизнь. 10(23) дек. 1917 года. (Цитата выверена по оригиналу и исправлена неточность Саттона в датировке этой статьи. — Прим. ред. "РИ".)**].

Контрастом к отчетам симпатизирующих неофициальных послов были также сообщения от дипломатических представителей старой школы. Для многих таких сообщений, стекавшихся в Вашингтон в начале 1918 года — особенно после выражения Вудро Вильсоном поддержки большевицкому правительству, — была типичной следующая телеграмма от дипломатической миссии США в Берне, Швейцария:

"Для Полка. Послание президента консулу в Москве здесь не понято, и люди спрашивают, почему президент выражает поддержку большевикам на фоне насилий, убийств и анархии этих банд" [U.S. State DepL Decimal File, 861.00/1305, March 15, 1918.].

Непрерывная поддержка большевиков администрацией Вильсона привела к отставке Де Витта К. Пула, способного американского поверенного в делах в Архангельске (Россия):

"Моя обязанность — честно объяснить департаменту то замешательство, в которое я был ввергнут заявлением о политике по отношению к России, принятом на Мирной конференции 22 января по инициативе президента. Это заявление очень радостно признает революцию и вновь подтверждает то полное отсутствие симпатии к любой форме контрреволюции, которая всегда была ключевым аспектом американской политики в России, но оно не содержит ни слова в осуждение другого врага революции — большевицкого правительства" [Ibid., 861.00/3804. (**Автор этой цитаты имеет в виду, что США правильно приветствовали антимонархическую Февральскую революцию, правильно не поддержали ее противников-монархистов, но теперь ошибочно поддерживают ее противников-большевиков. — Прим. ред. "РИ".)**].

Так даже в самом начале 1918 года предательство освободительной революции было подмечено такими проницательными наблюдателями, как Максим Горький и Де Витт К. Пул. Отставка Пула потрясла Государственный департамент, который попросил его о "крайней сдержанности в отношении вашего желания выйти в отставку" и заявил, что "заменить вас следует в естественном и нормальном порядке, чтобы не допустить столь серьезного и возможно катастрофического воздействия на настроения американских войск в районе Архангельска, которое может привести к потере американских жизней" [Ibid.].

Итак, союзные правительства нейтрализовали своих официальных представителей в России, а США даже игнорировали просьбы, звучавшие из России и вне ее, прекратить поддерживать большевиков. Влиятельная поддержка Советам исходила из финансовой сферы Нью-Йорка (и лишь малоэффективная — от внутренних революционеров в США). В частности, большая поддержка шла от "Америкэн Интернэшнл Корпорейшн" — фирмы, контролируемой Морганом.

Экспорт революции: Якоб Х. Рубин

Сейчас мы в состоянии сопоставить два случая — ни в коей мере не единственные, — когда американские граждане, Якоб Рубин и Роберт Майнор, помогали экспортировать революцию в Европу и другие части России.

Якоб Х. Рубин был банкиром, который, по его собственным словам, "помогал образовать советское правительство в Одессе" [U.S., House, Committee on Foreign Affairs. *Conditions in Russia*, 66th Cong., 3rd sess., 1921.]. Рубин был президентом, казначеем и секретарем фирмы "Рубин Бразерс", располагавшейся по адресу: Нью-Йорк, 19 Вест 34-я стрит. В 1917 году он был связан с "Юнион Бэнком" из Милуоки и нью-йоркским обществом "Провидент Лоун". Среди доверительных собственников общества "Провидент Лоун" были лица, всюду упоминавшиеся как связанные с большевицкой революцией: П.А. Рокфеллер, Мортимер Л. Шифф и Джеймс Шпейер.

В результате каких-то занятий, о которых Рубин лишь неясно упоминает в своей книге "Я живу, чтобы рассказать" [Jacob H. Rubin. I Live to Tell: *The Russian Adventures of an American Socialist* (Indianapolis: Bobbs-Merrill, 1934).], в феврале 1920 года он оказался в Одессе, где стал объектом сообщения адмирала Маккулли Государственному департаменту (от 13 февраля 1920 года, 861.00/6349). Сообщение было о том, что Якоб Х. Рубин из "Юнион Бэнк", Милуоки, был в Одессе и хотел остаться с большевиками — "Рубин не хочет уезжать, предложил свои услуги большевикам и явно симпатизирует им". Позднее Рубин пробрался обратно в США и в 1921 году дал показания в Комитете по иностранным делам Палаты представителей:

"Я был в Одессе с людьми из американского Красного Креста. Я находился там, когда Красная армия взяла город. В то время я симпатизировал советскому правительству, поскольку я был социалистом и членом партии в течении 20 лет. Я должен признать, что в определенной мере я помогал образовать советское правительство в Одессе…" [**U.S., House, Committee on Foreign Affairs. Op. cit.**].

Добавим, что деникинское правительство Юга России арестовало его как шпиона; более мы почти ничего не знаем о Рубине. Однако мы знаем гораздо больше о Роберте Майноре, который был арестован на месте преступления и освобожден в результате задействования механизма, напоминающего освобождение Троцкого из лагеря для военнопленных в Галифаксе.

Экспорт революции: Роберт Майнор

Большевицкая пропаганда в Германии [**См.**: George G. Bruntz. *Allied Propaganda and the Collapse of the German Empire in 1918* (Stanford, Calif.: Stanford University Press, 1938), pp. 144-55; **см. также здесь главу 5.**], финансируемая и организованная Уильямом Бойсом Томпсоном и Раймондом Робинсом, осуществлялась на местах американскими гражданами под контролем Народного комиссариата по иностранным делам Троцкого:

"Одним из самых первых новшеств Троцкого в министерстве иностранных дел было учреждение Пресс-бюро под руководством Карла Радека и Бюро международной революционной пропаганды под руководством Бориса Рейнштейна, среди помощников которого были Джон Рид и Альберт Рис Вильямс, и весь заряд этой мощной команды был направлен против германской армии.

Германская газета "Ди Факел" ежедневно печаталась тиражом в полмиллиона и рассылалась специальным поездом в центральные армейские комитеты в Минск, Киев и другие города, которые, в свою очередь, распространяли ее по другим точкам на фронте" [John W. Wheeler-Bennett. *The Forgotten Peace* (New York: William Morrow, 1939).].

Роберт Майнор работал в бюро пропаганды Рейнштейна. Предки Майнора занимали видное место в ранней истории Америки. Генерал Сэм Хьюстон, первый президент Республики Техас, был родственником матери Майнора, Рутез Хьюстон. Другими родственниками были Милдред Вашингтон, тетка Джорджа Вашингтона, и генерал Джон Майнор, руководитель предвыборной кампании Томаса Джефферсона. Отец Майнора был юристом в штате Вирджиния, откуда он переехал в Техас. После трудных лет с небольшим числом клиентов он стал судьей в Сан-Антонио.

Роберт Майнор был талантливым карикатуристом и социалистом. Он оставил Техас и уехал на восток. Некоторые из его работ были напечатаны в пробольшевицком журнале "Массы". В 1918 году Майнор — штатный карикатурист в "Филадельфиа паблик леджер". В марте того же года он уехал из Нью-Йорка, чтобы давать материалы о большевицкой революции. Оказавшись в России, Майнор вошел в бюро международной революционной пропаганды Рейнштейна (см. схему) вместе с корреспондентом "Дейли геральд" и "Манчестер гардиан" Филипом Прайсом и Жаком Садулем, неофициальным французским послом и другом Троцкого.

Организация работы по иностранной пропаганде в 1918 году

Народный комиссариат по иностранным делам (Троцкий)

Пресс-бюро (Радек)

Бюро международной революционной пропаганды (Рейнштейн)

Оперативные работники:

— Джон Рид

— Луиза Брайант

— Альберт Рис Вильямс

— Роберт Майнор

— Филип Прайс

— Жак Садуль

Прекрасные данные о деятельности Прайса, Майнора и Садуля сохранились в виде секретного специального отчета № 4 лондонского Скотланд-Ярда, озаглавленного "Дело Филипа Прайса и Роберта Майнора", а также в виде отчетов в досье Государственного департамента в Вашингтоне [**Копия этого отчета Скотланд-Ярда есть в десятичном файле Государственного департамента США, 316-23-1184/9.**]. Согласно этому отчету Скотланд-Ярда, Филип Прайс был в Москве в середине 1917 года, еще до большевицкой революции, и признавался: "Я по горло в революционном движении". В период между революцией и примерно до осени 1918 года Прайс работал с Робертом Майнором в Комиссариате по иностранным делам.

В ноябре 1918 года Майнор и Прайс уехали из России в Германию [Joseph North. *Robert Minor: Artist and Crusader* (New York: International Publishers, 1956).]. Их пропагандистская продукция была впервые использована на русском фронте под Мурманском; в соответствии с программой Уильяма Томпсона листовки разбрасывали с аэропланов над британскими, французскими и американскими войсками [**Примеры пропаганды Майнора до сих пор находятся в досье Государственного департамента США. О Томпсоне см. документ № 4 в Приложениях**]. Решение послать Садуля, Прайса и Майнора в Германию принималось Центральным исполнительным комитетом Коммунистической партии. В Германии их деятельность дошла до сведения британской, французской и американских разведок. 15 февраля 1919 года лейтенант Дж. Хабас из армии США был направлен в Дюссельдорф, тогда находившийся под контролем спартаковской революционной группы, где представился дезертиром из американской армии и предложил свои услуги спартаковцам. Хабас познакомился с Филипом Прайсом и Робертом Майнором и предложил напечатать некоторые брошюры для распространения среди американских войск. Отчет Скотланд-Ярда говорит, что Прайс и Майнор уже написали несколько брошюр для британских и американских войск, что Прайс перевел некоторые работы Вильгельма Либкнехта на английский язык и что оба работали над дополнительными пропагандистскими брошюрами. Хабас сообщил, что, по словам Майнора и Прайса, они работали вместе в Сибири, печатая большевицкую газету на английском языке для распространения с самолетов среди американских и британских войск [**См. Приложения**].

8 июня 1919 года Роберт Майнор был арестован в Париже французской полицией и передан американским военным властям в Кобленце. В то же самое время в районе Кельна британскими военными властями были арестованы германские спартаковцы. Впоследствии их осудили по обвинению в заговоре с целью вызвать мятеж среди сил союзников. Прайс также был арестован, но как и Майнор быстро освобожден. Это поспешное освобождение было замечено Государственным департаментом:

"Роберт Майнор сейчас освобожден по причинам, которые не совсем ясны, так как имеющиеся против него доказательства достаточны для его осуждения. Это освобождение будет иметь неблагоприятные последствия, так как полагают, что Майнор тесно связан в США с профсоюзной организацией "Индустриальные рабочие мира"" [U.S. State Dept. Decimal File, 316-23-1184.].

Механизм, задействованием которого был освобожден Роберт Майнор, зафиксирован в досье Государственного департамента. Первый имеющий отношение к этому делу документ, датированный 12 июня 1919 года, был направлен из посольства США в Париже государственному секретарю в Вашингтон с пометкой "срочно и конфиденциально" [Ibid., 861.00/4680 (316-22-0774).]. Французское министерство иностранных дел проинформировало посольство, что 8 июня Роберт Майнор, "американский корреспондент", был арестован в Париже и передан генеральному штабу Третьей американской армии в Кобленце. Бумаги, найденные у Майнора, "подтверждают представленные отчеты о его деятельности. Поэтому кажется установленным, что Майнор в Париже вступил в сношения с общепризнанными сторонниками большевизма". Посольство отнеслось к Майнору как к "особо опасному человеку". Были наведены справки у американских военных властей; посольство сочло этот вопрос целиком находящимся в компетенции военных, поэтому не предприняло никаких действий, хотя получение инструкций было бы желательно.

14 июня судья Р.Б. Майнор телеграфировал из Сан-Антонио в Государственный департамент Фрэнку Л. Полку:

"Судя по сообщениям в прессе, мой сын Роберт Майнор задержан в Париже по неизвестным причинам. Прошу сделать все возможное для его защиты, я обращаюсь к сенаторам из Техаса.

[подписано] Р.Б. Майнор, окружной судья, Сан-Антонио, Техас" [Ibid., 861.00/4685 (/783).].

Полк телеграфировал судье Майнору, что ни Государственный департамент, ни военное министерство не имеют информации о задержании

Роберта Майнора и что дело сейчас находится у военных властей Кобленца. Позже, 13 июня. Государственный департамент получил "строго конфиденциальное срочное" сообщение из Парижа, излагающее заявление Бюро военной разведки (Кобленц) в отношении задержанного Роберта Майнора:

"Майнор был арестован в Париже французскими властями по запросу британской разведки и немедленно передан американскому штабу в Кобленце" [Ibid., 861.00/4688 (/788).].

Он был обвинен в подготовке и распространении большевицкой революционной литературы, напечатанной в Дюссельдорфе, в местах пребывания британских и американских войск. Военные власти намеревались изучить обвинения против Майнора, и если они обоснованы, подвергнуть его военно-полевому суду. Если обвинения необоснованные, они намеревались передать Майнора британским властям, "которые первоначально попросили французов передать его им" [Ibid.]. Судья Майнор самостоятельно связался с американским сенатором от штата Техас Моррисом Шеппардом, а Шеппард связался с находящимся в Париже полковником Хаусом. 17 июня 1919 года полковник Хаус направил следующее сообщение сенатору Шеппарду:

"И американский посол и я занимаемся делом Роберта Майнора. Меня проинформировали, что он содержится под арестом у американских военных властей в Кельне по серьезным обвинениям, точный характер которых трудно установить.

Тем не менее, мы предпринимаем все возможные меры для обеспечения справедливого рассмотрения его дела" [Ibid., 316-33-0824.].

И сенатор Шеппард и конгрессмен Карлос Би (14-й округ, штат Техас) довели их заинтересованность до Государственного департамента. 27 июня 1919 года конгрессмен Би представил запрос о передаче судьей Майнором своему сыну 350 долларов и послания. 3 июля сенатор Шеппард выразил в письме Фрэнку Полку свою "очень большую заинтересованность" делом Роберта Майнора, и поинтересовался, может ли Государственный департамент прояснить его состояние, и правильно ли, что Майнор находится под юрисдикцией военных властей. Затем, 8 июля, посольство в Париже телеграфировало в Вашингтон: "Конфиденциально. Майнор освобожден американскими властями... возвращается в США первым пароходом". Это внезапное освобождение заинтересовало Государственный департамент, и 3 августа государственный секретарь Лансинг телеграфировал в Париж: "Секретно. Ссылаясь на предыдущее, очень хотел бы узнать причины освобождения Майнора военными властями".

Первоначально армейские власти США хотели, чтобы Роберт Майнор был предан британскому суду, так как "они опасались своих политиков, которые могут вмешаться в США и предотвратить осуждение, если арестованный будет подвергнут американскому военно-полевому суду". Однако, британское правительство высказалось в том плане, что Майнор является гражданином США, что доказательства свидетельствуют о подготовке им пропагандистских материалов для американских войск и что, следовательно, как предположил британский начальник штаба, Майнор должен быть предан американскому суду. Британский начальник штаба "считал исключительно важным добиться, если возможно, осуждения" [Ibid., 861.00/4874.].

Документы канцелярии начальника штаба Третьей армии касаются внутренних подробностей освобождения Майнора [Office of Chief of Staff, U.S. Army, National Archives, Washington, D.C. (**Бюро начальника штаба. Армия США, Национальный архив, Вашингтон, Округ Колумбия.**)]. Телеграмма от 23 июня 1919 года, направленная генерал-майором Харбордом, начальником штаба Третьей армии (позднее председателем совета директоров компании "Интернэшнл Дженерал Электрик", чей исполнительный центр, по совпадению, также находится по адресу: Бродвей 120), командующему Третьей армией, говорит, что главнокомандующий Джон Дж. Першинг "приказывает Вам приостановить разбирательство по делу Майнора до дальнейших распоряжений". Есть также меморандум, подписанный бригадным генералом У.А. Бетелом в конторе адвоката 28 июня 1919 года, помеченный грифом "секретно и конфиденциально" и озаглавленный: "Роберт Майнор, ожидающий суда военного трибунала в штаб-квартире 3-ей армии". В меморандуме разбирается дело, заведенное против Майнора. Среди аспектов, выделенных Бетелом, есть тот, что англичане явно не хотели заниматься делом Майнора, поскольку "они опасались негативного американского мнения в случае осуждения ими американца за военное преступление в Европе", даже если преступление, в котором обвиняется Майнор, столь серьезное, "какое только может совершить человек". Это серьезное заявление; а ведь

Майнор, Прайс и Садуль осуществляли программу, подготовленную директором Федерального резервного банка Томпсоном, что подтверждает и Томпсон в своем меморандуме (**см. Приложения**). Не подпадает ли поэтому Томпсон (и Робине) в некоторой степени под такое же обвинение?

После беседы с Зигфридом, свидетелем против Майнора, и рассмотрения доказательств Бетел комментирует:

"У меня нет сомнений в виновности Майнора, но если бы я заседал в суде, то не вынес бы вердикт о виновности на основании имеющихся сейчас доказательств — свидетельства только одного человека, причем этот человек действовал в манере детектива и информатора".

Далее Бетел заявил, что через неделю-полторы стало бы известно, имеется ли существенное подтверждение свидетельских показаний Зигфрида. Если да, то "я думаю, Майнор должен быть подвергнут суду", но "если подтверждение получить нельзя, мне кажется, было бы лучше прекратить дело".

Это заявление Бетела было передано в иной форме генералом Харбордом в телеграмме от 5 июля генералу Малину Крейгу (начальнику штаба Третьей армии в Кобленце):

"Относительно дела против Майнора, то если, помимо Зигфрида, к этому времени не были найдены иные свидетели, главнокомандующий приказывает дело прекратить и Майнора освободить. Просьба подтвердить получение и сообщить о действиях".

В ответе Крейга генералу Харборду (от 5 июля) говорится, что Майнор был освобожден в Париже, с добавлением: "Это соответствует его пожеланиям и подходит для наших целей". Крейг также добавляет, что другие свидетели были найдены.

Этот обмен телеграммами позволяет судить о всей степени спешки в снятии обвинений с Роберта Майнора, а спешка предполагает давление. Вмешательство полковника Хауса и генерала Першинга на самом высоком уровне в Париже и телеграмма от полковника Хауса сенатору Моррису Шеппарду придают вес сообщениям в американских газетах, что и Хаус, и президент Вильсон несут ответственность за поспешное освобождение Майнора без суда [U.S., Senate, Congressional Record, October 1919, pp. 6430, 6664-66. 7353-54; and New York Times. October 11, 1919. See also; Sacramento Bee, July 17,1919.].

Майнор вернулся в США и, как Томпсон и Робинс до него, принялся ездить по стране, рекламируя успехи большевицкой России.

Подводя итог, мы приходим к заключению, что директор Федерального резервного банка Томпсон активно содействовал большевикам несколькими путями: выпустил книжку на русском языке, финансировал операции и выступления большевиков, послал (совместно с Робинсом) большевицких революционных агентов в Германию (и, возможно, и во Францию) и с партнером Моргана Ламонтом оказал давление на Ллойд Джорджа и британский военный кабинет, чтобы добиться изменений в британской политике. Кроме того, Раймонд Робинс был выслан французским правительством за помощь российским большевикам в подготовке революции в Германии. Мы знаем, что Робине неприкрыто работал на Советы в России и в США. В заключение мы приходим к выводу, что Роберт Майнор, один из революционных пропагандистов, использовавшихся в программе Томпсона, был освобожден из-под ареста при обстоятельствах, предполагающих вмешательство лиц самого высокого уровня в правительстве США.

Очевидно, что это только часть гораздо более широкой картины. Эти события вряд ли случайны или одиночны. Они образуют непрерывную связанную линию на протяжении нескольких лет. Они предполагают мощное влияние на высших уровнях нескольких правительств.

ГЛАВА 7

БОЛЬШЕВИКИ ВОЗВРАЩАЮТСЯ В НЬЮ-ЙОРК

> *"Мартене находится в самом центре внимания. Нет сомнений относительно его связи с компанией "Гаранты Траст". Хотя удивительно, что такой крупной и влиятельной организации понадобилось иметь дела с большевицким концерном".*
>
> Разведывательный отчет Скотланд-Ярда, Лондон, 1919 [**Копия в:** U.S. State Dept. Decimal File. 316-22-656.].

После начальных успехов революции Советы не теряли времени и попытались через бывших представителей США установить дипломатические отношения с США и точки для своей пропаганды там. В июне 1918 года американский консул в Харбине телеграфировал в Вашингтон:

"Альберт Рис Вильямс, предъявитель паспорта Департамента 52913, выданного 15 мая 1917 года, следует в США для создания информационного бюро советского правительства, для чего он имеет письменные полномочия. Выдавать ли ему визу?" [Ibid., 861.00/1970.].

Вашингтон отказал в визе, и поэтому Вильямсу не удалась его попытка создать в США информационное бюро. За Вильямсом последовал Александр Ниберг (он же Сантери Нуортева), бывший финский эмигрант в США (в январе 1912 года), который стал первым действующим советским представителем в США. Ниберг был активным пропагандистом. Фактически, в 1919 году он был, по словам Дж. Эдвара Гувера (в письме Комитету по иностранным делам США), "предвестником Л.К.А.К. Мартенса и, вместе с Григорием Вайнштейном, наиболее активным деятелем официальной большевицкой пропаганды в США" [U.S., House, Committee on Foreign Affairs. Conditions in Russia, 66th Cong., 3d sess., 1921, h. 78.].

Ниберг оказался не слишком удачлив как дипломатический представитель и, в конечном счете, как пропагандист. В архиве Государственного департамента есть беседа с Нибергом в канцелярии советников от 29 января 1919 года. Ниберга сопровождали Х. Келлог, охарактеризованный как "американский гражданин, выпускник Гарварда", и, что более удивительно, г-н Макфарланд, юрист организации Херста. Записи Государственного департамента говорят о том, что "Ниберг сделал много ложных заявлений относительно позиции большевицкого правительства", например, он утверждал, что Петере, литовский террорист и глава петроградской ЧК, был просто "добродушным поэтом". Ниберг попросил департамент направить телеграмму Ленину о том, что "теоретически могло бы быть полезным созвать конференцию, предложенную союзниками, в Париже" [U.S. State Dept. Decimal File, 316-19-1120.]. Это предложенное Нибергом послание, бессвязный призыв к Ленину присутствовать на Парижской конференции, чтобы таким образом получить международное признание, отправлено не было [Ibid.].

Обыск в Советском бюро в Нью-Йорке

Затем Александр Ниберг (Нуортева) сошел со сцены, и ему на смену пришло Советское бюро, созданное в начале 1919 года в здании "Уорлд Тауэр" по адресу: Нью-Йорк, 110 Вест 40-я стрит. Бюро возглавлял гражданин Германии Людвиг К.А.К. Мартене, которого обычно называют первым послом Советского Союза в США, а до того времени он был вице-президентом проектно-технической фирмы "Вайнберг & Познер", расположенной на Бродвее, 120. Почему этот "посол" и его службы находились в Нью-Йорке, а не в Вашингтоне, не объяснялось; предполагается, что его главной целью была торговля, а не дипломатия. В любом случае. Бюро быстро выпустило призыв к торговле США с Россией. Российская промышленность рухнула, и Россия отчаянно нуждалась в машинах, оборудовании для железных дорог, одежде, химических веществах, лекарствах, словом, во всем, что используется современной цивилизацией. В обмен Советы предлагали золото и сырье. Затем Советское бюро перешло к подготовке контрактов с американскими фирмами, игнорируя факты эмбарго и непризнания. В то же время оно оказывало финансовую поддержку зарождавшейся Коммунистической партии США [**См.: Benjamin Gitlow. U.S., House. Un-American Propaganda Activities (Washington. 1939), vols. 7–8, p. 4539.**].

7 мая 1919 года Государственный департамент запретил деловое посредничество в пользу Бюро (смотри ниже) [**См. далее подглавку "Корпорации — союзники Советского бюро".**] и отказался признать Людвига Мартенса, Советское бюро и большевицкое правительство России. Этот официальный отказ не убавил в американской промышленности страждущих

охотников за советскими заказами. Когда 12 июня 1919 года на службы Советского бюро был совершен рейд представителями Комитета Ласка штата Нью-Йорк, были найдены кипы переписки с американскими бизнесменами, представляющими почти тысячу фирм. На этом захваченном материале был основан "Специальный отчет № 5 (секретный)", подготовленный разведывательным управлением британского министерства внутренних дел. Отчет этот был написан Бэзилом X. Томпсоном и вышел из стен Скотланд-Ярда в Лондоне 14 июля 1919 года. Он, в частности, гласит:

"...Мартене и его коллеги поначалу приложили все усилия, чтобы вызвать интерес у американских капиталистов, и есть основания полагать, что Бюро получило финансовую поддержку от некоторых российских экспортных фирм, а также от компании "Гаранти Траст", хотя последняя отрицала, что финансирует организацию Мартенса" [**Копия в: U.S. State Depl. Decimal File, 316-22-656. Вовлеченность компании "Гаранти Траст" подтверждена в последующих отчетах разведки.**].

Томпсон отметил, что месячная арендная плата служб Советского бюро составляла 300 долларов, а заработная плата сотрудников доходила до 4000 долларов. Средства Мартенса для оплаты этих расходов частично поступали с советскими курьерами — такими как Джон Рид и Михаил Грузенберг, привозившими из России алмазы для продажи в США, и частично от американских деловых фирм, включая нью-йоркскую "Гаранта Траст Компани". Британские отчеты суммируют сведения, содержавшиеся в документах, которые были изъяты следователями Ласка в помещениях Бюро, и эту итоговую информацию стоит привести полностью: "

Интрига началась в то время, когда президент впервые поехал во Францию, чтобы убедить администрацию использовать Нуортеву в качестве посредника для переговоров с российским советским правительством с целью способствовать его признанию Америкой. Была сделана попытка привлечь к этому полковника Хауса, и существует длинное и интересное письмо Фредерику К. Хоуву, на чью поддержку и симпатию Нуортева, кажется, рассчитывал. Есть и другие документы, связывающие Хоува с Мартенсом и Нуортевой.

Существует досье переписки с Юджином Дебсом.

Письмо от Амоса Пинчота Уильяму Кенту из Комиссии США по тарифам в конверте, адресованном сенатору Ленруту, представляет Эванса Кларка — "сейчас в бюро Российской Советской Республик". "Он хочет поговорить с Вами о признании Колчака, снятии блокады и т. д.".

Сообщение Феликсу Франкфуртеру от 27 мая 1919 года говорит о яростной кампании по очернению российского правительства.

Существует обширная переписка между полковником и госпожой [так] Раймонд Робинс и Нуортевой как в 1918, так и в 1919 году. В июле 1918 года г-жа Робинс попросила Нуортеву написать серию статей для "Лайф энд лейбор" — печатного органа Национальной женской торговой лиги. В феврале и марте 1919 года Нуортева пытался получить через Робинс приглашение для дачи показаний в Комитете Овермана. Он также хотел, чтобы Робинс разоблачила документы Сиссона.

В письме Нуортеве от нью-йоркской компании "Янсен Клос Продактс" от 30 марта 1918 года Э. Вернер Кнудсен говорит, что он понимает стремление Нуортевы заключить соглашение об экспорте пищевых продуктов через Финляндию, и предлагает свои услуги. Имеется досье на Кнудсена, который передавал информацию о британских судах в Германию и обратно через Мексику" [**О Фредерике К. Хоуве см. главы 1 и 11, где говорится как финансисты используют общество и его проблемы в своих целях; о Феликое Франкфуртере, позже судье Верховного суда, см. Приложение 3, где приводится письмо Франкфуртера Нуортеве; о Раймонде Робинсе см. главу 6 ("Неофициальные послы…").**].

Людвиг Мартене, продолжает отчет разведки, был в контакте со всеми лидерами левых в США, включая Джона Рида, Людвига Лора и ирландского мятежника Харри Дж. Боланда. Мартенсом была организована энергичная кампания против Александра Колчака в Сибири. В отчете делается вывод:

"Организация [Мартенса] является мощным орудием поддержки дела большевиков в США, и… находится в тесном контакте с подстрекателями к политическим беспорядкам на всем американском континенте".

Имевшийся у Скотланд-Ярда список персонала Советского бюро в Нью-Йорке почти полностью соответствует аналогичному списку, находящемуся в архиве Комитета Ласка в Олбани, Нью-Йорк, который сейчас открыт для публичного доступа [**Список персонала Советского бюро, имеющийся в Комитете Ласка, напечатан в Приложении. В списке отсутствуют Кеннет Дюран, адъютант полковника**

Хауса, Дудли Филд Малоне, назначенный президентом Вильсоном сборщиком таможенных пошлин в порту Нью-Йорка, и Моррис Хиллквит, финансовый посредник между нью-йоркским банкиром Юджином Буассевейном с одной стороны и Джоном Ридом и советским агентом Михаилом Грузенбергом с другой.]. Между этими двумя списками есть одна существенная разница: британский анализ включает имя "Юлиус Хаммер", тогда как в отчете Комитета Ласка Хаммер отсутствует [**Юлиус Хаммер — отец Арманда Хаммера, который в настоящее время [1974] является президентом корпорации "Оксидентал Петролеум", Лос-Анжелес.**]. Британский отчет характеризует Юлиуса Хаммера следующим образом:

"В Юлиусе Хаммере Мартене имеет настоящего большевика и ярого приверженца левого крыла, который не так давно прибыл из России. Он был одним из организаторов движения левых в Нью-Йорке и выступает на митингах с одной трибуны вместе с такими лидерами левых, как Рид, Гурвич, Лор и Ларкин".

Есть и другие доказательства работы Хаммера в пользу Советов. Письмо от нью-йоркского банка "Нэшнл Сити" в Министерство финансов США сообщает, что документы, полученные банком от Мартенса, были "заверены д-ром Юлиусом Хаммером как исполняющим обязанности начальника финансового отдела" Советского бюро [**См. Приложения**].

Семейство Хаммеров имеет тесные связи с Россией и советским режимом с 1917 года по настоящее время [1974]. Арманд Хаммер способен сегодня получить самый выгодный из советских контрактов. Яков, дед Арманда Хаммера, и Юлиус родились в России.[24] Арманд, Гарри и Виктор, сыновья Юлиуса, родились в США и являются американскими гражданами. Виктор был известным художником; его сын — также названный Армандом — и внучка являются советскими гражданами и живут в Советском Союзе. Арманд Хаммер — президент корпорации "Оксидентал Петролеум", его сын Джулиан возглавляет рекламно-издательское подразделение "Оксидентал Петролеум".

Юлиус Хаммер был видным членом и финансистом левого крыла Социалистической партии. На ее съезде в 1919 году Хаммер вместе с Бертрамом Д. Вульфом и Бенджаменом Гитлоу входил в руководящий комитет; на этом съезде зародилась Коммунистическая партия США.

В 1920 году в Синг-Синге Юлиусу Хаммеру был вынесен приговор от трех с половиной до 15 лет тюрьмы за подпольные аборты. Ленин, однако, предположил — и с основанием — что Юлиус "обвиняется за незаконное производство аборта, на деле месть-де за коммунизм" [**В.И. Ленин. Полн. собр. соч., 5-е изд.** (Москва, 1958), т. 53, с. 267. [Речь идет о записке Ленина от 14.10.1921 членам ЦК РКП(б): "К сведению

---

[24] **Хаммеры — земляки Льва Троцкого (см.: Иванова И.И. Лев Троцкий и его земляки // Альманах "Из глубины времен". 1995. № 4).** Историю своих успешных взаимоотношений с советской властью, сделавших его мультимиллионером, Арманд Хаммер описал сам: "Я чувствовал себя так, как будто меня подняли на вершину горы, с которой была видна вся Россия, и Ленин сказал: "А теперь выбирай, чем ты хочешь заняться"... Ленина называли безжалостным и фанатичным, жестким и холодным. Я отказываюсь этому верить. Именно благодаря своему неотразимому человеческому обаянию... ему удалось достичь величия..." (Хаммер А. Мой век — двадцатый. Пути и встречи. М. 1988. С. 74–76) — Прим. ред. "РИ".

всех членов ЦК. Рейнштейн сообщил мне вчера, что американский миллионер Хаммер, русский родом (сидит в тюрьме, обвиняется за незаконное производство аборта, на деле месть-де за коммунизм), дает миллион пудов хлеба уральским рабочим на очень льготных условиях (5 %) и с приемом уральских драгоценностей на комиссию для продажи в Америке. В России находится сын (и компаньон) этого Хаммера, врач, привезший Семашко в подарок хирургических инструментов на 60 000 долларов. Этот сын был на Урале с Мартенсом и решил помочь восстановить Уральскую промышленность. Доклад сделает вскоре Мартенс официально. Ленин" (курсив Ленина). — Прим. ред. "РИ".)]. Другие члены Коммунистической партии США тоже были приговорены к тюремному заключению за антиправительственную агитацию или депортированы в Советский Союз. Советские представители в США делали настойчивые, но безуспешные попытки добиться освобождения Юлиуса и его коллег по партии.

Еще одним видным членом Советского бюро был помощник секретаря, Кеннет Дюран, бывший адъютант полковника Хауса. В 1920 году стало известно, что Дюран является советским курьером. В Приложении 3 воспроизведено письмо Кеннету Дюрану, которое было перехвачено министерством юстиции США в 1920 году и которое описывает тесные связи Дюрана с советскими властями. Оно было помещено в материалах слушаний в комитете Палаты представителей в 1920 году со следующими комментариями:

"Г-н Ньютон: Нашему комитету интересно узнать, какова природа этого письма; у меня есть его копия, и я хочу, чтобы она была помещена в материалы заседаний в связи с показаниями свидетеля.

Г-н Мейсон: Это письмо никогда не показывали свидетелю. Он сказал, что он никогда не видел письма и попросил взглянуть на него, и что департамент отказался показать ему письмо. Мы бы не стали вызывать свидетеля и просить его дать показания по письму, если он не видел его.

Г-н Ньютон: Свидетель показал, что у него есть такое письмо, и он показал, что его обнаружили в его пальто в чемодане, кажется. Это письмо адресовано г-ну Кеннету Дюрану, а внутри был еще один конверт, также запечатанный. Они были вскрыты правительственными чиновниками, и были сделаны фотостатические копии. Письмо, я могу сказать, подписано человеком по имени "Билл". Оно особо упоминает советские деньги, депонированные в Христианин, Норвегия, часть которых хотят передать здесь сотрудникам советского правительства в США" [U.S., House. Committee on Foreign Affairs. *Conditions in Russia*. 66th Cong, 3d sess., 1921, p 75. "**Билл**" **это Уильям Бобров, советский агент.**].

Кеннет Дюран, действовавший как советский курьер по перевозке денежных средств, был казначеем Советского бюро, пресс-секретарем и издателем официального органа Советского бюро "Советская Россия". Дюран происходил из зажиточной филадельфийской семьи. Большую часть своей жизни он провел на службе у Советов, сначала занимаясь публикациями в Советском бюро, затем, с 1923 по 1944 годы, как руководитель советского бюро ТАСС в США. Дж. Эдвар Гувер охарактеризовал Дюрана как "всегда... очень активно действующего в интересах Мартенса и Советского правительства" [Ibid., p. 78].

Феликс Франкфурте, позднее судья в Верховном суде, также был заметной фигурой в досье Советского бюро. Письмо Франкфуртера советскому агенту Нуортеве воспроизведено в Приложении 3 и предполагает, что Франкфурте пользовался в Бюро некоторым влиянием.

Короче, без влиятельной поддержки в самих США Советское бюро не было бы создано. Часть этой поддержки поступала посредством конкретных влиятельных назначений в штат Советского Бюро, а часть — от внешних деловых фирм, которые неохотно шли на публичную огласку своей поддержки.

Корпорации — союзники Советского бюро

В заметке на первой странице "Нью-Йорк таймс" от 1 февраля 1920 года говорилось, что Мартенса необходимо арестовать и депортировать в Россию. В то же время он разыскивался как свидетель, который должен был предстать перед подкомитетом Комитета Сената по внешним сношениям, расследовавшим деятельность Советов в США. После того, как Мартенс на несколько дней "лег на дно", он появился в Комитете и, заявив о своих дипломатических привилегиях, отказался выдать находившиеся у него официальные документы. Затем после шквала публикаций. Мартенс "смягчился", выдал свои бумаги и признался в революционной деятельности в США с конечной целью свержения капиталистической системы.

При этом Мартенс хвастал перед средствами массовой информации и Конгрессом, что Советам помогают крупные корпорации, среди них чикагские изготовители консервов:

"По словам Мартенса, вместо того, чтобы вести пропаганду среди радикалов и пролетариев, он направил большую часть своих усилий на привлечение на сторону России крупных фирм и промышленников США: изготовителей консервов, корпорацию "Юнайтед Стейтс Стал", компанию "Стандарт Ойл" и других крупных концернов, занимающихся международной торговлей. Мартене утверждал, что большинство крупных фирм США помогают ему добиваться дипломатического признания Советского правительства" [New York Times, November 17, 1919.].

А.А. Геллер, коммерческий атташе при Советском бюро, расширил это утверждение:

"Среди людей, помогающих нам добиваться признания в Государственном департаменте, крупные чикагские фирмы по производству консервов, Армур, Свифт, Нельсон Моррис и Кьюдахи... Среди других фирм такие компании как "Америкэн Стил Экспорт", "Лехай Машин", "Адриан Ниттинг", "Интернэшнл Харвестер", "Алюминиум Гудз Мэньюфэкчуринг", "Алюминиум Компани оф Америка", "Америкэн Кар энд Фаундри Экспорт", "М.КД. Бордсн & Санз"" [Ibid.].

"Нью-Йорк таймс" вслед за этими заявлениями напечатала комментарии названных фирм. "Я никогда в жизни раньше не слышал об этом человеке" [Мартенсе], — заявил Дж. Ф. Свифт-младший, заведующий экспортным отделом фирмы "Свифт & Ко.". — "Я полностью уверен, что мы никогда не имели с ним никаких дел" [Ibid.]. "Таймс" добавила, что О.Х. Свифт, единственный другой компаньон фирмы, с которым удалось связаться, "также отрицал какое бы то ни было знакомство с Мартенсом или контакты с его Бюро в Нью-Йорке". Заявление Свифта было в лучшем случае уклончивое. Когда следователи из Комитета Ласка изъяли документацию Советского бюро, они обнаружили переписку между Бюро и почти всеми фирмами, названными Мартенсом и Геллером. "Список фирм, которые предложили сделки российскому Советскому бюро", составленный на основании этой документации, включал (на странице 16) "Свифт & Компани, "Юнион Стокъярдс", Чикаго, штат Иллинойс". Другими словами, Свифт был связан с Мартенсом, несмотря на его опровержение в "Нью-Йорк таймс".

"Нью-Йорк таймс" связалась также с корпорацией "Юнайтед Стейтс Стил" и сообщила: "Вчера вечером судья Элберт Х. Гэри заявил, что нет оснований утверждать, будто советский представитель в США имел какие-нибудь дела с корпорацией "Юнайтед Стейтс стал"". Технически это правильно. Корпорация "Юнайтед Стейтс Стил" не фигурировала в советских документах, но вышеуказанный список включает в себя (на странице 16) ее филиал — компанию "Юнайтед Стейтс Стил Продактс, 30 Черч стрит, г. Нью-Йорк".

В отношении других фирм, упомянутых Мартенсом и Геллером, в списке Комитета Ласка отмечено следующее:

"Стандарт Ойл" — не указана. "Армур & Ко", изготовители мясных консервов — указаны как "Армур Лезер" и "Армур & Ко, Юнион Стокъярдс, Чикаго". Компания "Моррис", выпускающая мясные консервы, указана на странице 13. "Кьюдахи" — указана на странице 6. Компания "Америкэн Стал Экспорт" — указана на странице 2 как находящаяся в здании Вулворта; она предложила торговать с СССР. Компания "Лехай Машин" — не указана. Компания "Адриан Ниттинг" — стоит на странице 1. Компания "Интернэшнл Харвестер" — на странице 11. Компания "Алюминиум Гудз Мэньюфэкчуринг" — указана на странице 1. "Алюминиум Компани оф Америка" — не указана. "Америкэн Кар энд Фаундри Экспорт" — ближайшее похожее указание "Америкэн Кар Ко. — Филадельфия". "М.К.Д. Борден & Сонз" — указана на странице 4 с адресом: 90 Ворт стрит, 90.

Затем, в субботу 21 июня 1919 года Сантери Нуор-тева (Александр Ниборг) подтвердил в интервью прессе роль компании "Интернэшнл Харвестер":

"Вопрос [репортера "Нью-Йорк таймс"]: Чем Вы занимаетесь?

Ответ: Директор по закупкам для Советской России.

Вопрос: Что Вы сделали для успеха этого?

Ответ: Обратился к американским промышленникам.

Вопрос: Назовите их.

Ответ: Среди них корпорация "Интернэшнл Харвестер".

Вопрос: С кем вы там встречались?

Ответ: С господином Кенигом.

Вопрос: Вы ходили, чтобы повидаться с ним?

Ответ: Да.

Вопрос: Приведите еще имена.

Ответ: Я собирался встретиться со многими, примерно с 500 бизнесменами, и не могу помнить все имена. У нас в офисе есть документация, где они указаны" [New York Times, June 21, 1919.].

Таким образом, заявления Геллера и Мартенса об их широких контактах с некоторыми фирмами США [**См. выше в этой главе.**] были подтверждены документами Советского бюро. С другой стороны, эти фирмы по понятным причинам не желали подтверждать эти связи.

Европейские банкиры и большевики

Кроме "Гаранта Траст" и частного банкира Буассевейна в Нью-Йорке прямую помощь для сохранения и расширения власти большевиков в России оказывали некоторые европейские банкиры. Отчет 1918 года, направленный американским посольством в Стокгольме в Государственный департамент, детализирует переводы денежных средств. Департамент похвалил автора, указав, что его "сообщения о положении в России, распространении большевизма в Европе и финансовых вопросах… оказались очень полезными для департамента. Департамент выражает признательность за ваше умелое управление делами миссии" [U.S. State Dept. Decimal File, 861.51/411, November 23, 1918.]. Согласно этому отчету, одним из таких "большевицких банкиров", действовавших в пользу зарождающегося советского режима, был Дмитрий Рубинштейн из бывшего "Русско-Французского банка" в Петрограде. Рубинштейн, приятель печально известного Григория Распутина, был посажен в тюрьму в предреволюционном Петрограде в связи с продажей Второй российской компании по страхованию жизни. Американским управляющим и директором этой российской компании был Джон МакГрегор Грант, который обосновался на Бродвее 120 в Нью-Йорке. Грант был также нью-йоркским представителем "Русско-Азиатского банка" Путилова.

В августе 1918 года Гранта (по неизвестным причинам) занесли в "список подозрительных лиц" Бюро военной разведки [Ibid., 316-125-1212.]. Это могло случиться из-за того, что Олоф Ашберг в начале 1918 года сообщил об открытии иностранного кредита в Петрограде "в экспортном концерне "Джон МакГрегор Грант Ко.", который он [Ашберг] финансирует в Швеции и который в Америке финансируется компанией "Гаранта Траст"" [U.S., Department of State. Foreign Relations of the United States: 1918, Russia, 1:373]. После революции Дмитрий Рубинштейн перебрался в Стокгольм и стал финансовым агентом большевиков. Государственный департамент отметил, что хотя Рубинштейн и "не был большевиком, он был неразборчив в способах делать деньги, и есть подозрения, что он может совершать рассматриваемый визит в Америку в интересах большевиков и за их деньги" [U.S. State Dept. Decimal File, 861.00/4878, July 21, 1919.].

Еще одним стокгольмским "большевицким банкиром" был Абрам Животовский, родственник Троцкого и Льва Каменева. В отчете Государственного департамента утверждалось, что хотя Животовский и претендовал на образ "ярого антибольшевика", он в действительности получил через курьера "большие суммы" от большевиков для финансирования революционных операций. Животовский был членом синдиката, в который входил Денисов из бывшего "Сибирского Банка", Каменка из "Азовско-Донского Банка" и Давидов из "Банка для внешней торговли". Этот синдикат продал активы бывшего "Сибирского Банка" британскому правительству. Еще один банкир царского времени, Григорий Лессин, вел дела большевиков через фирму Дарделя и Хагборга. Другими "большевицкими банкирами", названными в отчете, являются Штифтер и Яков Берлин, который ранее контролировал через свою жену петроградский "Нелкенс Банк". Агентом этих банкиров был Исидор Кан.

Самым интересным из этих банкиров, обосновавшихся в Европе и действовавших в интересах большевиков, был Григорий Бененсон, прежний президент "Англо-Русского банка" в Петрограде — банка, в совета директоров которого входили лорд Бальфур (государственный секретарь по иностранным делам Англии) и сэр И.М.Х. Амори, а также С.Х. Крипс и Х. Гедалла. Бененсон приехал в Петроград после революции, затем переехал в Стокгольм. О нем поведал один сотрудник Государственного департамента: "доведя до моего сведения, что с ним 10 миллионов рублей, он предложил их мне по высокой цене за использование нашего посольства в Архангельске". Бененсон имел соглашение с большевиками об обмене 60 миллионов рублей на 1,5 миллиона фунтов стерлингов.

В январе 1919 года частные банкиры в Копенгагене, которые имели связи с большевицкими учреждениями, были обеспокоены слухами, что датская политическая полиция готовится выслать из Дании советскую дипломатическую миссию и лиц, контактирующих с большевиками. Эти банкиры и миссия попытались поспешно изъять свои средства из датских банков, в частности, 7 миллионов рублей из "Ревизионсбанкен" [Ibid., 316-21-115/21.]. Кроме того, конфиденциальные документы были спрятаны в конторе страховой компании "Мартин Ларсен Иншуренс".

Следовательно, мы можем определить модель помощи капиталистических банкиров Советскому Союзу. Некоторые из них были американскими банкирами, некоторые — банкирами из царской России, которые эмигрировали и жили в Европе, а некоторые — европейскими банкирами. Их общей целью была прибыль, а не идеология.

Спорные аспекты работы этих "большевицких банкиров", как их называли, возникают на фоне тогдашних событий в России. В 1919 году французские, британские и американские войска воевали с советскими войсками в районе Архангельска. В одном столкновении в апреле 1919 года, например, американские потери составили одного офицера и пять солдат убитыми и девять пропавших без вести [New York Times, April 5, 1919. (**Такие стычки были результатом случайности или редчайшими исключениями, происходившими по инициативе местных командиров с обеих сторон. Войска Антанты вступили на российскую территорию для противостояния Германии, а не большевикам, и нигде не вступали в бои с Красной армией. Подробнее см. в послесловии издательства. — Прим. ред. "РИ".**)]. В 1919 году генерал Таскер Х. Блисс, американский командующий в Архангельске, подтвердил, что "войска союзников в районах Мурманска и Архангельска были под угрозой уничтожения, если их срочно не подкрепят" [Ibid.]. Подкрепления шли под командой британского генерала У.П. Ричардсона.

Итак, пока "Гаранта Траст" и крупные американские фирмы помогали создавать Советское бюро в Нью-Йорке, американские войска противостояли советским войскам на севере России. Более того, об этих конфликтах ежедневно сообщала "Нью-Йорк таймс", которую предположительно читали эти банкиры и бизнесмены. Кроме того, как мы увидим в главе 10, те же финансовые круги, которые поддерживали Советское бюро в Нью-Йорке, организовали в Нью-Йорке резко антикоммунистическую организацию "Объединенные американцы", пророчившую кровавую революцию, массовый голод и панику на улицах Нью-Йорка.

ГЛАВА 8

НЬЮ-ЙОРК, БРОДВЕЙ 120

> "Уильям Б. Томпсон, который находился в Петрограде с июля по ноябрь прошлого года, лично дал большевикам 1.000.000 долларов для распространения их доктрины в Германии и Австрии...'.
> "Вашингтон пост", 2 февраля 1918 г.

При сборе материала для этой книги на первый план выдвинулось одно место в Нью-Йорке с адресом в районе Уолл-стрит: Бродвей 120. В принципе, эта книга могла бы быть написана только о лицах, фирмах и организациях, располагавшихся в 1917 году на Бродвее 120. Хотя такой метод исследования был бы надуманным и неестественным, все же он не учел бы лишь относительно малую часть нашей истории.

Первоначальное здание по этому адресу, Бродвей 120, было разрушено пожаром до первой мировой войны. Впоследствии место было продано корпорации "Экуитабл Оффис Билдинг", созданной генералом Т. Коулменом Дюпоном, президентом компании "Дюпон де Немур Паудер" [**Учредительные документы корпорации "Экуитабл Оффис Билдинг" были составлены Дуайтом У. Морроу, позднее он стал партнером Моргана, но тогда был членом юридической фирмы "Симпсон, Тэчер & Бартлетт".** Фирма Тэчера дала двух человек в миссию

американского Красного Креста 1917 года в России (см. главу 5).]. Строительство нового здания было завершено в 1915 году, и компания "Экуитабл Лайф Ашшуренс" вернулась на свое старое место [R. Carlyle Buley. The Equitable Life Assurance Society of the United States (New York: Appleton-Century-Crofts. n.d.).]. Мимоходом мы должны отметить интересный момент в истории "Экуитабл". В 1916 году кассиром берлинской конторы "Экуитабл Лайф" был Вильям Шахт, отец Ялмара Горация Грили Шахта — впоследствии финансового гения и банкира Гитлера.

Вильям Шахт был американским гражданином, проработавшим 30 лет на "Экуитабл" в Германии, где имел дом в Берлине, известный как "Вилла Экуитабл". До связи с Гитлером молодой Ялмар Шахт был членом Совета рабочих и солдатских депутатов в Целендорфе; он вышел из него в 1918 году, чтобы войти в правление "Националь-банк фюр Дейчланд". Его содиректором был Эмиль Виттенберг, который с Максом Мэем из нью-йоркской компании "Гаранта Траст" стал директором первого советского международного банка — "Роскомбанка".

В любом случае, здание, расположенное на Бродвее 120, в 1917 году было известно как здание компании "Экуитабл Лайф". Этот большой 35-этажный небоскреб, хотя и далеко не самое крупное конторское здание в Нью-Йорке, занимал целый квартал по Бродвею и Пайн-Стрит. На 35-м этаже располагался Клуб банкиров. Перечень арендаторов в 1917 году фактически отражает американское участие в большевицкой революции и в ее последствиях. Например, штаб-квартира округа № 2 Федеральной резервной системы — зоны Нью-Йорка — самого важного из округов Федеральной резервной системы, размещалась на Бродвее 120. Конторы нескольких директоров Федерального резервного банка Нью-Йорка и, что более важно, "Американ Интернэшнл Корпорейшн" также находились на Бродвее 120.

Для контраста отметим, что Людвиг Мартене, назначенный Советами первым большевицким "послом" в США и начальником Советского бюро, был в 1917 году вице-президентом компании "Вайнберг & Познер" и также имел конторы на Бродвее 120 [**Компания "Джон МакГрегор Грант", агент "Русско-Азиатского Банка" (связанного с финансированием большевиков), находилась на Бродвее 120 и финансировалась компанией "Гаранта Траст".**].

Случайна ли эта концентрация? Имеет ли какое-нибудь значение это географическое совпадение? Перед тем, как попытаться предложить ответ, мы должны перейти на другие принципы ссылок и отказаться от спектра "левые-правые" в политическом анализе.

При почти всеобщем отсутствии должной проницательности ученый мир до сих пор описывал и анализировал международные политические отношения в контексте борьбы между капитализмом и коммунизмом, и столь жесткая приверженность этой поляризирующей формуле Маркса исказила современную историю. Время от времени появляются редкие замечания, что эта полярность на самом деле ложная, но они быстро уходят в небытие. Например, Кэрролл Куигли, профессор международных отношений в Джорджтаунском университете, дал следующие комментарии по династии Моргана:

"Более чем 50 лет назад фирма Моргана решила проникнуть в левые политические движения в Соединенных Штатах. Сделать это было относительно легко, так как эти группы отчаянно нуждались в средствах и голосе, который достиг бы людей. Уолл-стрит предоставил и то, и другое. Цель заключалась не в том, чтобы разрушить, а чтобы контролировать или взять в свои руки..." [Carroll Quigley. *Tragedy and Hope* (New York: Macmillan, 1966), p. 938. **Куигли писал книгу в 1965 году, и он относит начало этого проникновения примерно к 1915 году, что совпадает с представленными здесь доказательствами.**].

Комментарии профессора Куигли, явно основанные на конфиденциальной информации, имеют все компоненты исторической бомбы, если они могут быть обоснованы. Мы предполагаем, что фирма Моргана проникла в ряды не только американских левых, как отмечено Куигли, но и иностранных левых, то есть в большевицкое движение и Третий Интернационал. И даже больше: через друзей в Государственном департаменте США Морган и союзные ему финансовые организации, особенно семейство Рокфеллера, оказывают мощное влияние на американо-российские отношения с первой мировой войны по настоящее время. Доказательства, представленные в этой главе, дают основания предположить, что два из числа оперативных инструментов для проникновения в иностранные революционные движения или для оказания на них влияния располагались на Бродвее 120: первый — Федеральный резервный банк Нью-Йорка, "схваченный" людьми Моргана, и второй — контролируемая Морганом "Америкэн Интернэшнл Корпорейшн". Кроме того, существовала важная связь между Федеральным резервным банком Нью-Йорка и

"Америкэн Интернэшнл Корпорейшн": ею был К.А. Стоун, президент "Америкэн Интернэшнл", который был также директором Федерального резервного банка.

Отсюда возникает пробная гипотеза, что столь необычная концентрация по одному адресу была отражением целенаправленных действий конкретных фирм и лиц, и что эти действия и события не могут быть проанализированы в обычном спектре политического антагонизма между левыми и правыми.

"Америкэн Интернэшнл Корпорейшн"

"Америкэн Интернэшнл Корпорейшн" (АИК) была создана в Нью-Йорке 22 ноября 1915 года предприятиями Дж. П. Моргана при крупном участии банка "Нэшнл Сити" Стиллмена и предприятий Рокфеллера. Главная контора АИК находилась на Бродвее 120. Устав компании разрешал ей заниматься в любой стране мира любыми видами бизнеса, за исключением банковского дела и предприятий общественного пользования. Заявленная цель корпорации заключалась в развитии национальных и иностранных предприятий, в расширении американских операций за границей и в содействии интересам американских и иностранных банкиров, бизнеса и организации производства.

Фрэнк А. Вандерлип описал в своих мемуарах, как была создана "Америкэн Интернэшнл Корпорейшн" и какое восхищение вызвал на Уолл-стрит ее деловой потенциал [Frank A. Vanderlip. *From Farm Boy to Financier* (New York: A. Apple-ton-Century, 1935).]. Начальная идея возникла в беседе представителей компании "Стоун & Уэбстер" (международных железнодорожных подрядчиков, которые "были убеждены, что в США нет преспективы развития строительства железных дорог") с Джимом Перкинсом и Фрэнком А.

Вандерлипом из "Нэшнл Сити Бэнк" (НСБ) [Ibid., p. 267.]. Первоначальный уставный капитал был равен 50 миллионам долларов, а в совете директоров были представлены ведущие светила финансового мира Нью-Йорка. Вандерлип говорит, что, восхищаясь громадным потенциалом "Америкэн Интернэшнл Корпорейшн", он писал президенту НСБ Стиллмену следующее:

"Джеймс А. Фаррелл и Альберт Уиггин были приглашены [участвовать в управлении корпорацией], но должны были проконсультироваться со своими комитетами перед тем, как принять это приглашение. Я также собираюсь пригласить Генри Уолтерса и Майрона Т. Херрика. Г-н Херрик весьма нежелателен для г-на Рокфеллера, но г-н Стоун хочет, чтобы он был, и я сильно склонен полагать, что он был бы особенно желателен во Франции. Все прошло гладко и с признательностью, и прием был отмечен энтузиазмом, удивившим меня, хотя я был очень глубоко убежден, что мы на правильном пути.

Сегодня, например, я видел Джеймса Дж. Хилла. Сначала он сказал, что не может и думать о расширении своих обязанностей, но после того, как я рассказал ему, что он должен делать, он ответил, что будет рад участвовать в этом деле, возьмет акции на крупную сумму и особенно хочет существенную долю в "Сити Бэнк"; он уполномочил меня купить ему акции на рынке.

Сегодня я впервые говорил о деле с Огденом Армуром. Во время моего объяснения он сидел в совершенном молчании и затем, не задав ни единого вопроса, сказал, что войдет в дело и купит акции на 500.000 долларов.

Г-н Коффин (из "Дженерал Электрик") еще один человек, который увольняется отовсюду, но в этом отношении он проявил такой энтузиазм, что хочет войти в дело и предлагает самое активное сотрудничество.

Я считаю, хорошо, что мы привлекли Сэбива. "Гаранта Траст" все равно является самым активным конкурентом в нашей области, и весьма ценно заполучить их таким образом. Особенно они были рады участию "Кун, Леб и К°.". Они хотят взять до 2.500.000 долларов. Была действительно совсем небольшая конкуренция, из-за решения вопроса, кто должен войти в дело, но так как мне случилось поговорить с Каном и пригласить его первым, было решено, что войти следует ему.

Вероятно, он проявляет больше энтузиазма, чем кто-либо. Они хотят акций на полмиллиона для сэра Эрнеста Касселя,[25] которому они передали наш план по телеграфу и он его одобрил.

Я объяснил все дело совету ["Сити Бэнк"] во вторник и не получил в ответ ничего, кроме благоприятных комментариев" [Ibid., p. 268–269. **Необходимо отметить, что несколько имен и названий, упомянутых Вандерлипом, встречаются в этой книге: Рокфеллер, Армур, "Гаранти Траст" и (Отто)**

---

[25] Сэр Эрнест Кассель (Ernest Cassel), видный британский финансист.

Кан; все они в той или иной степени имели связь с большевицкой революцией и ее последствиями.].

Все очень хотели приобрести акции АИК. Джо Грейс (из "У.Р. Грейс & Ко.") купил их на 600.000 долларов в дополнение в своей доле в "Нэшнл Сити Бэнк". Амброз Монелл — на 500.000 долларов. Джордж Бейкер — на 250.000 долларов. А "Уильям Рокфеллер пытался, безуспешно, заставить меня подписать его на обычные акции на сумму 5.000.000 долларов" [Ibid., p. 269.].

К 1916 году инвестиции АИК за рубежом превысили 23 миллиона долларов, а в 1917 году — 27 миллионов. Компания создала представительства в Лондоне, Париже, Буэнос-Айресе и Пекине, а также в Петрограде. Меньше чем через два года после создания АИК она вела крупные операции в Австралии, Аргентине, Уругвае, Парагвае, Колумбии, Бразилии, Чили, Китае, Японии, Индии, Италии, Швейцарии, Франции, Испании, на Цейлоне, Кубе, в Мексике и в других странах Центральной Америки.

"Америкэн Интернэшнл Корпорейшн" владела несколькими дочерними компаниями полностью, имела существенные доли в других компаниях и руководила многими фирмами в США и за рубежом. "Эллиед Машинери Компани оф Америка" была создана в феврале 1916 года, и весь ее акционерный капитал перешел к АИК. Вице-президентом "Америкэн Интернэшнл Корпорейшн" был Фредерик Холбрук, инженер и бывший глава корпорации "Холбрук Кабот & Роллинс". В январе 1917 года была образована "Грейс Рашен Компани"; ею совместно владели корпорация "У.Р. Грейс & Ко." и компания "Сан Галли Трейдинг" из Петрограда. "Америкэн Интернэшнл Корпорейшн" инвестировала значительные средства в "Грейс Рашен Компани" и через Холбрука вошла в совет директоров. АИК также инвестировала средства в компанию "Юнайтед Фрут", которая была вовлечена в революцию в Центральной Америке в 1920-е годы. "Америкэн Интернэшнл Шипбилдинг Корпорейшн" полностью принадлежала АИК, она подписала крупные контракты о постройке военных кораблей с корпорацией "Эмердженси Флит": первый контракт на 50 кораблей, затем — на 40 кораблей, за которым последовал еще один контракт на 60 грузовых судов. "Америкэн Интернэшнл Шипбилдинг Корпорейшн" была крупнейшим единоличным получателем судостроительных контрактов, выдаваемых американской государственной корпорацией "Эмердженси Флит". Еще одной компанией, контролируемой АИК с ноября 1917 года, стала "Дж. Амсинк & Ко., Инк." из Нью-Йорка. Эта компания финансировала германский шпионаж в США (см. главу 4). В ноябре 1917 года АИК образовала полностью принадлежавшую ей корпорацию "Саймингтон Фордж", которая стала крупным государственным поставщиком поковок для оболочек снарядов. Следовательно, АИК имела особую заинтересованность в военных подрядах в США и за рубежом. Короче, она была весьма заинтересована в продолжении первой мировой войны.

В 1917 году директорами "Америкэн Интернэшнл Корпорейшн" и некоторых ее ассоциаций были:

Дж. Огден Армур, изготовитель мясных консервов, из "Армур & Компани", Чикаго; директор банка "Нэшнл Сити" в Нью-Йорке; упоминался А.А. Геллером в связи с Советским бюро.

Джордж Джонсон Болдуин, из "Стоун & Уэбстер", Бродвей 120. Во время первой мировой войны Болдуин был председателем правления "Америкэн Интернэшнл Шипбилдинг Корпорейшн", старшим вице-президентом АИК, директором компании "Дж. Амсинк" (фон Павенштедт, кассир германского шпионажа в США, тоже был из компании "Амсинк", см. главу 4) и попечителем Фонда Карнеги, который финансировал план "Марбург" по закулисному контролю международного социализма мировыми финансами.

Ч.А. Коффин, президент "Дженерал Электрик" (административный офис на Бродвее 120), председатель комитета по сотрудничеству американского Красного Креста.

У.Э. Кори (Уолл-стрит 14), директор компании "Америкэн Банк Ноут", банка "Мекэникс & Металс", компаний "Мидвейл Стил & Орднанс" и "Интернэшнл Никел"; позже директор "Нэшнл Сити Бэнк".

Роберт Доллар, магнат в области судоходства из Сан-Франциско, который попытался в 1920 году в нарушение законов США ввести царские золотые рубли в США в интересах Советов.

Пьер С. Дюпон, из семейства Дюпонов.

Филип А.С. Франклин, директор "Нэшнл Сити Бэнк".

Дж. П. Грейс, директор "Нэшнл Сити Бэнк".

Р.Ф. Херрик, директор компании "Нью-Йорк Лайф Иншуренс"; бывший президент Ассоциации американских банкиров; попечитель Фонда Карнеги.

Отто Х. Кан, партнер в фирме "Кун, Леб и К°.". Отец Кана приехал в Америку в 1848 году, "приняв участие в неудавшейся германской революции того года". По словам Дж. Х. Томаса (британского социалиста, финансировавшегося Советами), "лицо Отто Кана направлено к свету".

Х.У. Притчетт, попечитель фонда Карнеги.

Перси А. Рокфеллер, сын Джона Д. Рокфеллера; женат на Исабел, дочери Дж. А. Стиллмена из "Нэшнл Сити Бэнк".

Джон Д. Район, директор компаний по добыче меди, банка "Нэшнл Сити" и банка "Мекэникс & Металс" (см. фронтиспис этой книги).

У.Л. Саундерс, директор Федерального резервного банка Нью-Йорка, Бродвей 120, и президент компании "Ингерсолл-Рэнд". Согласно Национальной энциклопедии (26:81); "В ходе войны был одним из наиболее доверенных советников президента". (О его отношении к Советам см. эпиграф к главе 1.)

Дж. А. Стиллмен, президент "Нэшнл Сити Бэнк" после своего отца (Дж. Стиллмен, президент НСБ, умер в марте 1918 года).

К.А. Стоун, директор (1920–1922) Федерального резервного банка Нью-Йорка, Бродвей 120; председатель правления компании "Стоун & Уэбстер", Бродвей 120; президент (1916–1923) АИК, Бродвей 120.

Т.Н. Веил, президент "Нэшнл Сити Бэнк" Трои, Нью-Йорк.

Ф.А. Вандерлип, президент "Нэшнл Сити Бэнк".

Э.С. Уэбстер, из компании "Стоун & Уэбстер", Бродвей 120.

А.Х. Уиггин, директор Федерального резервного банка Нью-Йорка в начале 1930-х годов.

Бекман Уинтроп, директор "Нэшнл Сити Бэнк".

Уильям Вудвард, директор Федерального резервного банка Нью-Йорка, Бродвей 120, и "Гановер Нэшнл Бэнк".

Эти двадцать два директора "Америкэн Интернэшнл Корпорейшн" имели многозначительные связи с другими учреждениями. В правлении АИК было не менее 10 директоров "Нэшнл Сити Бэнк"; Стиллмен из НСБ был в то время посредником между предприятиями Рокфеллера и Моргана, а предприятия и Моргана, и Рокфеллера были представлены непосредственно в АИК. "Кун, Леб и К°." и Дюпон каждый имели одного директора. Компания "Стоун & Уэбстер" имела трех директоров. Не менее четырех директоров АИК (Саундерс, Стоун, Уиггин, Вудвард) или были директорами Федерального резервного банка, или пришли в него позже. Мы указали в одной из предыдущих глав, что Уильям Бойс Томпсон, который поддержал большевицкую революцию деньгами и своим значительным авторитетом, также был директором Федерального резервного банка Нью-Йорка — в совет директоров ФРБ Нью-Йорка входили только 9 человек.

Фирмы, расположенные на Бродвее 120 или рядом

"Америкэн Интернэшнл Корпорейшн", Бродвей 120
"Нэшнл Сити Бэнк", Уолл-стрит 55
Компания "Бэнксрс Траст", Уолл-стрит 14
Нью-йоркская фондовая биржа, Уолл-стрит 13/Броуд-стрит 12
Здание Моргана, угол Уолл-стрит и Броуд-стрит
Федеральный резервный банк Нью-Йорка, Бродвей 120
Компания "Экуитабл", Бродвей 120
Клуб банкиров, Бродвей 120
Компания "Симпсон, Тэчер & Бартлетт", Сидар-стрит 62
Уильям Бойс Томпсон, Уолл-стрит 14
Компания "Хейзн, Уиппл & Фуллер", 42-я стрит
"Чейз Нэшнл Бэнк", Бродвей 57
Компания "МакКенн", Бродвей 61
Компания "Стетсон, Дженнингс & Расселл", Брод-стрит 15
Компания "Гугенгейм Эскплорейшн", Бродвей 120
Компания "Вайнберг & Познер", Бродвей 120
Советское бюро, 110 Уэст, 40-я стрит
Компания "Джон МакГрегор Грант", Бродвей 120
Компания "Стоун & Уэбстер", Бродвей 120
Компания "Дженерал Электрик", Бродвей 120
Компания "Моррис Плэн оф Нью-Йорк", Бродвей 120
Корпорация "Синклэйр Галф", Бродвей 120
Компания "Гаранти Секыоритиз", Бродвей 120
Компания "Гаранти Траст", Бродвей 140

Влияние "Америкэн Интернэшнл Корпорейшн" на революцию

Определив директоров АИК, мы теперь должны определить их влияние на революцию.

Когда в центре России произошла большевицкая революция, государственный секретарь Роберт Лансинг запросил мнение АИК о политике, которую необходимо проводить в отношении советского режима. 16 января 1918 года — всего через месяц после взятия власти в Петрограде и Москве и до того, как часть России попала под контроль большевиков — Уильям Франклин Сэндс, исполнительный директор АИК, представил госсекретарю Лансингу запрошенный меморандум по политической ситуации в России. Сопроводительное письмо Сэндса с шапкой "Бродвей 120" начиналось так:

"16 января 1918 г.

Достопочтенному Государственному секретарю

Вашингтон, Округ Колумбия

Сэр,

Имею честь приложить к настоящему письму меморандум, который Вы просили меня подготовить для Вас, о моем мнении по политической ситуации в России.

Я разделил его на три части: объяснение исторических причин революции, изложенное так коротко, насколько это возможно; предложение о политике и перечисление различных направлений американской деятельности сейчас в России…" [U.S. State Dept. Decimal File, 861.00/961].

Хотя большевики обладали лишь ненадежным контролем над Россией — и даже почти утратили его весной 1918 года — Сэндс писал, что Соединенные Штаты уже (в январе 1918 года) упустили много времени в признании "Троцкого". Он добавил: "Какая бы почва сейчас ни была утрачена, она должна быть восстановлена, даже за счет небольшого личного триумфа Троцкого" [**Меморандум Сэндса Лансингу, с. 9**].

Затем Сэндс излагает те методы, которыми США могли бы наверстать упущенное время, проводит параллель между большевицкой и "нашей собственной революцией" и делает вывод: "Я имею основания полагать, что планы администрации в отношении России получат всю возможную поддержку в Конгрессе и сердечное одобрение общественного мнения в США".

Таким образом, Сэндс, как исполнительный секретарь корпорации, директора которой пользовались наибольшим престижем на Уолл-стрит, с энтузиазмом одобрил большевиков и большевицкую революцию через несколько недель после ее начала. А как директор Федерального резервного банка Нью-Йорка Сэндс сразу же внес 1 миллион долларов в пользу большевиков — такое одобрение большевиков банковскими кругами, по крайней мере, последовательно.

Более того, Уильям Сэндс из "Америкэн Интернэшнл Корпорейшн" был человеком с поистине необычайными связями и влиянием в Государственном департаменте.

Карьера Сэндса проходила попеременно в Государственном департаменте и на Уолл-стрит. В конце XIX и начале XX веков он занимал различные дипломатические посты. В 1910 году он оставил департамент для работы в банковской фирме Джеймса Шпейера, чтобы заключить соглашение об эквадорском займе, и в последующие два года представлял компанию "Сентрал Агирре Шугар" в Пуэрто-Рико. В

1916 году он побывал в России по "работе Красного Креста", фактически в составе "специальной миссии" из двух человек, вместе с Бэзилом Майлсом, и вернулся, чтобы войти в "Америкэн Интернэшнл Корпорейшн" в Нью-Йорке [**Уильям Франклин Сэндс написал несколько книг, включая биографию "Недипломатические мемуары", охватывающую период до 1904 г.** (William Franklin Sands. *Undiplomatic Memoirs*. New York: McGraw-Hill, 1930). **Позже он написал книгу "Наша дипломатия джунглей"** (Our Jungle Diplomacy. Chapel Hill: University of North Carolina Press, 1944), **ничем не примечательный труд об империализме в Латинской Америке. Эта работа интересна только из-за небольшого отрывка на с. 102: желания возложить вину за особенно неприятную империалистическую авантюру на Адольфа Шталя** (Adolf Slahl), **нью-йоркского банкира, указав абсолютно без всякой надобности, что Шталь был "немецко-еврейского происхождения". В августе 1918 года он опубликовал статью "Спасение России"** (Salvaging Russia) **в издании "Asia", чтобы объяснить поддержку большевицкого режима.**].

В начале 1918 года Сэндс становится известным и предполагаемым получателем некоторых русских "секретных договоров". Если верить архивам Государственного департамента, то Сэндс был также курьером и имел первоочередной доступ к некоторым официальным документам; первоочередной значит — до государственных служащих США. Всего за два дня до написания Сэндсом его меморандума о политике в отношении большевиков, 14 января 1918 года, секретарь Лансинг дал указание направить в американскую дипломатическую миссию в Стокгольме "Зеленым шифром" следующую телеграмму: "В миссии были оставлены важные официальные бумаги для Сэндса, которые должны быть переданы сюда. Передали ли Вы их? Лансинг". Ответ Морриса из Стокгольма был послан 16 января: "Ваш запрос 460 от 14 января, 17:00. Указанные документы направлены Департамент 28 декабря диппочтой номер 34". К этим документам прилагался еще один меморандум, подписанный "БМ" (Бэзил Майлс, коллега Сандса): "Г-н Филипс. Они не дали 1-ю партию секретных договоров Сэндса, кот[орые] он привез из Петрограда в Стокгольм" [**Все указанное см. в: U.S. State Dept. Decimal File, 861.00/969.**].

Отложив в сторону вопрос, почему частное лицо должно везти российские секретные договоры, как и вопрос о содержании таких секретных договоров (возможно, более ранний вариант так называемых документов Сиссона), мы можем, по крайней мере, сделать вывод, что исполнительный секретарь АИК приехал в конце 1917 года из Петрограда в Стокгольм и что он должен был быть воистину привилегированным и влиятельным лицом, чтобы иметь доступ к секретным договорам [**Автору трудно удержаться от сравнения этого обстоятельства с отношением властей к академическим исследователям. В 1973 году, например, автору все еще было отказано в доступе к некоторым файлам Государственного департамента, содержащим документы, датированные 1919 годом.**].

Через несколько месяцев, 1 июля 1918 года, Сэндс написал письмо министру финансов США МакАду, предложив комиссию для "экономической помощи России". При этом он настаивал, что какой-либо государственной комиссии было бы трудно обеспечить механизм для такой помощи, "поэтому кажется необходимым призвать американских финансистов, коммерсантов и промышленников для обеспечения такого механизма под контролем Генерального комиссара или любого официального лица, выбранного президентом США для этой цели" [U.S. State Dept. Decimal File, 861.51/333.]. Другими словами, Сэндс явно стремился к тому, чтобы любая коммерческая эксплуатация большевицкой России не обошла стороной Бродвей 120.

Федеральный резервный банк Нью-Йорка

Свидетельство о регистрации Федерального резервного банка Нью-Йорка было выдано 18 мая 1914 года. Оно предусматривало три директорских поста класса А, представляющих окружные банки-члены ФРБ, три директорских поста класса В, представляющих торговлю, сельское хозяйство и промышленность, и три директорских поста класса С, представляющих Федеральное резервное управление. Первые директора были избраны в 1914 году; они начали разрабатывать энергичную программу. В первый год своего образования Федеральный резервный банк Нью-Йорка провел не менее 50 заседаний.

С нашей точки зрения, интересной является связь между, с одной стороны, директорами Федерального резервного банка (в нью-йоркском округе) и директорами "Америкэн Интернэшнл Корпорейшн" и, с другой стороны, формировавшейся Советской Россией.

В 1917 году тремя директорами класса А были Франклин Д. Лок, Уильям Вудвард и Роберт Х. Треман. Уильям Вудвард был директором "Америкэн Интернэшнл

Корпорейшн" (Бродвей 120) и контролируемого Рокфеллером "Гановер Нэшнл Бэнк". Ни Лок, ни Треман не попали в нашу историю. Тремя директорами класса В в 1917 году были Уильям Бойс Томпсон, Генри Р. Таун и Лесли Р. Палмер. Мы уже отметили значительный вклад наличными Уильяма Б. Томпсона в дело большевиков. Генри Р. Таун был председателем совета директоров компании "Моррис Плэн оф Нью-Йорк", располагавшейся по адресу Бродвей 120; его место позже было занято Чарльзом А. Стоуном из "Америкэн Интернэшнл Корпорейшн" (Бродвей 120) и компании "Стоун & Уэбстер" (Бродвей 120). Лесли Р. Палмер не попадает в нашу историю. Тремя директорами класса С были Пьер Джей, У.Л. Саундерс и Джордж Фостер Пибоди. О Пьере Джее неизвестно ничего, кроме того, что его контора была на Бродвее 120 и он имел вес только как владелец фирмы "Брирли Скул, Лтд.". Уильям Лоренс Саундерс был также директором "Америкэн Интернэшнл Корпорейшн"; он открыто выражал, как мы уже знаем, симпатии к большевикам, раскрыв их в письме к президенту США Вудро Вильсону (см. эпиграф к главе 1). Джордж Фостер Пибоди был активным социалистом (см. главу 6).

Вкратце, из девяти директоров Федерального резервного банка Нью-Йорка четверо физически располагались на Бродвее 120 и двое были тогда связаны с "Америкэн Интернэшнл Корпорейшн". И по крайней мере четыре члена правления АИК были когда-то директорами ФРБ Нью-Йорка. Мы могли бы назвать все это достаточно важным, но не считаем это главным.

Американо-российский промышленный синдикат

Предложение Уильяма Франклина Сэндса создать экономическую комиссию для России не было принято. Вместо этого были созданы частные инструменты для эксплуатации российских рынков и была оказана первая поддержка большевикам. Для развития этих возможностей группа промышленников с Бродвея 120 образовала "Америкэн-Рашен Индастриэл Синдикат Инк.". Финансовая поддержка для новой фирмы поступила от компании "Гугенгейм Бразерз" с Бродвея 120, ранее связанной с Уильямом Б. Томпсоном (Гугенгейм контролировал компанию "Америкэн Смелтинг & Рифайнинг" и компании по добыче меди в Коннектикуте и Юте); от Гарри Ф. Синклера, президента корпорации "Синклэйр Галф", также с Бродвея 120; и от Джеймса Г. Уайта из корпорации "Дж. Г. Уайт Инжиниринг", располагавшейся по адресу Искчейндж плейс 43 — адрес "Америкэн-Рашен Индастриэл Синдикат".

Осенью 1919 года посольство США в Лондоне сделало телеграфный запрос в Вашингтон о господах Любовиче и Росси, "представляющих "Америкэн-Рашен Индастриэл Синдикат"… Какова репутация их и синдиката и отношение к нему Департамента?" [U.S. State Dept. Decimal File, 861.516/84, September 2, 1919.].

На эту телеграмму сотрудник Госдепартамента Бэзил Майлс, бывший коллега Сэндса, ответил: "…Упомянутые джентльмены и их корпорация пользуются хорошей репутацией и финансово поддерживаются предприятиями Уайта, Синклэйра и Гугенгейма с целью установления деловых отношений с Россией" [Ibid.].

Итак, мы можем сделать вывод, что круги Уолл-стрита имели вполне определенные представления о методах эксплуатации нового российского рынка. Помощь и консультации, предоставленные в пользу большевиков заинтересованными лицами в Вашингтоне и других местах, не должны были оставаться без вознаграждения.

Джон Рид: революционер из истэблишмента

Совершенно в стороне от влияния "Америкэн Интернэшнл Корпорейшн" на Государственный департамент стоит ее тесная связь — которую сама АИК определила как "контроль" — с известным большевиком Джоном Ридом. Рид был плодовитым, широко читаемым автором периода первой мировой войны, он печатался в журнале большевицкой ориентации "Массы" [**В этой книге упоминаются и другие корреспонденты журнала "Массы": журналист Роберт Майнор, председатель Комитета США по общественной информации; Джордж Крил; Карл Сандбург, поэт-историк; и Бордмен Робинсон, художник.**] и в контролируемом Морганом журнале "Метрополитэн". Книга Рида о большевицкой революции "Десять дней, которые потрясли мир", щеголяющая предисловием Николая Ленина,[26] стала наиболее известным и читаемым литературным трудом Рида. Сегодня эта книга воспринимается как цветистый комментарий к тогдашним событиям, она пронизана воззваниями и декретами большевиков и пропитана тем мистическим пылом, который, как знают большевики, вызывает симпатии к ним за рубежом. После революции Рид стал американским членом

---

[26] В книге Д. Рида предисловие В.И. Ленина подписано его псевдонимом "Н. Ленин", поэтому многие на Западе ошибочно полагали, что имя Ленина — Николай. — Прим. ред. "РИ".

исполнительного комитета Третьего Интернационала. Он умер от тифа в России в 1920 году.

Центральный вопрос, который мы ставим, не касается известного пробольшевицкого склада ума и деятельности Рида. Вопрос в ином: каким образом Рид, который пользовался полным доверием Ленина ("Эту книгу я желал бы видеть распространенной в миллионах экземпляров и переведенной на все языки", — пишет Ленин в предисловии к "Десяти дням"), который был членом Третьего Интернационала и имел от Военно-революционного комитета пропуск (№ 955, выдан 16 ноября 1917 года) на право входа в Смольный (штаб-квартира революции) в любое время в качестве представителя "американской социалистической прессы", -каким образом, несмотря на все это, этот человек одновременно был марионеткой, подконтрольной финансовым предприятиям Моргана через "Америкэн Интернэшнл Корпорейшн". В отношении этого кажущегося противоречия имеются документальные доказательства (см. ниже и в Приложении).

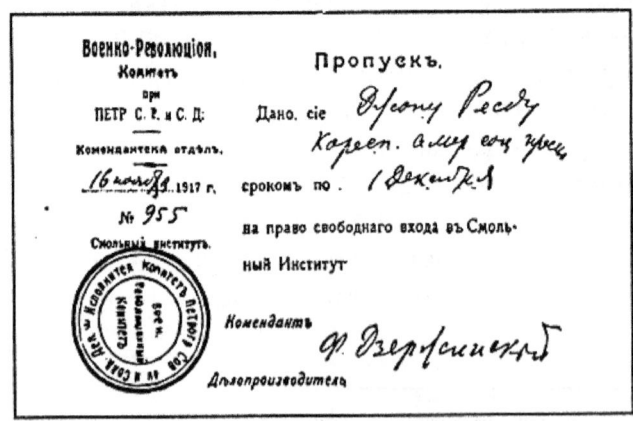

Давайте разберемся в подоплеке дела. Статьи в журналах "Метрополитэн" и "Массы" создали Джону Риду обширную аудиторию для сообщений о мексиканской и большевицкой революциях. Биограф Рида, Грэнвилль Хикс, написал в книге "Джон Рид", что "он был... выразителем интересов большевиков в США". С другой стороны, финансовая поддержка Рида с 1913 по 1918 годы мощным потоком поступала от журнала "Метрополитэн", принадлежавшего Гарри Пейну Уитни, директору "Гаранта Траст" — организации, упоминаемой в каждой главе этой книги, а также от частного нью-йоркского банкира и торговца Юджина Буассевейна, который посылал Риду средства как непосредственно, так и через пробольшевиц-кий журнал "Массы". Другими словами, финансовая поддержка поступала к Джону Риду от якобы противоборствующих элементов политического спектра. Эти деньги поступали за писательскую работу и могут быть классифицированы следующим образом: гонорары от журнала "Метрополитэн" с 1913 года за статьи; гонорары от журнала "Массы" с 1913 года, которые, по крайней мере частично, исходили от Юджина Буассевейна. Следует упомянуть и третью категорию: Рид получал небольшие и явно не связанные с предыдущими суммы от комиссара Красного Креста Раймонда Робинса в Петрограде. Предположительно, он также получал небольшие суммы за статьи от других журналов и авторские отчисления за книги, но о величине таких сумм никаких доказательств нет.

Джон Рид и журнал "Метрополитэн"

Журнал "Метрополитэн" поддерживал тогдашние интересы власть имущих, включая, например, готовность к войне. Журнал принадлежал Гарри Пейну

Уитни (1872–1930), основателю Военно-морской лиги и партнеру в фирме Дж. П. Моргана. В конце 1890-х годов Уитни стал директором компании "Америкэн Смелтинг & Рифайнинг" и компании "Гугенгейм Эксплорейшн". После смерти своего отца в 1908 году он стал директором других многочисленных компаний, включая "Гаранта Траст". Рид начал писать для "Метрополитэн" в июле 1913 года и опубликовал полдюжины статей о мексиканской революции: "С Вильей в Мексике", "Причины Мексиканской революции", "Если мы войдем в Мексику", "С Вильей на марше" и т. д. Симпатии Рида принадлежали революционеру Панчо Вилья. Вы помните связь (см. главу 4) между "Гаранта Траст" и поставками оружия Вилье.

В любом случае, "Метрополитэн" был главным источником доходов Рида. По словам биографа Грэнвилля Хикса: "Деньги означали главным образом работу на "Метрополитэн" и в отдельных случаях гонорары за статьи и рассказы для других журналов". Но работа в "Метрополитэн" не препятствовала Риду писать статьи, критикующие предприятия Моргана и Рокфеллера. Одна такая статья "На горле Республики" ("Массы", июль 1916 г.) прослеживала связи между производством оружия, лобби в пользу обеспечения национальной безопасности, взаимопроникающими дирекциями предприятий Моргана-Рокфеллера и доказывала, "что они доминировали как в обществах обеспечения безопасности, так и в недавно образованной "Америкэн Интернэншл Корпорейшн", созданной для эксплуатации отсталых стран" [Granville Hicks. John Reed, 1887–1920 (New York: Macmillan, 1936), p.215.].

В 1915 году Джон Рид был арестован в России царскими властями, и журнал "Метрополитэн" вместе с Государственным департаментом выступил в защиту Рида. 21 июня 1915 года X. Дж. Уигэм написал государственному секретарю Роберту Лансингу, информируя его, что Джон Рид и Бордмен Робинсон (также был арестован и также писал статьи в "Массы") находились в России "по поручению журнала "Метрополитэн" для подготовки статей и иллюстраций о восточном фронте". Уигэм подчеркнул, что ни у кого из них не было "ни желания, ни полномочий от нас вмешиваться в любые операции воюющих держав". Уигэм продолжает в этом письме: "Если г-н Рид вез рекомендательные письма из Бухареста галицийцам антирусских настроений, то я уверен, что это было сделано неумышленно, просто с намерением познакомиться с как можно большим числом людей…"

Уигэм сообщает секретарю Лансингу, что Джон Рид известен в Белом доме и оказывал "некоторую помощь" администрации в мексиканских делах. И он заключает:

"Мы относимся с величайшим уважением к большим способностям Рида как писателя и мыслителя и очень тревожимся за его безопасность" [U.S. State Dept. Decimal File, 860d.l 121 R 25/4.]. Следует заметить, что письмо Уигэма — не просто из влиятельного журнала в поддержку большевицкого автора; оно — из влиятельного журнала в поддержку большевицкого автора "Масс" и подобных революционных листков, который также является автором язвительных нападок (например, "Невольная этика большого бизнеса: басня для пессимистов") на те же предприятия Моргана, которые владели журналом "Метрополитэн".

Доказательства финансирования Рида частным банкиром Буассевейном неопровержимы. Американская дипломатическая миссия в Христианин, Норвегия, 23 февраля 1918 года направила в Вашингтон телеграмму в защиту Джона Рида для передачи лидеру Социалистической партии Моррису Хиллквиту. В частности, в телеграмме говорилось: "Скажите Буассевейну, что он должен его вытаскивать, но осторожно". Тайная записка Бэзила Майлза в архиве Государственного департамента, датированная 3 апреля 1918 года, гласит: "Если Рид будет возвращаться домой, то ему безусловно понадобятся деньги. Я понимаю, что альтернативами тут являются высылка Норвегией или вежливое предложение покинуть страну. Если это так, то последнее кажется предпочтительнее". За этой тайной запиской последовала телеграмма, датированная 1 апреля 1918 года, и опять от американской дипломатической миссии в Христианин: "Джон Рид просит Юджина Буассевейна, Нью-Йорк, Уильямс-стрит 29, срочно выслать телеграфом через миссию 300 долларов" [Ibid., 360d.1 121/R25/18. **Как сообщил Грэнвилл Хикс в книге "Джон Рид": "Журнал "Массы" не мог оплачивать его [Рида] расходы. В конечном счете, деньги были собраны друзьями журнала, главным образом Юджином Буассевейном"** (с. 249).]. Эта телеграмма была передана Юджину Буассевейну Государственным департаментом 3 апреля 1918 года.

Рид явно получил свои деньги и благополучно вернулся в США. Следующим документом в досье Государственного департамента является письмо Уильяму Франклину Сэндсу от Джона Рида, датированное 4 июня 1918 года и написанное из Кротона-на-Гудзоне, Нью-Йорк. В письме Рид уверяет, что подготовил меморандум для Государственного департамента, и просит Сэндса использовать свое влияние для вызволения коробок с бумагами, привезенных из России. Рид заключает: "Простите меня за то, что я Вас беспокою, но я не знаю, к кому еще обратиться, а я не могу позволить себе еще раз поехать в Вашингтон". Впоследствии Фрэнк Полк, исполняющий обязанности государственного секретаря, получил письмо от Сэндса с просьбой о возвращении бумаг Джона Рида. Письмо Сэндса с Бродвея 120, датированное 5 июня 1918 года, полностью приводится ниже; оно содержит совершенно ясные заявления о контроле над Ридом:

"НЬЮ-ЙОРК, БРОДВЕЙ 120

5 июня 1918

Мой дорогой г-н Полк,

Я осмеливаюсь направить Вам при этом просьбу от Джона ("Джека") Рида помочь ему, если можно, добиться возвращения бумаг, которые он привез с собой в США из России.

Я имел беседу с г-ном Ридом сразу после его приезда, в ходе которой он обрисовал определенные попытки советского правительства инициировать конструктивное развитие и выразил желание предоставить в распоряжение нашего правительства свои заметки и информацию, полученную им благодаря своей связи со Львом Троцким. Я предложил ему изложить это в меморандуме для Вас, и обещал позвонить в Вашингтон, чтобы попросить Вас побеседовать с ним для этой цели. Он привез с собой массу бумаг, которые были у него изъяты для проверки, и по этому вопросу он также хотел бы поговорить с кем-то, обладающим полномочиями, чтобы добровольно предложить правительству любую информацию, которую могут содержать эти бумаги, и попросить о возвращении тех из них, которые ему нужны для его работы в газете и журнале.

Я не верю, что г-н Рид является "большевиком" или "опасным анархистом", как, я слышал, его характеризуют. Он, без сомнения, сенсационный журналист, но это всё. Он не пытается сбивать с толку наше правительство и по этой причине отказался от "защиты", которая, как я понимаю, была предложена ему Троцким, когда он вернулся в Нью-Йорк и столкнулся с предъявленным ему обвинением в судебном разбирательстве по делу "Масс". Он, однако, нравится петроградским большевикам, и поэтому все, что бы ни сделала наша полиция, будет расценено в Петрограде как "преследование", что я думаю, было бы нежелательным, так как это не нужно. Он может быть управляем и контролируем гораздо лучше другими средствами, чем через полицию.

Я не видел меморандума, который он передал г-ну Буллиту — я хотел, чтобы он мне его предварительно показал, чтобы можно было его подредактировать, но он не имел возможности сделать это.

Я надеюсь, что Вы не сочтете меня вторгающимся в этот вопрос или впутывающимся в дела, которые меня не касаются. Я полагаю, что было бы мудро не обижать большевицких лидеров, пока не станет нужным сделать это — если это будет необходимым, — и что неразумно смотреть на любого, кто имел дружеские отношения с большевиками в России, как на подозрительного или даже опасного типа. Я думаю, что лучшей политикой было бы попытаться использовать таких людей для наших собственных целей при выработке нашей политики в отношении России, если это можно сделать. Лекция, которую полиция не дала прочитать Риду в Филадельфии (он потерял голову, вступил в конфликт с полицией и был арестован) является единственной лекцией о России, за которую я заплатил бы, чтобы услышать, если бы я уже не видел его заметок по этому вопросу. Она раскрывает тему, которую мы могли бы, вполне возможно, счесть точкой соприкосновения с советским правительством, с которой начнется конструктивная работа!

Не могли бы мы использовать его вместо того, чтобы озлоблять и делать из него врага? Он не вполне уравновешенный человек, но он, если я только сильно не ошибаюсь, восприимчив к осторожному руководству и вполне может быть полезен.

С искренним уважением, Уильям Франклин Сэндс Достопочтенному Фрэнку Лайону Полку Советнику при Государственном департаменте, Вашингтон

WFS: АО Приложение" [U.S. State Dept. Decimal File, 360.D.1121.R/20/22/R25 (John Reed). **Это письмо было передано г-ном Полком в архивы Государственного департамента 2 мая 1935 года. Весь курсив добавлен автором книги.**].

Значение этого документа заключается в откровенном раскрытии прямого заступничества сотрудника (исполнительного секретаря) "Америкэн Интернэшнл Корпорейшн" за известного большевика. Поразмыслим над некоторыми из заявлений Сэндса о Риде: "Он может быть управляем и контролируем гораздо лучше другими средствами, чем через полицию" и "Не могли бы мы использовать его вместо того, чтобы озлоблять и делать из него врага?... он, если я только сильно не ошибаюсь, восприимчив к осторожному руководству и вполне может быть полезен". Совершенно очевидно, что "Америкэн Интернэшил Корпорейшн" рассматривала Джона Рида как агента или потенциального агента, который мог бы быть, а возможно уже был, поставлен под их контроль. Тот факт, что Сэндс имел возможность отредактировать меморандум Рида (для Буллита), свидетельствует о том, что такой контроль в какой-то степени уже был установлен.

Затем отметьте потенциально враждебную позицию Сэндса к большевикам и плохо скрываемое намерение их провоцировать: "Я полагаю, что было бы мудро не обижать большевицких лидеров, пока не станет нужным сделать это — если это будет необходимым" (выделено нами).

Это было экстраординарное письмо в защиту советского агента, написанное частным американским лицом, чьими советами пользовался и продолжал пользоваться Государственный департамент.

Более поздний меморандум от 19 марта 1920 года в архиве Государственного департамента сообщил об аресте Джона Рида финскими властями в Або и о том, что у Рида были английский, американский и германский паспорта. Рид, путешествовавший под псевдонимом Casgormlich, вез бриллианты, крупную сумму денег, советскую пропагандистскую литературу и кинопленку. Американская дипломатическая миссия в Гельсингфорсе телеграфировала 21 апреля 1920 года в

Государственный департамент: "Направляю следующей диппочтой заверенные копии писем от Эммы Гольдман, Троцкого, Ленина и Сиролы, обнаруженные у Рида. Министерство иностранных дел пообещало предоставить полный протокол судебного заседания".

И снова вмешался Сэндс: "Я лично знаю г-на Рида" [Ibid., 360d.l 121 R 25/72.]. Журнал "Метрополитэн", как и в 1915 году, также пришел на помощь Риду. Х. Дж. Уигэм писал 15 апреля 1920 года Бейнбриджу Колби в Государственный департамент: "Слышал, что Джону Риду грозит суд в Финляндии. Надеюсь, что Государственный департамент сможет предпринять немедленные меры для обеспечения надлежащего суда. Настоятельно прошу незамедлительных действий" [Ibid.]. Это было дополнением к телеграмме Гарри Гопкинса от 13 апреля 1920 года, который был обречен на славу при президенте Рузвельте:

"Понимаю, что Государственный департамент информирован о том, что Джек Рид арестован в Финляндии и будет осужден. Как один из его и Ваших друзей и от имени его жены настоятельно прошу Вас предпринять незамедлительные действия, предотвратить осуждение и добиться освобождения.

Уверен, что могу положиться на Ваше немедленное и эффективное вмешательство" [**Телеграмма была адресована Бэйнбриджу Колби; там же, 360d.l 121 R 25/30. Еще одно письмо от 14 апреля 1920 года было адресовано государственному секретарю от У. Бурке Кохрана с Бродвея 100; в нем также было ходатайство об освобождении Джона Рида.**].

В результате Джон Рид был освобожден финскими властями.

Этот парадоксальный расчет на вмешательство в защиту советского агента может иметь несколько объяснений. Одна гипотеза, которая соответствует другим доказательствам, касающимся Уолл-стрита и большевицкой революции, заключается в том, что Джон Рид был в действительности агентом Моргана — возможно, лишь наполовину знающим о своей двойной роли, — что его антикапиталистические статьи поддерживали ценный миф о том, что все капиталисты находятся в постоянной вражде со всеми социалистическими революционерами. Кэрролл Куигли, как мы уже отмечали, сообщил, что предприятия Моргана оказывали финансовую поддержку революционным организациям и антикапиталистическим авторам [Quigley, op. cit.]. И мы также представили в этой главе неопровержимые документальные доказательства, что люди Моргана осуществляли контроль за советским агентом, ходатайствовали в его защиту и, что более важно, вообще выступали в интересах советских кругов перед правительством США. Эта деятельность сосредоточилась по одному адресу: Нью-Йорк, Бродвей 120.

ГЛАВА 9

"ГАРАНТИ ТРАСТ" ИДЕТ В РОССИЮ

> *"Советское правительство желает, чтобы компания "Гаранты Траст" стала финансовым агентом в США для всех советских операций, и рассматривает вопрос об американской покупке "Эстибанка" с целью полной увязки советского будущего с американскими финансовыми кругами".*
>
> Уильям X. Кумбс, из сообщения в посольство США в Лондоне, 1 июня 1920 г. (десятичный файл 861.51/752 Государственного департамента США). ("Эстибанк" — Эстонский банк.)

В 1918 году Советы столкнулись с рядом непреодолимых внутренних и внешних проблем. Большевики заняли лишь небольшую часть России. Чтобы подчинить себе остальную часть, они нуждались в иностранном оружии, импортном продовольствии, внешней финансовой поддержке, дипломатическом признании и, прежде всего, во внешней торговле. Чтобы добиться дипломатического признания и внешней торговли, Советам сначала нужно было создать представительство за границей, а это представительство, в свою очередь, требовало финансирования золотом или иностранной валютой. Как мы уже видели, первым шагом явилось создание Советского бюро в Нью-Йорке под руководством

Людвига Мартенса. В то же время делались усилия по переводу средств в США и Европу для закупок необходимых товаров. Затем на США было оказано давление, чтобы добиться признания или получить экспортные лицензии, необходимые для отправки товаров в Россию.

Нью-йоркские банкиры и юристы оказали значительную, а в некоторых случаях решающую помощь в выполнении каждой из этих задач. Когда профессору Г.В. Ломоносову, русскому техническому эксперту в Советском бюро, понадобилось перевести деньги от главного агента Советов в Скандинавии, ему на помощь пришел видный юрист с Уолл-стрита, который использовал официальные каналы Государственного департамента и исполняющего обязанности государственного секретаря как посредника. Когда золото нужно было перевезти в США, именно "Америкэн Интернэшнл Корпорейшн", фирма "Кун, Леб & Ко" и компания "Гаранта Траст" просили о средствах обеспечения этого и использовали свое влияние в Вашингтоне, чтобы все прошло гладко. И когда дело дошло до признания, именно американские фирмы ходатайствовали перед Конгрессом и воздействовали на общественное мнение, чтобы одобрить советский режим.

(Чтобы читатель не сделал из этих утверждений слишком поспешного вывода о действительном наличии связи между Уолл-стритом и красными, или о том, что на улицах были развешены красные флаги — см. фронтиспис книги — мы в одной из последующих глав дадим доказательства того, что фирма Дж. П. Моргана финансировала адмирала Колчака в Сибири, который воевал с большевиками, чтобы установить свой тип авторитарного правления. Эта фирма также вносила средства в антикоммунистическую организацию "Объединенные американцы".)

Уолл-стрит приходит на помощь профессору Ломоносову

Дело профессора Ломоносова[27] представляет собой детализированный пример в истории того, как Уолл-стрит помогал зарождающемуся советскому режиму. В конце 1918 года Георгий Ломоносов, член Советского бюро в Нью-Йорке и позднее первый советский комиссар железных дорог, оказался в США в затруднительном положении, без средств. В то время был запрет на ввоз большевицких денег в США; ибо не было официального признания режима. О Ломоносове шла речь в письме от 24 октября 1918 года министерства юстиции США Государственному департаменту [U.S. State Dept. Decimal File, 861.00/3094.]. В письме рассматривались большевицкая принадлежность и пробольшевицкие речи Ломоносова. Расследование пришло к выводу, что "профессор Ломоносов не большевик, хотя в его речах содержится недвусмысленная поддержка дела большевиков". Ломоносов все же смог потянуть за ниточки на высшем уровне администрации США, чтобы получить 25.000 долларов, переведенных из Советской России через советского шпиона в Скандинавии (который позже сам стал доверенным помощником Рива Шли, вице-президента "Чейз Бэнк"). И все это было сделано с

---

[27] Ломоносов Юрий (Георгий) Владимирович (1876 г.р.) — один из активных участников Февральской революции, сумевший поставить под контроль революционеров управление железными дорогами и блокировать царский поезд; масон, был послан в США в составе делегации Временным правительством, а после его свержения стал работать на большевиков. — Прим. ред. "РИ".

помощью члена известной юридической конторы с Уолл-Стрита! [**Этот раздел основан на слушаниях "Русская пропаганда" в Сенате**: U.S., Senate, Russian Propagande: hearings before a subcommittee of the Committee on Foreign Relations, 66th Cong., 2d sess., 1920.].

Приведем доказательства в подробностях, поскольку сами подробности указывают на тесную связь между определенными кругами, которые до сих пор считаются злейшими врагами друг друга. Первым указанием на проблему Ломоносова служит письмо, датированное 7 января 1919 года, от Томаса Л. Чэдбурга из компании "Чэдбурн, Бэббит & Уолл" с Уолл-стрит 14 (такой же адрес, как у Уильяма Б. Томпсона) Фрэнку Полку, исполняющему обязанности государственного секретаря. Отметьте дружеское приветствие и небрежное упоминание Михаила Грузенберга (он же Александр Гомберг), главного советского агента в Скандинавии, а позже помощника Ломоносова:

"Дорогой Фрэнк: Вы любезно дали понять, что если бы я смог информировать Вас о статусе 25.000 долларов личных средств, принадлежащих г-ну и г-же Ломоносовым, Вы задействовали бы механизм для получения этой суммы здесь для них.

Я связался по этому поводу с г-ном Ломоносовым, и он сказал мне, что г-н Михаил Грузенберг, который поехал в Россию по поручению г-на Ломоносова до того, как возникли проблемы между послом Бахметьевым и г-ном Ломоносовым, передал ему информацию об этих деньгах через трех русских, которые недавно приехали из Швеции, и г-н Ломоносов полагает, что эти деньги находятся в российском посольстве в Стокгольме, на Милмскилнад Гатен 37. Если запрос Государственного департамента поможет выяснить, что деньги находятся на депозите не в этом месте, то российское посольство в Стокгольме может указать точный адрес г-на Грузенберга, который сможет дать правильную информацию относительно этого. Г-н Ломоносов не получает писем от г-на Грузенберга, хотя его информировали, что они были написаны; и ни одно его письмо г-ну Грузенбергу также не было доставлено, он также был об этом информирован. По этой причине невозможно изложить дело более точно, чем я сделал, но я надеюсь, что можно каким-нибудь образом решить проблемы его и его жены, вызванные отсутствием средств, нужна лишь небольшая помощь в получении этих денег, которые им принадлежат, чтобы помочь им по эту сторону океана.

Заранее благодарю Вас за все, что Вы можете сделать, оставаясь, как всегда, искренне Ваш, Томас Л. Чэдбурн".

В 1919 году, во время написания этого письма, Чэдбурн был в Вашингтоне государственным служащим с символическим окладом: советником и директором Палаты военной торговли США и директором официальной фронтовой компании американского правительства "Ю.С. Рашн Бюро Инк.". Ранее, в 1915 году, чтобы воспользоваться выгодами от войны; Чэдбурн организовал компанию "Мидвейл Стил энд Орднанс". В 1916 году он стал председателем финансового комитета Демократической партии, а позднее — директором компаний "Райт Аэронотикл" и "Мэк Траке".

Причина неполучения Ломоносовым писем от Грузенберга была в том, что они, по всей вероятности, перехватывались одним из нескольких правительств, остро интересующихся деятельностью последнего.

11 января 1919 года Фрэнк Полк телеграфировал в американскую дипломатическую миссию в Стокгольме:

"Департамент получил информацию о 25.000 долларах личных средств... Любезно запросите русскую дипломатическую миссию неофициально и лично, находятся ли там эти средства. Если нет — убедитесь в этом и обратитесь к г-ну Михаилу Грузенбергу, который, по сообщениям, владеет информацией по этому вопросу. Департамент не занимается этим официально, а просто наводит справки от имени бывшего российского официального лица в нашей стране.

Полк, и.о."

Как явствует из письма, Полк не знал о связях Ломоносова с большевиками, называя его "бывшим российским официальным лицом в нашей стране". Так или иначе, в течение трех дней Полк получил из дипломатической миссии США в Стокгольме ответ от Морриса:

"14 января, 15:00, 3492. Ваш № 1443 от 12 января 15:00. В русской дипломатической миссии неизвестна сумма в 25.000 долларов бывшего президента Российской комиссии путей сообщения в США; не можем также получить адрес г-на Михаила Грузенберга.

Моррис".

Ясно, что Фрэнк Полк затем написал Чэдбурну (письмо в источник не включено) и сообщил, что Государственный департамент не смог найти ни Ломоносова, ни Михаила Грузенберга. Чэдбурн ответил 21 января 1919 г.:

"Дорогой Фрэнк: Большое спасибо за Ваше письмо от 17 января. Я знаю, что в Швеции две русские дипломатические миссии: одна советская и другая Керенского, и я предполагаю, что Ваш запрос был направлен в советскую миссию по тому адресу, который я дал в своем письме, а именно: Милмскилнад Гатен 37, Стокгольм.

Адрес Михаила Грузенберга: Холменколлен Санитариум, Христиания, Норвегия, и я думаю, что советская миссия могла бы выяснить всё об этих средствах через Грузенберга, если бы они связались с ним.

Благодарю Вас за то, что Вы озаботились этим, и заверяю Вас в моем глубоком уважении, оставаясь,

Искренне вашим, Томас Л. Чэдбурн".

Мы должны отметить, что юрист с Уолл-стрита имел адрес Грузенберга, главного большевицкого агента в Скандинавии, в то время, когда этого адреса не было у исполняющего обязанности Государственного секретаря и в дипломатической миссии США в Стокгольме; миссия не смогла даже разыскать его. Кроме того, Чэдбурн исходил из того, что Советы являлись официальным правительством России, хотя это правительство и не было признано США и положение государственного служащего Чэдбурна в Палате военной торговли обязывало его знать это.

Затем Фрэнк Полк телеграфировал в американскую дипломатическую миссию в Христианин, Норвегия, дав адрес Михаила Грузенберга. Неизвестно, знал ли Полк, что передает адрес шпиона, но он сообщил следующее:

"В американскую дипломатическую миссию, Христиания, 25 января 1919 года. Сообщается, что Михаил Грузенберг находится в Холменколлен Санитариум. Вы можете найти его и спросить, знает ли он что-либо о местонахождении 25.000 долларов, принадлежащих бывшему президенту Российской комиссии путей сообщения в США, профессору Ломоносову.

Полк, и.о."

Представитель США в Христианин (Шмедеман) хорошо знал Грузенберга. Действительно, это имя фигурировало в отчетах Шмедемана о просоветской деятельности

Грузенберга в Норвегии, направляемых в Вашингтон. Шмедеман ответил:

"29 января, 20:00, 1543. Важно. Ваша телеграмма № 650 от 25 января.

До сегодняшнего отъезда в Россию Михаил Грузенберг информировал нашего военно-морского атташе, что будучи в России несколько месяцев назад, он получил по просьбе Ломоносова 25.000 долларов от Российского экспериментального института железных дорог, президентом которого был г-н Ломоносов. Грузенберг заявляет, что сегодня он телеграфировал в Нью-Йорк поверенному Ломоносова Моррису Хиллквиту, что он, Грузенберг, имеет эти деньги и, чтобы отправить их, ожидает дальнейших указаний из США, запросив в телеграмме, чтобы Ломоносову были выданы средства на проживание для него и его семьи Хиллквитом до получения этих денег [**Моррис Хиллквит был посредником между нью-йоркским банкиром Юджином Буассевейном и Джоном Ридом в Петрограде.**].

Так как посланник Моррис едет в Стокгольм тем же поездом, что и Грузенберг, последний заявил, что он проконсультируется с Моррисом по этому вопросу.

Шмедеман"

Посланник США приехал с Грузенбергом в Стокгольм, где получил следующую телеграмму от Полка:

"Дипломатическая миссия в Христианин сообщила, что Михаил Грузенберг имеет для профессора Ломоносова... сумму в 25.000 долларов, полученную от Российского экспериментального института железных дорог. Если Вы сможете сделать это, не связываясь с большевицкими властями, департамент был бы рад, если бы Вы способствовали переводу этих денег профессору Ломоносову в нашу страну. Просьба ответить.

Полк, и.о."

Эта телеграмма дала результаты, ибо 5 февраля 1919 года Фрэнк Полк написал Чэдбурну об "опасном большевицком агитаторе" Грузенберге следующее:

"Мой дорогой Том: Я получил телеграмму из Христианин о том, что Михаил Грузенберг имеет 25.000 долларов профессора Ломоносова, получив их от Российского экспериментального института железных дорог, и что он телеграфировал Моррису Хиллквиту в Нью-Йорк, чтобы профессору Ломоносову были предоставлены средства на проживание, пока ему не будут переведены эти деньги. Поскольку Грузенберг был только что депортирован из Норвегии как опасный большевицкий агитатор, он может иметь трудности в отправке телеграмм оттуда. Я думаю, что он сейчас уехал в Христианин? и хотя это в чем-то не является направлением деятельности нашего департамента, буду рад, если Вы захотите проследить, чтобы г-н Грузенберг перевел эти деньги профессору Ломоносову из Стокгольма, а я телеграфирую нашему посланнику там, чтобы он выяснил, можно ли это сделать.

Искренне Ваш, Фрэнк Л. Полк"

Телеграмма из Христианин, упомянутая в письме Полка, имела следующий текст:

"3 февраля, 18:00, 3580. Важно. Со ссылкой на № 1443 департамента от 12 января, 10.000 долларов сейчас депонированы в Стокгольме, чтобы по моему поручению быть направленными профессору Ломоносову Михаилом Грузенбергом, одним из бывших представителей большевиков в Норвегии. До того, как принять эти деньги, я информировал его, что свяжусь с Вами и спрошу, действительно ли вы хотите, чтобы эти деньги были направлены Ломоносову. Поэтому, прошу указаний, как действовать.

Моррис"

Впоследствии в Стокгольме Моррис запросил указаний, что делать с чеком на 10.000 долларов, депонированным в стокгольмском банке. Его фраза о своей "единственной связи с этим делом" предполагает, что Моррис знал, что Советы могут и вероятно будут требовать расценивать это как официально осуществляемый денежный перевод, так как эта акция подразумевала одобрение США таких денежных переводов. До этого Советам приходилось контрабандно ввозить деньги в США.

"Четыре пополудни, 12 февраля, 3610, Обычная. Со ссылкой на мою телеграмму от 3 февраля, 18:00, № 3580, и Вашу от 8 февраля, 19:00, № 1501. Мне неясно, является ли Вашим пожеланием мне перевести через Вас упомянутые 10.000 долларов профессору Ломоносову. Моей единственной связью с этим делом было сообщение Грузенберга мне, что он депонировал эти деньги по поручению Ломоносова в стокгольмский банк и сообщил бачку, что этот чек может быть направлен в Америку через меня, при условии моего соответствующего поручения. Просьба телеграфировать указания.

Моррис"

Затем следует серия писем о переводе 10.000 долларов из банка "Нордиск Резебюро" Томасу Л. Чэдбурну по адресу: Нью-Йорк, Парк авеню 520, через посредничество Государственного департамента. Первое письмо содержит указания от Полка по механизму передачи, второе, от Морриса Полку, содержит 10.000 долларов, третье, от Морриса банку "Нордиск Резебюро", запрашивает чек, четвертое — это ответ банка вместе с чеком и пятое — подтверждение.

"Ваш № 3610 от 12 февраля 16:00.

Деньги могут быть переведены непосредственно Томасу Л. Чэдбурну, 520 Парк авеню, Нью-Йорк.

Полк, и.о."

"Отправка № 1600 от 6 марта 1919 года:

Уважаемому Государственному секретарю,

Вашингтон

Сэр: ссылаясь на мою телеграмму № 3610 от 12 февраля и на ответ департамента № 1524 от 19 февраля в отношении суммы в 10.000 долларов для профессора Ломоносова, имею честь приложить к настоящему сообщению копию письма, которое я направил 25 февраля банку "Нордиск Резебюро", где были депонированы эти деньги; копию ответа банка "Нордиск Резебюро", датированного 26 февраля; и копию моего письма банку "Нордиск Резебюро", датированного 27 февраля.

Из этой переписки видно, что банк хочет перевести эти деньги профессору Ломоносову. Я объяснил банку, однако, как будет видно из моего письма от 27 февраля, что я получил разрешение направить их г-ну Томасу Л. Чэдбурну по адресу 520 Парк авеню, Нью-Йорк. Также я прилагаю к настоящему сообщению конверт, адресованный г-ну Чэдбурну, в котором находится письмо ему вместе с чеком "Нейшнл Сити Бэнк" Нью-Йорка на 10.000 долларов.

Имею честь быть, сэр, Вашим покорным слугой,

Айра Н. Моррис"

* * *

"Банку "Нордиск Резебюро"

№ 4 Вестра Традгардсгатан, Стокгольм.

Господа: по получении вашего письма от 30 января, сообщающего, что вы получили 10.000 долларов, которые должны быть выплачены профессору Ломоносову по моей просьбе, я немедленно телеграфировал моему правительству, запросив, хотят ли они, чтобы эти деньги были направлены профессору Ломоносову. Сегодня я получил ответ, уполномочивающий меня направить деньги непосредственно г-ну Томасу Л. Чэдбурну для выплаты профессору Ломоносову. Я буду рад направить их, как был проинструктирован моим правительством.

С совершенным почтеним,

Айра Н. Моррис"

* * *

"Г-ну А.Н. Морису, Американскому посланнику, Стокгольм. Уважаемый сэр: Мы подтверждаем получение Вашего вчерашнего сообщения относительно выплаты 10.000 долларов профессору Г.В. Ломоносову и настоящим имеем удовольствие приложить чек на упомянутую сумму для профессора Г.В. Ломоносова, который, как мы понимаем. Вы любезно переправляете этому джентльмену. Мы будем рады получить Вашу расписку на это, оставаясь,

с уважением к Вам Банк "Нордиск Резебюро"

Э. Молин"

* * *

"Банку "Нордиск Резебюро".

Стокгольм

Господа! Подтверждаю получение вашего письма от 26 февраля с приложением чека на 10.000 долларов для выплаты профессору Г.В. Ломоносову. Как я сообщил вам в моем письме от 25 февраля, мне было разрешено направить этот чек г-ну Томасу Л. Чэдбурну по адресу 520 Парк авеню, Нью-Йорк, и я направлю его этому господину в течение ближайших нескольких дней, если вы не сообщите о вашем нежелании делать этого.

Весьма искренне, ваш,

Айра Н. Моррис"

Затем следует внутренний меморандум Государственного департамента и подтверждение Чэдбурна:

"Г-н Филлипс г-ну Чэдбурну, 3 апреля 1919 г. Сэр: Ссылаясь на предыдущую переписку, относящуюся к переводу 10.000 долларов из банка "Нордиск Резебюро" профессору Г.В. Ломоносову, которые Вы просили направить через американскую дипломатическую миссию в Стокгольме, департамент информирует Вас, что он получил датированную 6 марта 1919 года диппочту от американского посланника в Стокгольме, содержащую адресованное Вам письмо, которое прилагается, вместе с чеком на упомянутую сумму, выписанным на профессора Ломоносова.

Ваш покорный слуга

Уильям Филлипс, и.о. государственного секретаря.

Приложение: запечатанное письмо, адресованное г-ну Томасу Л. Чэдбурну, пришедшее с диппочтой 1600 из Швеции."

Ответ г-на Чэдбурна от 5 апреля 1919 года.

"Сэр! Подтверждаю получение Вашего письма от 3 апреля с приложением адресованного мне письма, содержащего чек на 10.000 долларов, выписанный на профессора Ломоносова, которому я передал этот чек сегодня.

Остаюсь с большим уважением, искренне Ваш,

Томас Л. Чэдбурн"

Впоследствии дипломатическая миссия в Стокгольме сделала запрос об адресе Ломоносова в США и была информирована Государственным департаментом, что, "насколько известно Государственному департаменту, профессора Георгия В. Ломоносова можно найти через г-на Томаса Л. Чэдбурна, 520 Парк авеню, Нью-Йорк". Очевидно, что Государственный департамент по причине личной дружбы между Полком и Чэдбурном или из-за политического воздействия считал, что он должен продолжать это дело и выполнять роль почтальона для большевицкого агента, только что высланного из Норвегии. Но почему престижная юридическая контора была так заинтересована в здоровье и благополучии большевицкого эмиссара? Возможно, отгадка содержится в отчете Государственного департамента того времени:

"Мартене, большевицкий представитель, и профессор Ломоносов рассчитывают на то, что Буллит и его партия дадут миссии и президенту благоприятный отчет об условиях в Советской России и что на основе этого отчета правительство США благосклонно отнесется к ведению дел с Советским правительством, что было предложено Мартенсом. 29 марта 1919 года" [U.S. State Dept. Decimal File, 861.00/4214a].

Создана база для коммерческой эксплуатации России

Именно коммерческая эксплуатация России возбуждала Уолл-стрит, который не терял времени для разработки соответствующей программы. 1 мая 1918 года — в праздничный день красных революционеров — была создана Американская лига для помощи и сотрудничества с Россией, а ее программа была одобрена на конференции, проведенной в здании канцелярии Сената в Вашингтоне. Сотрудники и исполнительный комитет Лиги представляли на первый взгляд непохожие фракции. Ее президентом был д-р Фрэнк Дж. Гуднау, президент университета Джона Гопкинса. Вице-президентами были всегда активный Уильям Б. Томпсон, Оскар С. Страус, Джеймс Дункан и Фредерик К. Хоув, который написал "Признания монополиста" — книгу правил, с помощью которых монополисты могут контролировать общество. Казначеем был Джордж П. Уэйлен, вице-президент компании "Вакуум Ойл". Конгресс представляли сенаторы Уильям Эдгар Борах и Джон Шарп Уильямс, оба из Комитета по внешним связям Сената; а также сенаторы Уильям Н. Кальдер и Роберт Л. Оуэн, председатель банковского и валютного комитета. От Палаты представителей были Гекри Р. Купер и Генри Д. Флад, председатель Комитета по иностранным делам. Американский бизнес представляли Генри Форд, Чарльз А. Коффин, председатель совета директоров компании "Дженерал Электрик", и управляющий внешними связями этой же компании М.А. Оудин. Джордж П. Уэйлен представлял компанию "Вакуум Ойл", а Даниэл Уиллард был президентом компании "Балтимор & Охайо Рейлроуд". Более откровенные революционные элементы были представлены г-жой Раймонд Робине, чье имя, как было обнаружено позже, часто встречается в документах Советского бюро и на слушаниях в Комитете Ласка, Генри Л. Слободиным, охарактеризованным как "видный патриотический социалист", и Линкольном Стеффенсом, видным местным коммунистом.

Другими словами, в этом сборном исполнительном комитете Лиги были представлены внутренние революционные элементы, Конгресс США и финансовые круги, явно связанные с российскими делами.

Исполнительный комитет одобрил программу, которая подчеркивала создание официального российского отдела в правительстве США, "возглавляемого сильными людьми". Этот отдел должен был привлекать помощь университетов, научно-исследовательских организаций и других учреждений для изучения "русского вопроса", координировать и объединять в США организации "для защиты России", создать "специальный разведывательный комитет для изучения русского вопроса" и, в общем, должен был сам изучать то, что относится к "русскому вопросу". Затем исполнительный комитет принял резолюцию, поддерживающую послание президента Вудро Вильсона съезду Советов в Москве, и Лига подтвердила свою поддержку новой Советской России.

Через несколько недель, 20 мая 1918 года, Фрэнк Дж. Гуднау и Герберт А. Карпентер, представляющие Лигу, посетили заместителя Государственного секретаря Уильяма Филлипса и высказались о необходимости создания "официального русского отдела в правительстве для координации всех русских вопросов. Они спросили меня [писал Филлипс], должны ли они идти с этим делом к президенту" [Ibid., 861.00/1938].

Филлипс сообщил это непосредственно Государственному секретарю и на следующий день написал Чарльзу Р. Крейну в Нью-Йорк, спрашивая его мнения об Американской лиге для помощи и сотрудничества с Россией. Филлипс писал Крейну: "Я действительно хочу получить от Вас совет, как мы должны расценивать Лигу… Мы не хотим возбуждать беспокойства отказом сотрудничать с ними. С другой стороны, это странный комитет, и я не совсем понимаю его" [Ibid.].

В начале июня в Государственный департамент на имя государственного секретаря Роберта Лансинга поступило письмо от Уильяма Франклина Сэндса из "Америкэн Интернэшнл Корпорейшн". Сэндс предлагал, чтобы США назначили в Россию не комиссию, а администратора, и высказал мнение, что "предложение об использовании союзнических военных сил в России в настоящий момент кажется очень опасным" [Ibid., 861.00/2003]. Он подчеркивал возможность торговли с Россией и что эту возможность необходимо продвигать "хорошо выбранному администратору, пользующемуся полным доверием правительства"; он указал, что "г-н Гувер" мог бы подойти на эту роль. Это письмо Филлипсу передал Бэзил Майлс, бывший коллега Сэндса, с такими словами: "Я думаю, что секретарь сочтет полезным взглянуть на это".

В начале июня Палата военной торговли, подчиненная Государственному департаменту, приняла резолюцию, а комитет Палаты, состоящий из Томаса Л. Чэдбурна (контакт профессора Ломоносова), Кларенса М. Вулли и Джона Фостера Даллеса представил Государственному департаменту меморандум, настаивающий на рассмотрении путей и средств "для установления более тесных и дружеских коммерческих отношений между США и Россией". Палата рекомендовала направить в Россию миссию, и снова поставила вопрос, должна ли эта миссия быть результатом приглашения Советского правительства.

Затем, 10 июня, М.А. Оудин, управляющий внешними связями компании "Дженерал Электрик", выразил мнение о России и явно одобрил "конструктивный план экономической помощи" России [Ibid.]. В августе 1918 года Сайрус МакКормик из компании "Интернэшнл Харвестер" написал Бэзилу Майлсу в Государственный департамент и похвалил программу президента по России, которая, по мнению МакКормика, была бы "золотой возможностью" [Ibid., 861.00/2002].

Как видим, в середине 1918 года определенный сегмент американского бизнеса — явно готовый открыть торговлю с СССР — осуществлял согласованные действия, чтобы извлечь выгоду из своего привилегированного положения в отношении Советов.

Германия и США борются за бизнес в России

В 1918 году такая помощь только что появившемуся большевицкому режиму была оправданной ради победы над Германией и недопущения ее к эксплуатации России. Этот аргумент использовали У.Б. Томпсон и Раймонд Робине, направляя в 1918 году группы большевицких революционеров и пропагандистов в Германию. Этот аргумент также использовал Томпсон и в 1917 году, совещаясь с премьер-министром Ллойд Джорджем об оказании британской поддержки зарождавшемуся большевицкому режиму. В июне 1918 года посол Фрэнсис и его сотрудники вернулись из России и настоятельно рекомендовали президенту Вильсону "признать Советское правительство России и помочь ему" [Ibid., M 316-18-1306]. Об этих отчетах персонала посольства Государственному департаменту произошла утечка информации в прессу, которая широко их освещала, заявляя, прежде всего, что задержка с признанием Советского Союза пойдет на пользу Германии "и поможет германским планам укрепить реакцию и контрреволюцию" [Ibid.]. В поддержку такого предложения приводились преувеличенные статистические данные, например, что советское правительство представляет 90 % русских людей, "а другие 10 % — это бывшие собственники и правящий класс... Естественно, они недовольны" [Ibid.]. Цитировался бывший американский государственный служащий, который сказал: "Если мы ничего не сделаем, то есть, если мы позволим делам идти своим чередом, то мы поможем ослабить российское правительство. А это будет на руку Германии" [Ibid.]. Итак, было рекомендовано, что большую помощь сможет оказать "комиссия, оснащенная кредитом и хорошими деловыми советами".

А тем временем экономическая ситуация в России стала критической, и перед коммунистической партией с ее плановиками встала неизбежность объятий с капитализмом. Ленин выкристаллизовал свою уверенность в этом перед X Съездом Российской коммунистической партии в следующих словах:

"Удержать же пролетарскую власть в стране, неслыханно разоренной, с гигантским преобладанием крестьянства, так же разоренного, без помощи капитала, — за которую, конечно, он сдерет сотенные проценты, — нельзя. Это надо понять. И поэтому — либо этот тип экономических отношений, либо ничего" [**В.И. Ленин. Доклад X Съезду Российской коммунистической партии (большевиков), 15 марта 1921 г. (Перед цитированным отрывком Ленин аргументировал свое предложение так: "Пока революции нет в других странах, мы должны были бы вылезать десятилетиями, и тут не жалко сотнями миллионов, а то миллиардами поступиться из наших необъятных богатств, из наших богатых источников сырья, лишь бы получить помощь крупного передового капитализма. Мы потом с лихвой себе вернем. Удержать же…" — и далее по тексту. Цитата приведена по: Ленин В.И. Полн. собр. соч., 5-е изд., т. 43, с. 68. — Прим. ред. "РИ".)**].

Затем Лев Троцкий якобы сказал: "Что нам здесь нужно, так это организатор наподобие Бернарда М. Баруха" [William Reswick. *I Dreamt Revolution* (Chicago: Henry Regnery, 1952), p. 78.].[28]

Осознание Советами приближающегося краха экономики вело к тому, что американский и германский бизнес был привлечен возможностью эксплуатации русского рынка посредством продажи необходимых товаров; немцы, фактически, начали это еще в 1918 году. Первые сделки, заключенные Советским бюро в Нью-Йорке, показывают, что предшествовавшая американская финансовая и моральная поддержка большевиков была оплачена в форме контрактов.

Крупнейший заказ в 1919–1920 годах получили чикагские изготовители мясных консервов "Моррис & Ко." — на 50 миллионов фунтов пищевых продуктов стоимостью около 10 миллионов долларов. Семья Моррисов была родственниками семьи Свифтов. Хелен Свифт, позже связанная с центром "Единство" имени Авраама Линкольна, была замужем за Эдвардом Моррисом (из фирмы по производству мясных консервов) и, кроме того, была сестрой Харольда Х.

---

[28] Барух, Бернард (1870–1965) — крупный финансист; в 1916 г. президент Вильсон назначил его "председателем Комитета военной промышленности... уполномоченным провести мобилизацию американского военного хозяйства", т. е. распределять госзаказы и прибыли от них. "После 1-й мировой войны работал в Высшем экономическом совете Версальской конференции и был личным экономическим советником президента Вильсона. С тех пор все президенты США пользовались услугами Баруха как советника... Себя он считал прежде всего американцем, и лишь затем евреем" (Краткая еврейская энциклопедия. Иерусалим. 1976. Т. 1, с. 301). — Прим. ред. "РИ".

Свифта, "майора" в миссии Красного Креста в России в 1917 году под руководством Томпсона.

Людвиг Мартене был ранее вице-президентом компании "Вайнберг & Познер", расположенной по адресу: Нью-Йорк, Бродвей 120, и эта фирма получила заказ на 3 миллиона долларов.

Контракты, заключенные в 1919 году Советским бюро с американскими фирмами

Дата контракта / Фирма

7.07.19 — Милуоки Шейпер *

30.07.19 — Кемпсмит Мфг. *

10.05.19 — Ф.Майер Бут & Шу *

08.19 — Стил соул ту & Ко *

23.07.19 — Элин Берлоу, Н-Й

24.07.19 — Фишманн & Ко

29.09.19 — Вайнберг & Познер

27.10.19 — Лехай-Машин Ко.

22.10.20 — Моррис & Ко., Чикаго

* Позже контракты заключались через компанию "Боброфф Форин Трейд энд Инжиниринг", Милуоки.

Проданные товары / Стоимость в $

Машины — 45.071

Машины — 97.470

Обувь — 1.201.250

Обувь — 58.750

Обувь — 3.000.000

Одежда — 3.000.000

Машины — 3.000.000

Типографские станки — 4.500.000

50 млн. фунт. пищевых продуктов — 10.000.000

Источник: Сенат США, "Русская пропаганда", слушания в подкомитете Комитета по внешним связям, 66-й Конгр., 2-я сесс., 1920 г., с. 71.

Советское золото и американские банки

Золото было практически единственным средством, которым Советский Союз мог оплачивать свои иностранные закупки, и международные банки очень хотели облегчить Советам его отправку. Русский экспорт золота, главным образом в виде золотых монет царской чеканки, начался в начале 1920 года в Норвегию и Швецию. Оттуда золото переправлялось в Голландию и Германию для передачи по назначению в другие страны, включая США.

В августе 1920 года партия русских золотых монет была получена банком "Ден Норске Хандельсбанк" в Норвегии в качестве обеспечения платежей за продажу в интересах советского правительства 3000 тонн угля фирмой "Нильс Йуул & Компани" в США. Эти монеты были переданы в "Норгес Банк" для хранения. Монеты проверили, взвесили и установили, что они были отчеканены до начала войны 1914 года и, поэтому, являлись подлинными русскими монетами царской чеканки [U.S. State Dept. Decimal File, 861.51/815.].

Вскоре после этого начального эпизода компания "Роберт Доллар" из Сан-Франциско получила на свой стокгольмский счет золотые слитки, оцениваемые в 39 млн. шведских крон; золото имело штамп старого царского правительства России. Агент компании "Доллар" в Стокгольме обратился к фирме "Америкэн Экспресс" с просьбой переправить золото в США. "Америкэн Экспресс" отказалась это сделать. Необходимо заметить, что Роберт Доллар был директором "Америкэн Интернэшнл Корпорейшн"; таким образом, АИК была связана с первой попыткой ввоза золота в Америку [Ibid., 861.51/836].

В то же самое время сообщалось, что из Ревеля [Таллина] в Балтийское море вышли три корабля с советским золотом, предназначенным для США. Пароход "Гаутод" вез 216 ящиков золота под наблюдением профессора Ломоносова, возвращавшегося в США. Еще 216 ящиков золота под наблюдением трех российских агентов вез пароход "Карл Лайн". На пароход "Рухелева" погрузили 108 ящиков. В каждом ящике было три пуда золота, оценивающегося в 60 тысяч золотых рублей за пуд.

После этого еще одна партия золота была отправлена на пароходе "Вилинг Моулд".

Фирма "Кун, Леб & Ко", явно действовавшая в интересах компании "Гаранта Траст", запросила официальную позицию Государственного департамента в отношении получения советского золота. Департамент в своем ответе выразил озабоченность, так как если отказать в приеме, то "золото, вероятно, попадет в руки Военного департамента, вызвав этим прямую ответственность правительства и усложнение ситуации" [Ibid., 861.51/837, October 4, 1920]. Этот же ответ, подготовленный Мерле Смитом после совещания с Келли и Гилбертом, констатировал, что, если владелец не знает точно о неполном праве владения собственностью,[29] то невозможно отказать в ее приеме. Предполагалось, что США попросят переплавить золото в пробирной палате, и поэтому решено было телеграфировать фирме "Кун, Леб & Ко.", что на ввоз советского золота в США никаких ограничений налагаться не будет.

Золото поступило в нью-йоркскую пробирную палату и было депонировано не фирмой "Кун, Леб & Ко", а нью-йоркской компанией "Гаранта Траст". Последняя затем

---

[29] Видимо, это следует понимать в том смысле, что непризнание большевицкой власти Соединенными Штатами означало ее незаконность и, следовательно, незаконность владения ею всем захваченным в России имуществом, ранее имевшим законных собственников — российские и иностранные, государственные, общественные и частные организации, отдельные лица, а также Церковь. Допуская возможность "незнания"(!) американскими фирмами этого обстоятельства, т. е. разрешая им ввоз в США золота, незаконно отнятого большевиками у прежних собственников, Госдепартамент США вместе с названными фирмами соучаствовал в сбыте награбленного, что карается уголовным законодательством всех стран; см. также послесловие издателя. — Прим. ред. "РИ".

направила запрос в Федеральное резервное управление, которое, в свою очередь, направило в Министерство финансов США запрос о приеме и платежах. Суперинтендант нью-йоркской пробирной палаты информировал Министерство финансов, что золото почти на 7 млн. долларов не имеет идентифицирующих клейм, и что "депонированные слитки уже были переплавлены в слитки монетного двора США". Министерство финансов предложило Федеральному резервному управлению определить, действовала ли компания "Гаранта Траст" "при представлении золота от своего имени или от имени другого лица" и, в частности, "имела ли место какая-либо передача кредита или сделка с валютой в результате ввоза или депонирования золота" [Ibid., 861.51/837, October 24, 1920].

10 ноября 1920 года вице-президент "Гаранта Траст" А. Бретон написал в Министерство финансов заместителю министра Гилберту, пожаловавшись, что его компания не получила от пробирной палаты обычного в таких случаях немедленного аванса за депонирование "желтого металла, оставленного для перевода в валюту". В письме было заявлено, что "Гаранта Траст" получила удовлетворительные гарантии того, что слитки являются продуктом переплавки французских и бельгийских монет, хотя она купила металл в Голландии. В письме содержалась просьба к Министерству финансов ускорить платежи за золото. В ответ Министерство финансов возразило, что оно "не покупает золота, предложенного монетному двору или пробирной палате США, если известно или есть подозрение, что оно советского происхождения", а ввиду имеющихся сведений о продажах Советами золота в Голландию, представленное компанией

"Гаранта Траст" золото считается "сомнительным, учитывая подозрение в его советском происхождении". Компании "Гаранта Траст" предлагалось забрать золото из пробирной палаты в любое время, когда она пожелает, или "представить такие дополнительные доказательства Министерству финансов, Федеральному резервному банку Нью-Йорка или Государственному департаменту, каковые могут потребоваться, чтобы очистить это золото от подозрений в его советском происхождении" [Ibid., 861.51/853, November 11, 1920].

В архивах нет записи об окончательной развязке дела, но можно предположить, что компании "Гаранта Траст" было заплачено за эту партию желтого металла. Этот золотой депозит явно предназначался для осуществления финансового соглашения середины 1920 года между "Гаранта Траст" и советским правительством, по которому компания стала советским агентом в США (см. эпиграф к этой главе).

Позже было установлено, что советское золото шло также и на шведский монетный двор, который "переплавляет русское золото, проводит его количественный анализ и ставит шведское пробирное клеймо по просьбе шведских банкиров или других шведских подданных, являющихся владельцами этого золота" [Ibid., 316–119, 1132]. И в то же самое время Олоф Ашберг, глава "Свенска Экономи А/Б" (советский посредник и филиал "Гаранта Траст"), предлагал "неограниченное количество русского золота" через шведские банки [Ibid., 316-119-785. **Это сообщение содержит больше данных о трансфертах российского золота через другие страны и посредников См. также 316-119-846.**].

Итак, мы можем отметить связь "Америкэн Интернэшнл Корпорейшн", влиятельного профессора Ломоносова, "Гаранта Траст" и Олофа Ашберга (которого мы описали ранее) с первыми попытками ввезти советское золото в США.

Макс Мэй из "Гаранти Траст" становится директором Роскомбанка

Интерес "Гаранти Траст" к Советской России возобновился в 1920 году, что видно из письма от Генри К. Эмери, заместителя управляющего иностранным отделом "Гаранта Траст", Де Витту К. Пулу из Государственного департамента. Письмо написано 21 января 1920 года, всего за несколько недель до того, как Аллен Уолкер, начальник иностранного отдела компании, начал активно заниматься созданием яро антисоветской организации "Объединенные американцы" (см. далее в главе 10). Эмери задавал многочисленные вопросы о юридической основе советского правительства и банковского дела в России и спрашивал, действительно ли советское правительство является в России правительством "де-факто" [Ibid., 861.516/86]. "Красные планируют восстание до 1922 года" [в США], заявляли "Объединенные американцы" в 1920 году, но "Гаранта Траст" начала переговоры с этими красными и действовала как советский агент в США в середине 1920-х годов.

В январе 1922 года министр торговли Герберт Гувер выступил в Государственном департаменте в интересах "Гаранта Траст", которая разработала схему создания валютных отношений с "Новым Государственным банком в Москве". Эта схема, писал Герберт Гувер, "не встретит препятствий, если будет сделана оговорка, что все деньги, поступающие в их владение, должны использоваться для закупок гражданских товаров в США". И утверждая, что такие отношения выглядят как соответствующие общей политике, Гувер добавил: "Может быть, выгоднее организовать эти сделки таким образом, чтобы мы имели представление обо всем процессе в целом вместо разрозненных операций" [Ibid., 861.516/111]. Конечно, такие "разрозненные операции" соответствуют операциям на свободном рынке, но этот подход Герберт Гувер отклонил, предпочитая направлять валюту через определенные и контролируемые источники в Нью-Йорке. Государственный секретарь Чарльз Э. Хьюз выразил неудовлетворение схемой Гувера и "Гаранта Траст", которая, по его мнению, может рассматриваться как признание "де-факто" Советов, а полученные иностранные кредиты могут использоваться в ущерб США [Ibid.]. Государственный департамент направил "Гаранта Траст" ни к чему не обязывающий ответ. Однако, "Гаранта Траст" пошла дальше (при поддержке Герберта Гувера) [Ibid., 861.516/176.] и участвовала в создании первого советского международного банка, а Макс Мэй из "Гаранта Траст" стал начальником иностранного отдела этого нового Роскомбанка [**См. выше**].

ГЛАВА 10

ДЖ. П. МОРГАН СЛЕГКА ПОМОГАЕТ И ДРУГОЙ СТОРОНЕ

> "Я бы не сел обедать с Морганом, возможно, за исключением случая, когда мне нужно было бы узнать что-либо из его мотивов и позиции".
> Уильям Э. Додд, "Дневник посла Додда", 1933–1938.

До сих пор наша история вращалась вокруг одного крупного финансового дома — "Гаранта Траст", крупнейшей в США траст-компании, контролируемой фирмой Дж. П. Моргана. "Гаранта Траст" использовала Олофа Ашберга, большевицкого банкира, в качестве своего посредника в России как до, так и после революции. "Гаранта Траст" была гарантом Людвига Мартенса и его Советского бюро, первых советских представителей в США. А в середине 1920-х годов "Гаранта Траст" была советским финансовым агентом в США; первые отправки советского золота в США также прослеживаются вплоть до "Гаранта Траст".

Однако у этой пробольшевицкой деятельности есть озадачивающая оборотная сторона — "Гаранта Траст" была одним из создателей резко антисоветской организации "Объединенные американцы", которая шумно пугала всех вторжением красных к 1922 году, заявляя, что из советских фондов выделено 20 миллионов долларов для финансирования красной революции, прогнозировала панику на улицах и массовый голод в Нью-Йорке. Эта двойственность ставит, конечно, серьезные вопросы о намерениях "Гаранта Траст" и ее директоров. Сделки с Советами, даже поддержка их, могут быть объяснены мотивом аполитичной жадности или просто прибыли. С другой стороны, распространение пропаганды, рассчитанной на создание страха и паники, при одновременном поощрении условий, которые вызывают страх и панику, является более серьезной проблемой. Она предполагает абсолютное отсутствие морали. Давайте для начала ближе присмотримся к антикоммунистическим "Объединенным американцам".

"Объединенные американцы" созданы для борьбы с коммунизмом [New York Times, June 21, 1919.]

Организация "Объединенные американцы" была создана в 1920 году. Ее членами могли быть только граждане США, их планировалось привлечь 5 миллионов, "единственной целью которых будет борьба с учениями социалистов, коммунистов, движения "Индустриальные рабочие мира", российских организаций и радикальных фермерских обществ".

Другими словами, "Объединенные американцы" должны были бороться со всеми этими организациями и группами, считающимися антикапиталистическими.

Сотрудниками оргкомитета для создания "Объединенных американцев" были Аллен Уолкер из компании "Гаранта Траст", Дэниэл Уиллард, президент компании "Балтимор & Охайо Рейлроуд", Х.Х. Вестингаус из компании "Вестингаус Эйр Брейк" и Отто Х. Кан из фирмы "Кун, Леб & Ко." и "Америкэн

Интернэшнл Корпорейшн". Эти дельцы с Уолл-стрит пользовались поддержкой разношерстных президентов университетов и Ньютона У. Гилберта (бывшего губернатора Филиппин). "Объединенные американцы" явно были, с первого взгляда, именно тем типом организации, который, как ожидается, будут финансировать видные капиталисты, присоединяющиеся к ней. Ее создание не должно было вызвать большого удивления.

С другой стороны, как мы уже видели, эти финансисты были также глубоко вовлечены в поддержку нового советского режима в России, хотя эта поддержка была скрытой и не предавалась огласке в течение 50 лет. Будучи членами организации "Объединенные американцы", Уолкер, Уиллард, Вестингаус и Кан вели двойную игру. Британский социалист Дж. Х. Томас сообщал, что Отто Х. Кан, основатель антикоммунистической организации, имел "лицо, повернутое к свету". Кан написал предисловие к книге Томаса. В 1924 году он обратился к Лиге за промышленную демократию и открыто признал общие цели с этой группой активных социалистов (см. главу 4). Компания "Балтимор & Охайо Рейлроуд" (наниматель Уилларда) активно занималась восстановлением России в 1920-х годах. В год образования организации "Объединенные американцы" Вестингаус имел завод в России, который был освобожден от национализации. А роль "Гаранта Траст" уже была подробно изложена.

"Объединенные американцы" вскрывают "ошеломляющую информацию" о красных

В марте 1920 года "Нью-Йорк Таймс" вынесла на первую полосу подробную сенсационную историю о готовящемся вторжении красных в США в течение ближайших двух лет; это вторжение должно было финансироваться из советских фондов в 20 миллионов долларов, "полученных путем убийства и грабежа российской знати" [Ibid., March 28, 1920.].

Как выяснилось, "Объединенные американцы" подготовили обзор о "деятельности радикалов" в США и сделали это в качестве организации, созданной для "сохранения Конституции США с представительной формой правления и правом индивидуального владения, которое предусматривает Конституция".

Далее этот обзор, как было заявлено, получил поддержку исполнительного совета, "включающего Отто Х. Кана, Аллена Уолкера из компании "Гаранта Траст", Дэниэла Уилларда" и других лиц. В обзоре утверждалось:

"Радикальные левые уверены в осуществлении революции в течение двух лет, начало которой должно быть положено в городе Нью-Йорке общей забастовкой; красные лидеры предсказывали много крови; российское советское правительство выделило 20.000.000 долларов американскому радикальному движению".

Партии советского золота, вывезенного для компании "Гаранта Траст" в середине 1920-х годов (540 ящиков по 3 пуда каждый), стоили примерно 15 миллионов долларов (при цене 20 долларов за тройскую унцию); другие партии золота, направленные через Роберта Доллара и Олофа Ашберга, довели итоговую сумму почти до 20 миллионов долларов. Информация о советском золоте для радикального движения была названа "полностью достоверной" и была "передана в правительство". Красные, как утверждалось, планировали взять Нью-Йорк измором за четыре дня: "Красные рассчитывают на финансовую панику в течение нескольких последующих недель, чтобы помочь своему делу. Паника вызовет нужду среди рабочих и, таким образом, сделает их более восприимчивыми к революционному учению".

Эта публикация "Объединенных американцев" неимоверно завышает число радикалов в США, сначала манипулируя цифрами вроде двух или пяти миллионов и затем установив точно 3.465.000 членов в четырех радикальных организациях. Завершался обзор подчеркиванием возможности кровопролития и упоминал "Скачевского, президента Международной издательской ассоциации, иначе Коммунистической партии, [который] хвастал, что скоро придет время, когда коммунисты полностью разрушат теперешний общественный строй".

Опубликовав отчет без подкрепляющих доказательств, "Объединенные американцы" рассчитывали на запугивание человека с улицы до паники. И наиболее значительным моментом тут, конечно, является то, что это была та же самая группа, которая защищала и субсидировала Советы, фактически помогая им осуществить эти же самые планы.

Выводы об "Объединенных американцах"

Тот ли это случай, когда правая рука не знает, что делает левая? Вероятно, нет. Мы говорим о главах компаний, к тому же очень удачливых компаний. Вероятно, "Объединенные американцы" были уловкой, чтобы отвлечь общественное — и официальное — мнение от тайных усилий, предпринимаемых для получения доступа к российскому рынку.

"Объединенные американцы" являются единственным, известным автору, документально установленным примером организации, помогавшей советскому режиму и в то же время находившейся на переднем крае оппозиции Советам. Но это ни в коем случае не непоследовательный курс действий, и дальнейшие исследования должны, по крайней мере, сосредоточиться на следующих аспектах:

а) Есть ли другие примеры двойной игры влиятельных групп, общеизвестных как правящие круги?

б) Могут ли эти примеры быть распространены на другие сферы? Например, существуют ли доказательства того, что трудовые конфликты были инспирированы этими группами?

в) Что является конечной целью этой двойной тактики? Может ли эта тактика быть связанной с марксистской аксиомой: тезис против антитезиса дают синтез? Здесь загадка: почему марксистское движение "в лоб" атакует капитализм, если целью этого движения является коммунистический мир и если оно полностью приняло диалектику? Ведь если цель — коммунистический мир, то есть, если коммунизм это желаемый синтез, а капитализм — тезис, то антитезисом должно быть что-то отличное от капитализма или коммунизма. Поэтому: может ли капитализм быть тезисом, а коммунизм антитезисом для достижения цели революционных групп и их финансистов — синтезировать эти две системы в какую-то еще неизвестную мировую систему?

Морган и Рокфеллер помогают Колчаку

Одновременно с этими усилиями по поддержке Советского бюро и "Объединенных американцев" фирма Дж. П. Моргана, контролировавшая "Гаранта Траст", предоставляла финансовую помощь одному из главных врагов большевиков — адмиралу Колчаку в Сибири. 23 июня 1919 года конгрессмен Мейсон внес в Палату представителей резолюцию № 132, поручающую Государственному департаменту "провести расследование правдивости... абсолютно всех пресс-отчетов", обвиняющих держателей российских облигаций в оказании влияния, чтобы "удержать американские войска в России" для обеспечения выплаты процентов по российским облигациям. Согласно меморандуму Бэзила Майлса, коллеги Уильяма Ф. Сэндса, конгрессмен Мейсон обвинил некоторые банки в попытках добиться признания адмирала Колчака в Сибири для получения платежей по прежним русским облигациям.

Затем в августе 1919 года государственный секретарь Роберт Лансинг получил от находившегося под влиянием Рокфеллера "Нэшнл Сити Бэнк" письмо, требующее официальных комментариев по предложенному адмиралу Колчаку займу в 5 миллионов долларов, а от фирмы Дж. П. Моргана и других банкиров — еще одно письмо, запрашивающее мнение госдепартамента относительно дополнительного займа в 10 миллионов фунтов стерлингов Колчаку со стороны консорциума британских и американских банкиров [U.S. State Dept. Decimal File, 861.51/649.].

Госсекретарь Лансинг информировал банкиров, что США не признали Колчака и, хотя готовы оказывать ему помощь, "Департамент не считал бы, что он может принять на себя ответственность за поощрение таких переговоров, но что тем не менее, кажется, нет возражений против займа, при условии, что банкиры сочтут его необходимым" [Ibid., 861.51/675.].

Впоследствии, 30 сентября, Лансинг информировал генерального консула США в Омске, что "заём с тех пор идет своим чередом" [Ibid., 861.51/656.]. Две пятых взяли на себя британские банки, а три пятых — американские. Две трети от общей суммы должны были быть потрачены в Великобритании и США, а остающаяся одна треть — там, где захочет правительство Колчака. Заём был обеспечен российским золотом (Колчака), которое было отправлено в Сан-Франциско.[30] Совпадение во времени с

---

[30] Летом 1918 г. белым войскам удалось овладеть почти всем золотым запасом дореволюционной России (сосредоточенным в годы войны в Казани) — многими сотнями тонн золота, платины, серебра, драгоценностей на фантастическую сумму в 1 миллиард 300 миллионов золотых рублей (в ценах 1914 г.). Именно поэтому фирмы Уолл-стрита решили поставлять Белой армии в Сибири необходимое снаряжение в обмен на это золото — разумеется, с огромной выгодой для себя. Вот в чем заключалось "финансирование" Уолл-стритом Колчака, упоминаемое Э. Саттоном; о какой-либо "помощи" тут говорить не приходится. Обладание столь огромными средствами давало также возможность финансирования и других белых армий — все они признали Колчака верховным главнокомандующим.
Американские же войска были посланы в Сибирь в 1918 г. для воссоздания вместе с чехословаками (бывшими пленными из австрийской армии) восточного фронта против Германии. После капитуляции Германии началась их эвакуация на Дальний Восток. Как позже писал сам Саттон, США тогда оказывали явную поддержку большевикам вооружением и удерживали транссибирскую магистраль для большевиков, чтобы ее не захватили японцы: "американская интервенция имела мало общего с антибольшевицкой деятельностью... Советы были благодарны за американскую помощь" (Sutton A. How the Orden Creates War and Revolution. USA. 1984. P. 41–43, 51). Представительство стран Антанты при Колчаке выдало его на смерть красным. В результате основная часть золотого запаса вновь досталась большевикам в Иркутске; много ценностей увезли чехи, отняв для этого у

вышеописанным советским экспортом золота заставляет предположить, что сотрудничество с Советами в продаже золота определилось сразу же после соглашения о займе Колчаку.[31]

Продажа золота Советами и заём Колчаку также наводят на мысль, что заявление Кэрролла Куигли о проникновении интересов Моргана в ряды американских левых сил касается также иностранных революционных и контрреволюционных движений. Лето 1919 года было временем, когда советские войска терпели поражение в Крыму и на Украине, и эта мрачная картина могла побудить британских и американских банкиров установить хорошие отношения с антибольшевицкими силами. Объясняется это очевидным желанием иметь связи во всех лагерях и, таким образом, оказаться в благоприятном положении для ведения переговоров о концессиях и сделках после успеха революции или контрреволюции и стабилизации нового правительства. Так как результат любого конфликта нельзя знать с самого начала, идея заключается в том, чтобы делать большие ставки на всех лошадей в этих революционных скачках. Таким образом, помощь оказывалась, с одной стороны — Советам, а с другой — Колчаку, тогда как британское правительство поддерживало Деникина на Украине, а

Белой армии все поезда и обрекая ее на гибель; около 150 тонн золота было вывезено в Японию (и в США — судя по сообщению Саттона) в уплату за заказанное, но так и не полученное снаряжение. (См. Котомкин А. О чехословацких легионерах в Сибири. Париж. 1930; Латышев И. Как Япония похитила российское золото. М, 1996.). — Прим. ред. "РИ".

[31] Как показано в этой главе, решение о "займе" Колчаку в обмен на золото приходится на август-сентябрь 1919 года. Экспорт же большевиками царского золота, как пишет Э. Саттон в предыдущей главе, "начался в начале 1920 года". Это значит, в основном — после возвращения большевиками государственного золотого запаса в Иркутске в январе-феврале 1920 г. — Прим. ред. "РИ".

французское правительство пришло на помощь полякам.

Осенью 1919 года берлинская газета "Берлинер Цейтунг ам Миттаг" (8 и 9 октября) обвинила фирму Моргана в финансировании Западного русского правительства и воюющих с большевиками русско-германских сил на Балтике — и те, и другие были союзниками Колчака. Фирма Моргана резко отрицала обвинение: "Наша фирма не имела ни дискуссий, ни встреч с Западным русским правительством или с кем-то, представляющим его" [Ibid., 861.51/767 — **письмо от Дж. П. Моргана в Государственный департамент от 11 ноября 1919 г. Само финансирование было мистификафией (см. отчет АП в файлах Государственного департамента после письма Моргана).**]. Но если это обвинение в финансировании было неточным, существовали доказательства сотрудничества. Документы, обнаруженные разведкой латвийского правительства среди бумаг полковника Бермондта, командующего Западной добровольческой армией, подтверждают, что "упомянутые отношения существовали между лондонским агентом Колчака и объединением германских промышленников, которые стояли за Бермондтом" [Ibid., 861.51/6172 and /6361.].

Итак, мы знаем, что Дж. П. Морган, Лондон и нью-йоркские банкиры финансировали Колчака. Есть также доказательство, которое ставит Колчака и его армию в связь с другими антибольшевицкими армиями. И, кажется, почти ясно, что промышленные и банковские круги Германии финансировали русскую антибольшевицкую армию на Балтике. Деньги банкиров явно не имеют национального флага.

ГЛАВА 11

АЛЬЯНС БАНКИРОВ И РЕВОЛЮЦИИ

> *"Имя Рокфеллер не означает революционера. Жизнь воспитала во мне тщательность и осторожность, которая граничит с консерватизмом. Я не занимаюсь нечистыми делами..."*
> Джон Д. Рокфеллер III, "Вторая американская революция" (Нью-Йорк, "Харпер & Роу", 1973).

Представленные доказательства: обзор

Доказательства, уже опубликованные Георгием Катковым, Стефаном Поссони и Майклом Футреллом, подтвердили, что возвращение из эмиграции в Россию Ленина и его партии большевиков, за которыми через несколько недель последовало возвращение меньшевиков, финансировалось и было организовано германским правительством [Michael Futrell. *Northern Underground* (London: Faber and Faber, 1963); Stefan Possony. *Lenin: The Compulsive Revolutionary* (London: George Alien & Unwin, 1966); George Katkov. *German Foreign Office Documents on Financial Support to the Bolsheviks in 1917 // International Affairs 32* (Royal Institute of International Affairs, 1956).]. Необходимые средства были частично переведены через "Ниа Банкен" в Стокгольме, который принадлежал Олофу Ашбергу, а двойной целью Германии было: а) выведение России из войны и б) контроль над послевоенными российскими рынками [**Там же, особенно у Каткова.**].

Теперь, не ограничиваясь этой очевидностью, мы пойдем далее, чтобы установить её непрерывную рабочую связь между большевицким банкиром Олофом Ашбергом и контролируемой Морганом компанией "Гаранта Траст" из Нью-Йорка до, во время и после революции в России. В царские времена Ашберг был агентом Моргана в России и вел переговоры о русских займах в США; в 1917 году Ашберг был финансовым посредником революционеров; а после революции он стал главой Роскомбанка, первого советского международного банка, в то время как Макс Мэй, вице-президент контролируемой Морганом "Гаранта Траст", стал директором Роскомбанка и шефом его иностранного отдела. Мы представили документальные доказательства непрерывных рабочих отношений между компанией "Гаранта Траст" и большевиками. Директора "Гаранта Траст" в 1917 году перечислены в Приложении.

Более того, есть доказательство перевода средств от банкиров Уолл-стрита для международной революционной деятельности. Например, существует заявление (подтверждаемое телеграммой) Уильяма Б. Томпсона, директора Федерального резервного банка Нью-Йорка, крупного акционера контролируемого Рокфеллером "Чейз Бэнк" и финансового коллеги Гугенгеймов и Морганов, что он (Томпсон) дал на большевицкую революцию 1 миллион долларов для ведения пропаганды. Еще один пример — Джон Рид, американский член исполкома Третьего Интернационала, которого финансировал и поддерживал Юджин Буассевейн, частный нью-йоркский банкир, и который работал на журнал "Метрополитэн" Гарри П. Уитни. Последний в то время был директором "Гаранта Траст". Мы также установили, что Людвиг Мартене, первый советский "посол" в США, использовал (по мнению шефа британской разведки сэра Бэзила Томпсона) средства компании "Гаранта Траст". Исследуя вопрос финансирования Троцкого в США, мы приходим к германским источникам в Нью-Йорке, которые еще нужно определить. И хотя мы не знаем точных германских источников средств Троцкого, мы знаем, что фон Павенштедт, главный кассир германских шпионов в США, также был старшим партнером в фирме "Амсинк & Ко.". Эта фирма принадлежала вездесущей "Америкэн Интернэшнл Корпорейшн", также контролируемой Дж. П. Морганом.

Кроме того, фирмы Уолл-стрита, включая "Гаранта Траст", были связаны во время войны с революционной деятельностью Каррансы и Вильи в Мексике. Мы также выявили документальные доказательства, касающиеся финансирования синдикатом Уолл-стрита революции Сунь Ят-сена в Китае в 1912 году, революции, которая сегодня превозносится китайскими коммунистами как предвестница революции Мао. Чарльз Б. Хилл, нью-йоркский юрист, который вел переговоры с Сунь Ят-сеном от имени этого синдиката, был директором в трех дочерних фирмах компании "Вестингаус", и мы выяснили, что Чарльз Р. Крейн из компании "Вестингаус" в России был причастен к российской революции.

Совершенно оставляя в стороне финансы, мы установили и другое, возможно более существенное доказательство вовлеченности Уолл-стрита в дело большевиков. Миссия американского Красного Креста в

России была частным предприятием У. Б. Томпсона, который публично предложил горячую поддержку большевикам. Доступные сейчас документы британского военного кабинета вскрывают, что британская политика была ориентирована на режим Ленина-Троцкого в результате личного обращения Томпсона к Ллойд Джорджу в декабре 1917 года. Мы приводили заявления директора Томпсона и заместителя председателя Уильяма Лоренса Саундерса из Федерального резервного банка Нью-Йорка в поддержку большевиков. Джон Рид не только финансировался с Уолл-стрита, но имел постоянную поддержку своей деятельности, доходящую даже до обращения в Государственный департамент, от Уильяма Фрэнклина Сэндса, исполнительного секретаря "Америкэн Интернэшнл Корпорейшн". В деле об антиправительственной агитации Роберта Майнора есть сильные признаки и некоторые косвенные доказательства того, что полковник Эдвард Хаус приложил руку к освобождению Майнора. Значение дела Майнора заключается в том, что план Уильяма Б. Томпсона по большевицкой революции в Германии был той самой программой, которую Майнор осуществлял до ареста в Германии.

Некоторые международные агенты, например Александр Гомберг, работали на Уолл-стрит и на большевиков. В 1917 году Гомберг был представителем американской фирмы в Петрограде, работал на миссию американского Красного Креста Томпсона, стал главным агентом большевиков в Скандинавии, пока его не депортировали из Норвегии, затем стал доверенным помощником Рива Шли из "Чейз Бэнк" в Нью-Йорке, а позже Флойда Одлума из корпорации "Атлас".

Эта деятельность в пользу большевиков исходила, по большей части, из одного адреса: Нью-Йорк, Бродвей 120. Доказательство этого было намечено в общих чертах, но не приводилось какой-либо решающей причины этой необычной концентрации по одному адресу, за исключением того, что там, кажется, разделяли иностранный вариант мысли Кэрролла Куигли по проникновению Дж. П. Моргана в ряды местных левых сил: Морган также проник и в ряды международных левых.

На Бродвее 120 располагался Федеральный резервный банк Нью-Йорка. Средством для этой пробольшевицкой активности была "Америкэн Интернэшнл Корпорейшн" — тоже на Бродвее 120. Всего через несколько недель после начала революции государственный секретарь Роберт Лансинг запрашивал мнение АИК о большевицком режиме, и Сэндс, исполнительный секретарь АИК, едва мог сдержать свой энтузиазм в отношении большевиков. Людвиг Мартене, первый советский посол, был вице-президентом компании "Вайнберг & Познер", которая также располагалась на Бродвее 120. Компания "Гаранта Траст" находилась рядом, на Бродвее 140, но на Бродвее 120 была компания "Гаранта Секьюритиз". В 1917 году на Бродвее 120 находилась компания "Хант, Хилл & Беттс", и Чарльз Б. Хилл из этой фирмы был посредником в сделках с Сунь Ят-сеном. Компания "Джон МакГрегор Грант", которая финансировалась Олофом Ашбергом в Швеции и "Гаранта Траст" в США и которая числилась в черных списках военной разведки, располагалась по тому же адресу: Бродвей 120. Гугенгеймы и исполнительное ядро фирмы "Дженерал Электрик" (также представленные в АИК) находились на Бродвее 120. Поэтому вряд ли можно считать удивительным, что

Клуб банкиров также располагался на последнем (35-м) этаже здания на Бродвее 120.

Важно, что поддержка большевиков не прекращалась и после революции; так что эту поддержку нельзя полностью объяснить условиями войны с Германией. Американо-русский синдикат, образованный в 1918 году для получения концессий в России, поддерживали круги Уайта, Гугенгейма и Синклера. Директорами компаний, контролируемых этими тремя финансистами, были Томас У. Ламонт ("Гаранта Траст"), Уильям Бойс Томпсон (Федеральный резервный банк) и наниматель Джона Рида Гарри Пейн Уитни ("Гаранта Траст"). Это дает весомые основания предположить, что синдикат был образован, чтобы рассчитаться за прежнюю поддержку дела большевиков в период революции. И затем мы обнаружили, что "Гаранта Траст" оказывала финансовую поддержку Советскому бюро в Нью-Йорке в 1919 году.

Первый, действительно конкретный сигнал об оплате прежней политической и финансовой поддержки поступил в 1923 году, когда Советы создали свой первый международный банк — Роскомбанк. Коллега Моргана Олоф Ашберг стал номинальным главой этого советского банка; Макс Мэй, вице-президент компании "Гаранта Траст" — его директором, и Роскомбанк быстро назначил "Гаранта Траст" своим агентом в США.

Объяснение союза нечестивых

Каким же мотивом объясняется эта коалиция капиталистов и большевиков?

Россия была тогда и является сегодня крупнейшим нетронутым рынком в мире. Более того, Россия, тогда и сейчас, представляет наибольшую угрозу потенциальной конкуренции для американского промышленного и финансового господства. (Достаточно одного взгляда на карту мира, чтобы понять географическую разницу между огромной земельной массой России и значительно меньшими Соединенными Штатами.) Уолл-стрит наверняка пробирала холодная дрожь, когда он думал о России как о втором, наряду с Америкой, промышленном гиганте.

Но зачем позволять России стать конкурентом и вызовом американскому господству? В конце XIX века Морган, Рокфеллер и Гугенгейм продемонстрировали свои монополистические наклонности. В книге "Железные дороги и регулирование, 1877–1916" Габриэль Колко показал, как владельцы железных дорог, а не фермеры, хотели государственного контроля за железными дорогами, чтобы сохранить свою монополию и устранить конкуренцию. Поэтому, простейшим объяснением нашего доказательства является то, что синдикат финансистов с Уолл-стрита расширил свои монопольные амбиции до глобального масштаба. Гигантский российский рынок надлежало захватить и превратить в техническую колонию, которая будет эксплуатироваться немногими мощными американскими финансистами и подконтрольными им корпорациями. То, чего Комиссия по торговле между штатами и Федеральная комиссия по торговле, всецело находящиеся в руках американских промышленников, смогли достигнуть для них у себя в стране, — того же может достичь для них за границей правительство планового социализма, с учетом надлежащей поддержки и стимулов от Уолл-стрита и Вашингтона.

В заключение, пусть это объяснение кажется слишком радикальным, вспомним, что именно Троцкий брал царских генералов для укрепления Красной армии, именно Троцкий призывал американских официальных лиц контролировать революционную Россию и выступать в интересах Советов, именно Троцкий сначала подавил свободомыслящий элемент в российской революции, а затем рабочих и крестьян. При этом официальная история полностью игнорирует 700-тысячную армию "зеленых", состоявшую из бывших большевиков, разгневанных предательством революции, и эта армия воевала и с белыми, и с красными. Другими словами, мы предполагаем, что большевицкая революция была союзом политиков: политиков-революционеров и политиков-финансистов, объединившихся против истинно революционных свободомыслящих элементов России [**См. также:** Voline (V.M. Eichenbaum). Nineteen-Seventeen: The Russian Revolution Betrayed (New York: Libertarian Book Club, n.d.). **(С нашей точки зрения, Э. Саттон слишком идеализирует "зеленых" — часто это были банды анархистов, уголовников, самостийников, руководствовавшихся местными эгоистичными, даже личными, но не общегосударственными целями — однако это отдельный вопрос, проистекающий из общего оправдания американским автором "свободолюбивой революции" против российской монархии; см. также послесловие издателя. — Прим. ред. "РИ".)**].

Теперь у читателей должен возникнуть вопрос: не были ли эти банкиры тайными большевиками? Конечно, нет. Финансисты не имели идеологии. Было бы большой ошибкой предполагать, что помощь большевикам была идеологически мотивирована в любом узком смысле.

Финансисты имели один мотив — власть — и поэтому помогали любому политическому инструменту, который обеспечил бы им доступ к власти: будь то Троцкий, Ленин, царь. Колчак, Деникин — все они получали помощь в большей или меньшей степени. Все, кроме тех, которые хотели общества, истинно свободного для индивидуума.

Помощь не ограничивалась политиками-большевиками и политиками-антибольшевиками. Джон П. Диггинс в книге "Муссолини и фашизм: Взгляд из Америки" [John P. Diggins. Mussolini and Fascism: The View from America (Princeton, NJ.: Princeton University Press. 1972.] заметил в отношении Томаса Ламонта из "Гаранта Траст":

"Из всех лидеров американского бизнеса тем, кто наиболее энергично поощрял дело фашизма, был Томас У. Ламонт. Глава мощной банковской сети Дж. П. Моргана, Ламонт служил правительству фашистской Италии в качестве чего-то вроде консультанта по бизнесу".

В 1926 году Ламонт получил для Муссолини заём в 100 миллионов долларов — в особенно трудное для итальянского диктатора время. Мы можем также вспомнить, что этот директор "Гаранта Траст" был отцом американского коммуниста Корлисса Ламонта. Этот одинаковый подход к однотипным тоталитарным системам, коммунизму и фашизму, не был привилегией только семьи Ламонтов. Например, Отто Кан, директор "Америкэн Интернэшнл Корпорейшн" и фирмы "Кун, Леб & Ко.", был уверен, что "американский капитал, инвестированный в Италии, найдет безопасность, поощрение, возможности и вознаграждение" [Ibid., p. 149.]. Это тот самый Отто Кан, который в 1924 году внушал социалистической Лиге промышленной демократии, что ее цели являются его целями [**См. эпиграф к главе 4.**]. Различие было только — по словам Отто Кана — в средствах для достижения этих целей.

Айви Ли, человек Рокфеллера по связям с общественностью, делал перед доверчивой американской публикой схожие заявления и был ответствен за восхваление советского режима в конце 1920-х годов. Мы также видели, что Бэзил Майлс, заведующий русским отделом в Государственном департаменте и бывший коллега Уильяма Франклина Сэндса, оказывал решительную поддержку бизнесменам, ведущим дела с большевиками, а в 1923 году тот же Майлс написал профашистскую статью "Чернорубашечники и бизнес в Италии" [Nation's Business, February 1923, pp. 22–23.]. "Успех фашистов является выражением молодости Италии", — писал Майлс, прославляя фашистское движение и аплодируя его уважению к американскому бизнесу.

План "Марбург"

План "Марбург", финансируемый из обширного наследства Эндрю Карнеги, был подготовлен в начале XX века. Он свидетельствует о преднамеренности этого типа кажущейся шизофрении, которая на самом деле маскирует цельную программу приобретения власти: "Если бы Карнеги с его неограниченным богатством, международные финансисты и социалисты могли бы организоваться в движение, чтобы подчинить своей воле образование Лиги для принудительного установления мира" [Jennings C. Wise. Woodrow Wilson: Disciple of Revolution (New York: Paisley Press, 1938), p. 45.].

Правительства всех стран земли, по плану "Марбург", должны быть социализированы, тогда как конечная власть будет оставаться в руках международных финансистов "для контроля за советами и принудительного установления мира, [и таким образом] создания специфического средства от всех политических болезней человечества" [Ibid., p. 46.].

Эта идея была связана с другими элементами, имеющими сходные цели. Лорд Мильнер в Англии дает трансатлантический пример банковских интересов, признающих достоинства и возможности марксизма. Мильнер был банкиром, влиятельным в британской политике военного времени, и симпатизировал марксизму [**См. эпиграф к главе 6.**]. В 1903 году в Нью-Йорке был основан социалистический клуб "X". Среди его членов были не только коммунист Линкольн Стеффенс, социалист Уильям Инглиш Уоллинг и коммунистический банкир Моррис Хиллквит, но и Джон Дьюи, Джеймс Т. Шотуэлл, Чарльз Эдвард Расселл и Руфус Уикс (вице-президент нью-йоркской компании "Лайф Иншуренс"). На годовом заседании Экономического клуба в отеле "Астор" в Нью-Йорке также выступали социалисты. В 1908 году, когда А. Бартон Хепберн, президент банка "Чейз Нэшнл", был президентом Экономического клуба, главным оратором был вышеупомянутый Моррис Хиллквит, который "имел обширные возможности проповедовать социализм перед собранием, которое представляло богатство и финансовые интересы" [Morris Hillquit. **Loose Leaves from a Busy Life** (New York: Macmillan, 1934), p. 81.].

Из этих невероятных семян выросло современное интернационалистическое движение, в которое входили не только финансисты Карнеги, Пауль Варбург, Отто Кан, Бернард Барух и Герберт Гувер, но и Фонд Карнеги и его детище — "Международное примирение". Попечители из Фонда Карнеги выделялись, как мы видели, в совете "Америкэн Интернэшнл Корпорейшн". В 1910 году Карнеги пожертвовал 10 миллионов долларов на основание Фонда Карнеги для международного мира, и в совете попечителей были Элиху Рут (миссия Рута в Россию, 1917), Кливленд Х. Додж (обеспечивал финансовую поддержку президенту Вильсону), Джордж У. Перкинс (партнер Моргана), Дж. Дж. Балч (АИК и фирма "Амсинк"), Р.Ф. Херрик (АИК), Х.У. Притчетт (АИК) и другие магнаты Уолл-стрита. Вудро Вильсон подпал под мощное слияние этой группы интернационалистов, ибо был обязан им деньгами. Как писал Дженнингс К. Уайс: "Историки никогда не должны забывать, что Вудро Вильсон... обеспечил Льву Троцкому возможность въехать в Россию с американским паспортом" [**Wise. op. cit., p. 647.**].

Но и Лев Троцкий также утверждал себя как интернационалист. Мы отметили его небезынтересные интернационалистические связи на высоком уровне в Канаде. Троцкий не был тогда ни прорусским, ни просоюзническим, ни прогерманским деятелем, как многие пытались его выставить. Троцкий был за мировую революцию, за всемирную диктатуру; одним словом, он был интернационалист [**Leon Trotsky. The Bolsheviki and World Peace (New York: Boni & Liveright, 1918).**]. Тогда у большевиков и банкиров была эта существенная общая платформа — интернационализм. Революция и международные финансы не так уж противоречат друг другу, если в результате революции должна установиться более централизованная власть. Международные финансы предпочитают иметь дело с централизованными правительствами. Банковское сообщество меньше всего хочет свободной экономики и децентрализованной власти, так как это распыляет власть.

Итак, вот искомое объяснение, которое соответствует нашим доказательствам. Эта группа банкиров и торговцев акциями не была ни большевицкой, ни коммунистической, ни социалистической, ни демократической, ни даже американской. Превыше всего эти люди желали рынков, то есть захваченных ими международных рынков и своей монополии на мировом рынке как конечной цели. Они желали рынков, которые могли бы эксплуатировать монопольно, не боясь конкуренции со стороны русских, немцев или кого-то еще, включая американских бизнесменов за пределами их избранного круга. Эта замкнутая группа была аполитичной и аморальной. В 1917 году она имела прямую цель — захватить русский рынок; и все это представлялось под интеллектуальным прикрытием некоей лиги для установления мира.

И Уолл-стрит действительно достиг своей цели. Американские фирмы, контролируемые этим синдикатом, позже пошли дальше и строили Советский Союз, а сегодня уверенно идут по пути введения советского военно-промышленного комплекса в эру компьютеров.

Сегодня их цель все еще жива и действует. Джон Д. Рокфеллер излагает ее в своей книге "Вторая американская революция", на титульном листе которой красуется пятиконечная звезда [**В мае 1973 г. банк "Чейз Манхэттен" (председатель Дэвид Рокфеллер) открыл свое представительство в Москве по адресу:**

площадь Карла Маркса, 1. Контора в Нью-Йорке находится по адресу: Чейз манхеттен плаза, 1.].[32] Эта книга содержит голословный призыв к гуманизму, то есть призыв, что нашим первым делом должна быть работа ради других. Иначе говоря, призыв к коллективизму. Гуманизм это коллективизм. Однако стоит отметить, что Рокфеллеры, которые продвигали эту гуманистическую идею в течение века, так и не передали СВОЮ собственность другим. Поэтому в их рекомендации можно предположить тот скрытый смысл, что мы все работаем на Рокфеллеров. Книга Рокфеллера проводит идею коллективизма под маской "осторожного консерватизма" и "общественного блага". В действительности же это призыв к продолжению прежней поддержки Морганом-Рокфеллером коллективистских предприятий и массового уничтожения индивидуальных прав.

Таким образом, "общественное благо" использовалось и используется сегодня в качестве средства и предлога для самовозвеличивания избранного круга, который призывает к миру во всем мире и к человеческой порядочности. Но до тех пор, пока читатель рассматривает всемирную историю сквозь призму непримиримого марксистского противоречия между капитализмом и коммунизмом, цели описанного альянса между международными финансами и интернационалистической революцией остаются скрытыми для понимания. То же самое можно было бы сказать и о "содействии общественному благу" ворами и грабителями. А если эти альянсы все еще остаются для читателя непонятными, то он должен подумать над тем очевидным фактом, что те же самые международные

---

[32] О значении пятиконечной звезды (пентаграммы) см. в послесловии издателя. — Прим. ред. "РИ".

дельцы и их аппарат всегда хотели определять, что должны делать другие люди, но явно не хотели быть первыми в очереди, чтобы отдать свое собственное богатство и власть. Их уста открыты, но карманы закрыты.

Этот метод, используемый монополистами для обмана общества, в начале XX столетия был изложен Фредериком К. Хоувом в книге "Признания монополиста" [Frederick C. Howe. *Confessions of a Monopolist* (Chicago: Public Publishing, n.d.).]. Прежде всего, говорит Хоув, политика является необходимой частью бизнеса. Для контроля над промышленностью необходимо контролировать Конгресс и законодателей, чтобы таким образом заставить общество работать на тебя, монополиста. Поэтому двумя принципами удачливого монополиста, по мнению Хоува, являются: "Во-первых, дай обществу работать на тебя, и во-вторых, делай бизнес из политики" [Ibid.]. Это, писал Хоув, основные "правила большого бизнеса".

Существуют ли какие-нибудь доказательства того, что эта всеохватная цель была также известна Конгрессу и ученому миру? Разумеется, возможность этого была известна и известна широко. Например, давая показания в Овермановском комитете Сената, Альберт Рис Вильямс, хитрый комментатор революции, говорил: "...вероятно, это правда, что при советском правительстве промышленная жизнь будет развиваться намного медленнее, чем при обычной капиталистической системе. Но почему великая индустриальная страна, наподобие Америки, должна желать создания и последующей конкуренции другого великого промышленного соперника? Не согласуются ли интересы Америки в этом отношении с медленным темпом развития, который проектирует для себя Советская Россия?

Сенатор Уолкотт: Значит Ваш аргумент заключается в том, что в интересах Америки, чтобы Россия была угнетенной?

Г-н Вильямс: Не угнетенной...

Сенатор Уолкотт: Вы так сказали. Почему должна Америка желать, чтобы Россия стала ее промышленным конкурентом?

Г-н Вильямс: Это с капиталистической точки зрения. В целом Америка не заинтересована, я думаю, в возникновении на рынке еще одного великого промышленного соперника, наподобие Германии, Англии, Франции и Италии. Я думаю, другое правительство в России, не советское, вероятно, увеличило бы темп или скорость развития России, и мы бы имели еще одного соперника. Конечно, это аргументация с капиталистической точки зрения.

Сенатор Уолкотт: Итак, Вы представляете здесь аргумент, который, по Вашему мнению, может иметь привлекательность для американского народа, причем Ваша точка зрения такова, что если мы признаем советское правительство России в его теперешнем виде, мы признаем правительство, которое не сможет конкурировать с нами в промышленности в течение многих лет?

Г-н Вильямс: Это факт.

Сенатор Уолкотт: Значит Ваш аргумент в том, что при советском правительстве Россия будет не в состоянии, по крайней мере в течение многих лет, приблизиться к Америке по промышленному развитию?

Г-н Вильямс: Абсолютно так" [U.S., Senate. Bolshevik Propaganda, hearings before a subcommittee of the Committee on the Judiciary, 65th Cong., pp. 679-80. **См. также в главе 6 данной книги о роли Вильямса в Пресс-бюро Радека.**].

В этом откровенном заявлении Альберта Риса Вильямса[33] содержится основной ключ для пересмотра толкования российской истории на протяжении последней половины столетия.

Уолл-стрит, или скорее комплекс Моргана-Рокфеллера, представленный на Бродвее 120 и Уолл-стрит 14, руководствовался чем-то очень близким к аргументации Вильямса. Уолл-стрит вступил в Вашингтоне в битву за большевиков — и выиграл. Советский тоталитарный режим выжил. В 1930-х годах иностранные фирмы, главным образом из группы Моргана-Рокфеллера, выполняли пятилетние планы. Они продолжали строить Россию как в экономическом, так и в военном отношении [См.: Antony C. Sutton. *Western Technology and Soviet Economic Development*, 3 vols. (Stanford. Calif.: Hoover Institution, 1968, 1971, 1973); **см. также**: National Suicide: Military Aid to the Soviet Union (New York: Arlington House, 1973).]. С другой стороны,

---

[33] С советском издании "Десяти дней, которые потрясли мир" содержится такая редакционная справка об авторе этого признания: "Альберт Рис Вильямс — друг Джона Рида, видный американский прогрессивный деятель и публицист; автор нескольких книг о борьбе трудящихся за социализм" (М. 1957, с. 165). — Прим. ред. "РИ".

Уолл-стрит, вероятно, не предвидел ни Корейской войны, ни Вьетнамской войны, в которых 100.000 американцев и бесчисленное число наших союзников потеряли свои жизни от советского оружия, изготовленного по той же самой импортированной из США технологии. Что казалось Уолл-стритовскому синдикату дальновидной и несомненно прибыльной политикой, стало кошмаром для миллионов за пределами избранного влиятельного круга и правящего класса.

ПРИЛОЖЕНИЯ

ДИРЕКТОРА КРУПНЫХ БАНКОВ, ФИРМ И УЧРЕЖДЕНИЙ, УПОМЯНУТЫХ В ЭТОЙ КНИГЕ (В 1917–1918 ГОДАХ)

AMERICAN INTERNATIONAL CORPORATION (120 Broadway)

["Америкэн Интернэшнл Корпорейшн"]

J. Ogden Armour
G.J. Baldwin
C.A. Coffin
W.E. Corey
Robert Dollar
Pierre S. du Pont Philip
A.S. Franklin
J.P. Grace
R.F. Herrick
Otto H. Kahn
H.W. Pritchett
Percy A. Rockefeller
John D. Ryan
W.L. Saunders
J.A. Stillman
C.A. Stone
T.N. Vail
F.A. Vanderlip
E.S. Webster
A.H. Wiggin
Beckman Winthrop
William Woodward
D.C. Jackling
E.R. Tinker

A.H. Wiggin
John J. Mitchell
Guy E. Tripp

CHASE NATIONAL BANK

["Чейз Нэшнл Бэнк"]

J.N. Hill
A.B. Hepbum
S.H. Miller
C.M. Schwab
H. Bendicott
Newcomb
Carlton

EQUITABLE TRUST COMPANY (37–43 Wall Street)

["Экуитабл Траст Компани"]

Charles B. Alexander
Albert B. Boardman
Robert C. Dowry
Howard E. Cole
Henry E. Cooper
Edward T. Jeffrey
Otto H. Kahn
Alvin W. Krech
James W. Lane
Hunter S. Marston
Paul D. Cravath
Franklin Wm. Cutcheon
Bertram Cutler

Thomas de Witt
Cuyler Frederick W. Fuller
Robert Goelet
Carl R. Gray
Charles Hayden
Henry E. Huntington
Charles G. Meyer
George Welwood Murray
Henry H. Pierce
Winslow S. Pierce
Lyman Rhoades
Walter C.Teagle
Henry Rogers
Winthrop Bertram
G. Work

FEDERAL ADVISORY COUNCIL (1916)

[федеральный консультативный совет]

Daniel G. Wing, Бостон, Округ № 1
J.P. Morgan, Нью-Йорк, Округ № 2
Levi L. Rue, Филадельфия, Округ № 3
W.S. Rowe, Цинцинатти, Округ № 4
J.W. Norwood, Гринвилль, Южная Каролина, Округ № 5
C.A. Lyerly, Чаттануга, Округ № 6
J.B. Forgan, Чикаго, президент. Округ № 7
Frank O. Watts, Сент-Луис, Округ № 8
C.T. Jaffray, Миннеаполис, Округ № 9
E.F.Swinney, Канзас-Сити, Округ № 10
T.J. Record, Париж, Округ № 11
Herbert Fleishhacker, Сан-Франциско, Округ № 12

FEDERAL RESERV BANK OF NEW YORK (120 Broadway)

[федеральный резервный банк Нью-Йорка]

William Woodward (1917)
Robert H. Treman (1918) } Класс А
Franklin D.Locke (1919)
Charles A. Stone (1920)
Wm. B. Thompson (1918) } Класс В
L.R. Palmer (1919)
Pierre Jay (1917)
George F. Peabody (1919) } Класс С
William Lawrence Saunders (1920)

FEDERAL RESERVE BOARD

[Федеральное резервное управление]

William G. M'Adoo
Charles S. Hamlin (1916)
Paul M. Warburg (1918)
Adolph C. Miller (1924)
Frederic A. Delano (1920)
W.P.G. Harding (1922)
John Skelton Williams

GUARANTY TRUST COMPANY (140 Broadway)

["Гаранта Траст Компани"]

Alexander J. Hemphill (председатель)
Charles H. Alien

Edgar L. Marston
Grayson M.P. Murphy
A.C. Bedford
Edward J. Berwind
W. Murrey
Crane T. de Witt Cuyler
James B. Duke
Caleb C. Dula
Robert W. Goelet
Daniel Guggenheim
W. Averell Hamman
Albert H. Harris
Walter D. Hines
Augustus D. Julliard
Thomas W. Lament
William C. Lane
Charles A. Peabody
William C. Potter
John S. Runnells
Thomas F. Ryan
Charles H. Sabin
John W. Spoor
Albert Straus
Harry P. Whitney
Thomas E. Wilson

Лондонский комитет:

Arthur J. Fraser (председатель)
Cecil F. Pan-Robert Callander
P.A. Rockefeller
James Stillman
W. Rockefeller
J.O. Armour
J.W. Sterling

J.A. Stillman
M.T. Pyne
E.D. Bapst
J.H. Post
W.C. Procter

NATIONAL CITY BANK

["Нэшнл Сити Бэнк"]

P.A.S. Franklin
J.P. Grace
G.H. Dodge
H.A.C. Taylor
R.S. Lovett
F.A. Vanderlip
G.H. Miniken
E.P. Swenson
Frank Trumbull
Edgar Palmer

NATIONALBANK FUR DEUTSCHLAND

["Национальбанк фюр Дейчланд"]

(на 1914 г., Ялмар Шахт вошел в правление в 1918 г.)

Emil Wittenberg
Hjalmar Schacht
Martin Schiff
Hans Winterfeldt
Th. Marba

Paul Koch
Franz Rintelen

SINCLAIR CONSOLIDATED OIL CORPORATION
(Broadway 120)

["Синклэйр Консолидейтед Ойл Корпорейшн"]

Hany F. Sinclair
H.P. Whitney
Wm. E. Corey
Wm. B. Thompson
James N. Wallace
Edward H. Dark
Daniel C. Jackling
Albert H. Wiggin

J.G. WHITE ENGINEERING CORPORATION

["Дж. Г. Уайт Инжиниринг Корпорейшн"]

J.G. White
Gano Dunn
E.G. Williams
A.S. Crane
H.A. Lardner
G.H. Kinniat
A.F. Kountz
R.B. Marchant
Henry Parsons
A.N. Connett
James Brown
Douglas Campbell

G.C. Clark
Jr. Bayard Dominick
Jr. A.G. Hodenpyi
T.W. Lament
Marion McMillan
J.H. Pardee
G.H. Walbridge
E.N. Chilson
C.E. Bailey

НЕКОТОРЫЕ ДОКУМЕНТЫ ИЗ ПРАВИТЕЛЬСТВЕННЫХ АРХИВОВ США И ВЕЛИКОБРИТАНИИ

Примечание: Некоторые документы состоят из нескольких бумаг, которые образуют связанную между собой группу.

Документ № 1: Телеграмма посла Фрэнсиса из Петрограда в Государственный департамент США и соответствующее письмо от государственного секретаря Роберта Лансинга президенту Вудро Вильсону (17[34] марта 1917 г.).

Документ № 2: Документ британского Министерства иностранных дел (октябрь 1917 г.), утверждающий, что Керенский был на жаловании у германского правительства и помогал большевикам.

Документ № 3: Якоб Шифф из фирмы "Кун, Леб & Ко." и его позиция в отношении режимов Керенского и большевиков (ноябрь 1917 г.).

---

[34] Так у Саттона. — Прим. ред. "РИ".

Документ № 4: Меморандум Уильяма Бойса Томпсона, директора Федерального резервного банка Нью-Йорка, британскому премьер-министру Ллойд Джорджу (декабрь 1917 г.).

Документ № 5: Письмо Феликса Франкфутера советскому агенту Сантери Нуортеве (9 мая 1918 г.).

Документ № 6: Персонал Советского бюро в Нью-Йорке, 1920; список из досье Комитета Ласка штата Нью-Йорк.

Документ № 7: Письмо от банка "Нэшнл Сити" в Министерство финансов США, упоминающее Людвига Мартенса и д-ра Юлиуса Хаммера (15 апреля 1919 г.).

Документ № 8: Письмо советского агента Уильяма (Билла) Боброва Кеннету Дюрану (3 августа 1920 г.).

Документ № 9: Меморандум, упоминающий члена фирмы Дж. П. Моргана и британского директора по пропаганде лорда Норткпиффа (13 апреля 1918 г.).

Документ № 10: Меморандум Государственного департамента (29 мая 1922 г.) касательно компании "Дженерал Электрик".

Документ № 1

Телеграмма посла США Фрэнсиса из Петрограда в Государственный департамент в Вашингтоне, Округ Колумбия, датированная 14 марта 1917 года и сообщающая о первой стадии русской революции (861.00/273).

"Петроград

Дата: 14 марта 1917 г.

Получена: 15-го, 02:30

Государственному секретарю

Вашингтон

1287. Не мог послать телеграмму с одиннадцатого. Революционеры имеют абсолютный контроль в Петрограде и предпринимают напряженные усилия, чтобы сохранить порядок, что удается за редкими исключениями. Никаких телеграмм после вашей 1251 от девятого, полученной одиннадцатого марта. Временное правительство организовано под управлением Думы, которая отказалась подчиниться указу императора о приостановке ее деятельности. Родзянко, председатель Думы, издает постановления за своей подписью. Кабинет министров, как сообщают, ушел в отставку. Найденные министры доставлены в Думу, а также многие русские офицеры и высокие официальные лица. Большинство полков, если не все, которым было приказано идти в Петроград, по прибытии присоединились к революционерам. Американская колония в безопасности. Нет сведений о каком-либо ущербе для американских граждан.

Френсис, американский посол"

После получения вышеприведенной телеграммы Роберт Лансинг, государственный секретарь, довел ее содержание до президента Вильсона (861.00/273):

"Лично и конфиденциально.

Мой дорогой г-н президент:

Прилагаю для Вас весьма важную телеграмму, которая только что пришла из Петрограда, а также вырезку из нью-йоркской "Уорлд", в которой напечатано заявление синьора Шалойи, министра без портфеля в итальянском кабинете, которое имеет значение ввиду сообщения г-на Фрэнсиса. Мое собственное впечатление таково, что союзники знают об этом вопросе и, я предполагаю, благоприятно настроены к революционерам, так как дворцовая партия была в течение войны секретно прогерманской.

С совершенным почтением,

Роберт Лансинг Приложение. Президенту, Белый Дом"

Комментарий

Существенной фразой в письме Лансинга Вильсону является: "Мое собственное впечатление таково, что союзники знают об этом вопросе и, я полагаю, благоприятно настроены к революционерам, так как дворцовая партия была в течение войны секретно прогерманской". Необходимо напомнить (см. главу 2) заявление посла Додда, что в эту первую революцию был вовлечен советник президента Вильсона Чарльз Р.

Крейн из нью-йоркских компаний "Вестингаус" и "Крейн".

Документ № 2

Меморандум из архива Министерства иностранных дел Великобритании FO 371/2999 (Война-Россия), 23 октября 1917 года, досье № 3743.

"Лично (и) секретно.

Из более чем одного источника к нам поступают беспокоящие слухи о том, что Керенский находится на жаловании у Германии и что он и его правительство делают все, чтобы ослабить и дезорганизовать Россию, приведя ее к положению, когда никакой другой курс, кроме сепаратного мира, будет невозможен. Считаете ли вы, что есть основания для таких инсинуаций, и что правительство, воздерживаясь от эффективных действий, целенаправленно позволяет большевикам набирать силу?

Если это будет вопросом подкупа, мы должны быть в состоянии успешно конкурировать, если бы стало известно, как и через каких агентов это может быть сделано, хотя это и неприятная мысль".

Комментарий

Относится к информации, что Керенский состоял на жаловании у Германии.

Документ № 3

Состоит из четырех частей:

а) Телеграмма посла Фрэнсиса от 27 апреля 1917 г. из Петрограда в Вашингтон, Округ Колумбия, с просьбой о передаче сообщения от видных российских банкиров-евреев видным банкирам-евреям в Нью-Йорке, предлагающих им подписаться на "Заём свободы" Керенского (861.51/139).

б) Ответ Луиса Маршалла (10 мая 1917 г.), представляющего американских евреев; он отклонил предложение, выразив поддержку Американскому займу свободы (861.51/143).

в) Письмо Якоба Шиффа из "Кун, Леб и К°." (25 ноября 1918 г.) в Государственный департамент (г-ну Полку), передающее сообщение российского банкира-еврея Каменки с призывом к союзникам о помощи против большевиков ("потому что большевицкое правительство не представляет русский народ").

г) Телеграмма от Каменки, переданная Якобом Шиффом.

а)

"Государственному секретарю

Вашингтон 1229, двадцать седьмое

Просьба передать следующее Якобу Шиффу, судье Брандейсу, профессору Готтхайлю, Оскару Штраусу, раввину Вайзу, Луису Маршаллу и Моргентау:

"Мы, российские евреи, всегда верили, что освобождение России означает и наше освобождение. Будучи глубоко преданными стране, мы возложили свое полное доверие на Временное правительство. Мы знаем неограниченную экономическую мощь России и ее неисчерпаемые природные ресурсы, и то равноправие, которое мы получили, позволит нам участвовать в развитии страны. Мы твердо верим, что победный финиш войны, благодаря нашим союзникам и США, близок.

Временное правительство сейчас выпускает новый государственный заём свободы, и мы считаем нашим национальным долгом поддержать этот заём, имеющий жизненно важное значение для войны и свободы. Мы уверены, что Россия имеет непоколебимую силу государственного кредита и легко перенесет все необходимое финансовое бремя. Мы образовали специальный комитет российских евреев для поддержки займа, состоящий из представителей финансовых, промышленных и торговых кругов, а также ведущих государственных деятелей.

Мы сообщаем вам об этом и просим наших братьев за океаном поддержать свободу русских, которая стала теперь делом гуманности и мировой цивилизации. Мы предлагаем вам образовать у себя специальный комитет и сообщить нам о мерах, которые вы можете предпринять в поддержку еврейского комитета для успеха займа свободы. Борис Каменка, председатель, барон Александр Гинзбург, Генри Слиозберг".

Фрэнсис"

б)

"Дорогой г-н Секретарь:

После сообщения нашим коллегам результата беседы, которую вы любезно провели с г-ном Моргентау, г-ном Штраусом и мной в отношении целесообразности призыва к подписке на "Заём русской свободы", о чем просят барон Гинзбург и г-да Каменка и Слиозберг в телеграмме из Петрограда, которую вы недавно передали нам, мы пришли к выводу, что будем действовать строго по Вашей рекомендации. Несколько дней тому назад мы пообещали нашим друзьям в Петрограде срочно ответить на их призыв о помощи. Поэтому мы были бы весьма благодарны за направление следующей телеграммы, при условии ее одобрения Вами:

"Борису Каменке

Азовско-Донской банк, Петроград.

Наш Государственный департамент, с которым мы проконсультировались, считает любые попытки в настоящее время осуществить широкую подписку на любые иностранные займы нецелесообразным, причем существенно важное значение имеет концентрация всех усилий на успехе американских военных займов, что даст возможность нашему правительству предоставить средства нашим союзникам по более низким процентным ставкам, чем было бы возможно в ином случае. Поэтому наша энергия с целью самым эффективным способом помочь русскому делу должна быть обязательно направлена на поощрение подписки на американский заём свободы.

Шифф, Маршалл, Штраус, Моргентау, Вайз, Готтхайль."

Вы, конечно, можете по Вашему желанию свободно внести в текст этой предлагаемой телеграммы любые изменения, которые будут указывать, что причиной нашей невозможности прямо ответить на просьбу, которая к нам поступила, является наша озабоченность тем, чтобы сделать нашу деятельность наиболее эффективной.

Могу ли я просить Вас направить мне копию посланной телеграммы с запиской о стоимости, чтобы расходы Департамента могли быть возмещены незамедлительно.

С большим уважением и совершенным почтением [подписано] Луис Маршалл

Государственному секретарю Вашингтон,

Округ Колумбия"

в)

"Дорогой г-н Полк:

Разрешите мне направить Вам копию телеграммы, полученной сегодня утром, которая, по моему мнению, должна быть для порядка доведена до сведения государственного секретаря или до Вас для такого рассмотрения, которое может быть сочтено приемлемым.

Г-н Каменка, отправитель этой телеграммы, является одним из ведущих людей в России и был, по имеющейся у меня информации, финансовым советником правительства князя Львова и правительства Керенского. Он является председателем Азовско-Донского коммерческого банка в Петрограде, одного из наиболее серьезных финансовых учреждений России, но, вероятно, будет вынужден покинуть Россию с приходом Ленина и его "товарищей".

Разрешите мне воспользоваться этой возможностью, чтобы передать сердечные приветствия Вам и г-же Полк и выразить надежду, что Вы вновь находитесь в прекрасной форме и что г-жа Полк и дети пребывают в добром здравии.

С совершенным почтением,

[подписано] Якоб Х. Шифф Фрэнку Л. Полку

Советнику Государственного департамента

Вашингтон, Округ Колумбия

Приложение."

[датировано 25 ноября 1918 года]

г)

Перевод:

"Полный триумф свободы и права дает мне новую возможность снова выразить Вам мое глубокое восхищение благородным американским народом. Надеюсь теперь увидеть быстрый прогресс со стороны союзников в помощи России в восстановлении порядка. Привлекаю Ваше внимание также к насущной необходимости замены на Украине вражеских войск в самый момент их отхода, чтобы избежать большевицкого опустошения. Дружеское вмешательство союзников будет приветствоваться везде с энтузиазмом и рассматриваться как демократическая акция, так как большевицкое правительство не представляет русский народ. Писал Вам 19 сентября. С сердечными

приветствиями,

[подписано] Каменка"

Комментарий

Это важная серия документов, так как она опровергает теорию заговора еврейских банкиров, стоящего за большевицкой революцией. Якоб Шифф из фирмы "Кун, Леб и К°." явно не был заинтересован в поддержке "Займа свободы" Керенского,[35] и Шифф нажил себе

---

[35] Однако "Еврейская энциклопедия" сообщает, что "в 1917 г. Шифф оказал помощь солидным кредитом правительству Керенского" (Encyclopaedia Judaica. 1971. Jerusalem. Vol. 14. P. 961). А из книг самого Саттона мы узнаем, что фирма Шиффа "Кун, Леб и К°." сотрудничала с большевиками, вывозя в США русское золото (см. главу 9), и затем "финансировала пятилетки" (U.S. State Dec. File 811.51/3711 and 861.50

неприятности, привлекая внимание Государственного департамента к просьбам Каменки о вмешательстве союзников против большевиков. Очевидно, что Шифф и коллега-банкир Каменка, в отличие от Дж. П. Моргана и Джона Д. Рокфеллера, были так же не рады большевикам, как и ранее царям.

Документ № 4

Меморандум от Уильяма Бойса Томпсона (директор Федерального резервного банка Нью-Йорка) Ллойд Джорджу (премьер-министр Великобритании), декабрь 1917 г.

"Первое

Контроль над российской ситуацией утрачен, Россия лежит полностью открытой для беспрепятственной эксплуатации Германией, если сейчас же и радикально не изменить политику, проводимую союзниками.

Второе

Из-за своей недальновидной дипломатии союзники со времени революции не достигли ничего выгодного и нанесли существенный вред своим интересам.

Третье

Five Year Plan/236; Sutton A. *Western Technology and Soviet Economic Development*. Vol. 2. P. 340). О роли Я. Шиффа в подготовке революции см. послесловие издателя. — Прим. ред. "РИ".

Представителям союзников в Петрограде не хватает дружелюбного понимания желания русского народа установить демократию. Наши представители сначала были официально связаны с царским режимом. Естественно, они испытывали влияние того окружения.

Четвертое

С другой стороны, немцы в то же время вели пропаганду, которая несомненно помогла им, и существенно, в развале правительства, разложении армии, разрушении торговли и промышленности. Если это будет продолжаться беспрепятственно, результатом может быть полная эксплуатация огромной страны Германией, противостоящей союзникам.

Пятое

Я основываю мое мнение на тщательном и подробном изучении ситуации как в официальных кругах, так и вне их во время моего пребывания в Петрограде с 7 августа по 29 ноября 1917 г.

Шестое

"Что можно сделать для улучшения ситуации в пользу союзников в России?"

Дипломатический персонал, как британский, так и американский, следует заменить на демократический по духу, способный не дать угаснуть симпатиям к демократии.

Необходимо создать мощный неофициальный комитет со штаб-квартирой в Петрограде для действий, так сказать, на заднем плане, влияние которого в вопросах политики должно признаваться и приниматься ДИПЛОМАТИЧЕСКИМИ, КОНСУЛЬСКИМИ и ВОЕННЫМИ официальными лицами союзников. Комитет должен иметь такой персональный состав, чтобы сделать возможным наделение его широкими и разнообразными полномочиями. Предположительно, он будет действовать по различным каналам. Характер их станет очевидным в процессе выполнения задачи; он будет нацелен на любые новые условия, которые могут возникнуть.

Седьмое

Сейчас невозможно полностью определить сферу деятельности этого нового союзного комитета. Я мог бы, наверное, помочь лучше понять его возможную полезность, сделав краткую ссылку на работу, которую я начал и которая сейчас находится в руках Раймонда Робинса, который хорошо и с благоприятной точки зрения известен полковнику Бучану — работа, которую в будущем несомненно придется в чем-то изменить и дополнить с целью соответствия новым условиям. Моя работа выполнялась главным образом через российский "Комитет по народному образованию" при помощи мадам Брешковской, бабушки революции. Ей помогал д-р Давид Соскис, частный секретарь тогдашнего премьер-министра Керенского (сейчас в Лондоне); Николай Васильевич Чайковский, в свое время председатель Крестьянского кооперативного общества, и другие видные социал-революционеры, являющиеся спасительным элементом демократии между крайними "правыми" из официального и имущего класса и крайними "левыми", воплощающими в себе наиболее радикальные элементы социалистических партий. Цель этого Комитета, как сказано в телеграфном сообщении мадам Брешковской президенту Вильсону, можно понять из такой цитаты: "Широкое распространение образования необходимо для того, чтобы сделать Россию упорядоченной демократией. Мы планируем довести это образование до солдата в окопе, до рабочего на фабрике, до крестьянина в деревне". Помогавшие в этой работе осознавали, что в течение столетий массы находились под пятой самодержавия, которое было им не защитой, а угнетением, что демократическая форма правления в России может быть сохранена только ПУТЕМ ПОРАЖЕНИЯ ГЕРМАНСКОЙ АРМИИ, ПУТЕМ СВЕРЖЕНИЯ ГЕРМАНСКОЙ АВТОКРАТИИ. Можно ли было ожидать, что свободная Россия, не готовая к большой ответственности правительства, необразованная, неподготовленная долго просуществует, когда ее ближайшим соседом является имперская Германия? Определенно нет. Демократическая Россия вскоре стала бы величайшим военным трофеем, который когда-либо знал мир.

Комитет рассчитывал иметь образовательный центр в каждом полку русской армии в форме солдатских клубов. Эти клубы организовывались с максимально возможной быстротой, и для занятий с солдатами нанимали лекторов. В действительности эти лекторы были учителями, и следует напомнить, что среди солдат в России 90 % не могли ни читать, ни писать. Во время большевицкого переворота многие из этих лекторов уже действовали, создавая хорошее впечатление и достигая превосходных результатов. Только в Москве их было 250. Комитет предполагал довести число лекторов по крайней мере до 5000. Мы публиковали много газет на уровне "азбуки" с простейшей подачей материала и участвовали еще примерно в ста. Эти издания несли в дома рабочих и крестьян призыв к патриотизму, единству и равенству.

После свержения последнего правительства Керенского мы материально помогали распространению большевицкой литературы как через агентов, так и разбрасыванием с самолетов над германской армией. Если это предложение допустимо, вполне можно рассмотреть вопрос о желательности направления той же самой большевицкой литературы в Германию и Австрию через Западный и Итальянский фронты.

Восьмое

Наличие небольшого числа войск союзников в Петрограде определенно многое сделало бы для предотвращения свержения правительства Керенского в ноябре. Мне хотелось бы предложить Вам на рассмотрение, если сохранятся теперешние условия, концентрацию всех британских и французских государственных служащих в Петрограде; при необходимости из них можно будет сформировать достаточно эффективную силу. Может оказаться целесообразным платить небольшую сумму каким-нибудь русским отрядам. Есть также большая группа добровольцев, набранных в России; многие из них принадлежат к классу интеллигенции и провели превосходную работу в окопах. Им нужно надлежащим образом помочь.

Девятое

Если вы спросите о дальнейшей программе, я бы сказал, что сейчас дать ее невозможно. Я полагаю, что разумная и смелая работа все же воспрепятствует тому, чтобы Германия заняла эту сферу для себя, и таким образом предотвратит эксплуатацию ею России за счет союзников. В процессе работы по мере ее развития выявится много путей, которыми можно будет оказывать эту помощь".

Комментарий

После этого меморандума военный кабинет Великобритании изменил свою политику на политику умеренного пробольшевизма. Отметьте, что Томпсон признает распространение большевицкой литературы его агентами. Неразбериха с датой, когда Томпсон покинул Россию (в этом документе от говорит о 29 ноября), проясняется в бумагах Пирни, находящихся в Гуверовском институте. В планы поездки вносились изменения, и в начале декабря Томпсон все еще был в России. Меморандум был, вероятно, написан в Петрограде в конце ноября.

Документ № 5

Письмо Феликса Франкфуртера (тогда специального помощника военного министра) большевицкому агенту в США Сантери Нуортеве (псевдоним Александра Ниберга), датированное 9 мая 1918 г. В досье Комитета Ласка, Нью-Йорк, указано как документ № 1544.

"Военное министерство Вашингтон

9 мая 1918 г. Мой дорогой г-н Нортева [так]:

Весьма благодарен Вам за Ваше письмо от 4-го. Я знал, что Вы поймете чисто дружеский и полностью неофициальный характер нашей беседы, и я ценю быстрые меры, которые Вы предприняли, чтобы исправить Ваше письмо к Сироле.[36] Будьте полностью уверены, что не произошло ничего уменьшающего мой интерес к вопросам, которые Вы ставите. Совсем наоборот. Я весьма заинтересован в[37] соображениях, которые Вы выдвигаете, и в точке зрения, на которой Вы настаиваете. Вопросы,[38] поставленные на карту, это интересы, которые много значат для всего мира. Чтобы адекватно обращаться с ними, нам нужны все знания и мудрость, которые мы могли бы получить.[39]

С сердечным приветом,

Феликс Франкфуртер

Г-ну Сантери Нуортеве".

Комментарий

Это письмо Франкфутер написал Нуортеве-Нибергу, большевицкому агенту в США, в то время, когда Франкфуртер занимал официальный пост специального помощника военного министра Бейкера в Военном министерстве. Очевидно Ниберг согласился внести изменения в письмо к комиссару Сироле согласно инструкциям Франкфуртера. Комитет Ласка получил

---

[36] Юрье Сирола был большевиком и комиссаром в Финляндии.
[37] В первоначальном тексте было: "сердечно благодарен Вам за".
[38] В первоначальном тексте: "интересы".
[39] В первоначальном тексте добавлено: "в эти дни".

первоначальный проект Франкфуртера с изменениями Франкфуртера, но не письмо, полученное Нибергом.

Документ № 6

Советское бюро в 1920 году

Должность / Имя / Гражданство / Уроженец / Прежняя работа

Представитель СССР / Людвиг К.А.К. Мартенс / Германия / Россия / Вице-президент фирмы "Вайнберг & Познер Инжиниринг" (Бродвей 120)

Управляющий бюро / Григорий Вайнштейн / Россия / Россия / Журналист

Секретарь / Сантери Нуортева / Финляндия / Россия / Журналист

Помощник секретаря / Кеннет Дюран / США / США / 1) Комитет США пообщественной информации 2) Бывший адъютант полковника Хауса

Частный секретарь Нуортевы / Дороти Кин / США / США / Средняя школа

Переводчик / Мари Моделл / Россия / Россия / Школа в России

Клерк по архиву / Александер Коулмен / США / США / Средняя школа

Телефонистка / Бланш Абушевич / Россия / Россия / Средняя школа

Вахтер / Нестор Кунцевич / Россия / Россия

Военный эксперт / Подполковник Борис Тагуев Рустам Бек / Россия / Россия / Военный критик в "Дейли Экспресс" Лондон

Коммерческий отдел

Начальник / А. Геллер / Россия / США / Компания "Интернэшнл Оксиджен"

Секретарь / Элла Тач / Россия / США / Американские фирмы

Клерк / Роуз Холланд / США / США / Лига "Гэри Скул"

Клерк / Генриэтта Меерович / Россия / Россия / Служащая

Клерк / Роза Байере / Россия / Россия / Школа

Статистик / Владимир Ольховский / Россия / Россия / Русская армия

Отдел информации

Начальник / Эванс Кларк / США / США / Принстонский ун-т

Клерк / Нора Г. Смитеман / США / США / "Экспедиция мира" Форда

Стенографистка / Этта Фокс / США / США / Министерство военной торговли

- / Уилфрид Р. Хамфриз / Великобритания / — / Американский Красный Крест

Технический отдел

Начальник / Артур Адамс / Россия / США

Отдел образования

Начальник / Уильям Малиссов / Россия / США / Колумбийский ун-т

Отдел медицины

Начальник / Лев А. Хюбш / Россия / США / Врач

- / Д.Х. Дубровский / Россия / США / Врач

Юридический отдел

Начальник / Моррис Хиллквит / Литва

Консультанты на договоре

— Чарльз Рехт

— Дудли Филд Малоне

— Джордж Гордон Бэтл

Отдел экономики и статистики

Начальник / Исаак А. Гурвич / Россия / США / Бюро переписи США

- / Ева Иоффе / — / — / Национальная комиссия по детскому труду

Стенографистка / Елизабэт Гольдштейн / Россия / США / Студентка

Редакция "Советской России"

Управляющий редактор / Джейкоб У. Хартман / США / США / Городской колледж Нью-Йорка

Стенографистка / Рая Троцкая / Россия / Россия / Студентка

Переводчик / Теодор Бреслауэр / Россия / Россия

Клерк / Василий Иванов / Россия / Россия

Клерк / Дэвид Олдфилд / Россия / Россия

Источник: U.S., House, Conditions in Russia (Committee on Foreign Affairs), 66th Cong., 3rd sess. (Washington, D.C., 1921). См. также британский список в: U.S. State Dept. Decimal File, 316-22-656, где также есть имя Юлиуса Хаммера.

Документ № 7

Письмо от банка "Нэшнл Сити", Нью-Йорк, в Министерство финансов США от 15 апреля 1919 г.

касательно Людвига Мартенса и его приятеля д-ра Юлиуса Хаммера (316–118).

"Нэшнл Сити Бэнк Нью-Йорка Нью-Йорк, 15 апреля 1919 г.

Достопочтенному Джоэлу Рэтбону,

Заместителю министра финансов Вашингтон,

Округ Колумбия

Дорогой г-н Рэтбон:

Осмелюсь приложить к настоящему письму фотографии двух документов, которые мы получили сегодня утром заказным письмом от г-на Л. Мартенса, который объявляет себя представителем Российской Социалистической Федеративной Советской Республики в США, что засвидетельствовано д-ром Юлиусом Хаммером в качестве исполняющего обязанности начальника финансового отдела.

Вы увидите из этих документов, что нам предъявляется требование в отношении всех средств, находящихся у нас на депозитном счете на имя г-на Бориса Бахметьева, якобы российского посла в США, или на имя любого частного лица, комитета или миссии, претендующих на то, что они действуют в пользу российского правительства, подчиняясь г-ну Бахметьеву или непосредственно.

Мы были бы весьма рады получить от Вас любой совет или указания, которые Вы можете дать нам по этому вопросу.

С искренним уважением, [подписано]

Дж. Х. Картер

вице-президент Приложение"

Комментарий

Это письмо имеет значение относительно длительной связи семейства Хаммеров с Советами.

Документ № 8

Письмо, датированное 3 августа 1920 года, от советского курьера "Билла" Боброва Кеннету Дюрану, бывшему адъютанту полковника Хауса. Взято у Боброва Министерством юстиции США.

"Министерство юстиции

Бюро расследований 15 Парк Роу,

Нью-Йорк, штат Нью-Йорк

10 августа 1920 г. Директору Бюро расследований, Министерство юстиции США, Вашингтон, Округ Колумбия

Многоуважаемый сэр: Подтверждая телефонную беседу с г-ном Рачем, состоявшуюся сегодня, передаю при этом оригинальные документы, изъятые из имущества Б.Л. Боброва, пароход "Фредерик VIII".

Письмо на имя г-на Кеннета Дюрана, подписанное Биллом и датированное 3 августа 1920 года, вместе с переводом из "Правды" от 1 июля 1920 года за подписью Троцкого и копии телеграмм были обнаружены внутри голубого конверта, адресованного г-ну Кеннету Дюрану, 228 Саут 19-я стрит, Филадельфия, штат Пенсильвания. Этот голубой конверт был, в свою очередь, запечатан внутри прилагаемого белого конверта.

Большая часть имущества г-на Боброва состояла из каталогов на оборудование, спецификаций, корреспонденции, касающейся отправки различного оборудования в российские порты. Г-н Бобров был тщательно опрошен агентом Дэвисом и таможенными властями; подробный отчет об этом будет направлен в Вашингтон.

С искренним уважением

Г.Ф. Лэмб

Начальник отделения"

Письмо Кеннету Дюрану

"Дорогой Кеннет: Благодарю за столь приветливое письмо. Я очень сильно ощущал свою оторванность и окруженность врагами, и чувство это резко усилилось в результате последних событий. Я испытывал отчаяние из-за неспособности добиться другого отношения к бюро и как-то доставить средства Вам. Телеграфный перевод 5000 долларов Вам, как это было сделано на прошлой неделе, является всего лишь унылой шуткой. Я надеюсь, что предложение продавать золото в Америке, о чем мы недавно телеграфировали, будет вскоре сочтено осуществимым. Вчера мы телеграфировали запрос, могли бы Вы продать 5.000.000 рублей минимум по 45 центов при теперешнем рыночном курсе 51,44 цента. Это дало бы чистыми по крайней мере 2.225.000 долларов. Л. сейчас нужно 2.000.000 долларов, чтобы заплатить компании "Нильс Йуул & Ко." в Христиании за первую часть партии угля из Америки в Вардо, Мурманск и Архангельск. Первый пароход приближается к Вардо, а второй выходит из Нью-Йорка примерно 28 июля. В общем, "Нильс Йуул & Ко." или скорее "Норгес Банк" в Христианин на своем и нашем счету держат наши золотые рубли на сумму 11.000.000 долларов, которые они сами доставили из Ревеля в Христианию в качестве обеспечения нашего заказа на уголь и фрахта, но предложения на покупку этого золота, которые они до сих пор смогли получить, очень плохие, лучшее из них это 575 долларов за килограмм, тогда как курс, предлагаемый Американским монетным двором или Министерством финансов, сейчас равен 644,42, и учитывая задействованную крупную сумму, было бы позором дать ей уйти со слишком большим убытком. Я надеюсь, что прежде чем Вы получите это, Вы сможете осуществить продажу, одновременно таким образом получив четверть миллиона долларов или больше для бюро. Если мы не сможем каким-то образом в течение очень короткого времени выплатить 2.000.000 долларов в Христиании, а срок этого платежа истек четыре дня назад, то "Нильс Йуул & Ко." получат право продать удерживаемое ими наше золото по лучшей цене, чем возможная для нас, которая, как уже сказано, совсем низкая.

Мы еще не знаем, как идут канадские переговоры. Мы понимаем, что Нуортева передал все нити Шоэну, когда арест Н. казался неизбежным. Во время написания этого письма мы не знаем, где находится Нуортева. Мы догадываемся, что после его вынужденного возвращения в Англию из Эсбьерга, Дания, сэр Бэзил Томпсон посадил его на пароход в Ревель, но из Ревеля еще не сообщили, что он туда прибыл, а мы, конечно, получили бы весть от Гуковского или от самого Н-вы. Хамфриз виделся с Нуартевой в Эсбьерне и из-за этого сам имеет проблемы с датской полицией. Были проверены все его связи; его паспорт отобрали; дважды он был на допросе, и все выглядит так, что он будет счастлив, если избежит депортации. Это было две недели назад, когда Нуортева прибыл в Эсбьерг в 300 милях отсюда, но без датской визы датские власти отказались разрешить ему сойти на берег, и он был перевезен на пароход, готовый к отходу в 8 часов следующего утра. После уплаты залога в 200 крон ему разрешили на пару часов сойти на берег. Желая связаться с Копенгагеном по телеграфу и практически не имея больше денег, он заложил свои золотые часы за 25 крон и благодаря этому связался с Хамфриз, который через полчаса вскочил в ночной поезд, спал на полу, и прибыл в Эсбьерг в 7:30. Хамфриз нашел Нуортеву, получил разрешение от капитана взойти на борт, провел 20 минут с Н., затем ему пришлось сойти на берег, и пароход отошел. Затем Хамфриз был приглашен в полицейский участок двумя людьми в штатском, которые наблюдали за происходившим. Его подробно расспросили и, записав его адрес, освободили, тем же вечером он уехал обратно в Копенгаген. Он послал телеграмму Эверу, в "Дейли геральд", Шоэну и Клишко по адресу Нью-Бонд стрит, настаивая, чтобы они встретили пароход Нуортевы, с тем, чтобы Н. нельзя было снова тайно похитить, но мы еще не знаем, что в действительности случилось. Британское правительство энергично отрицало, что оно имеет какие-либо намерения высылать его в Финляндию. Москва пригрозила ответными мерами, если с ним что-нибудь случится. В то же время начался допрос Х. К нему пришли в отель полицейские и предложили пройти в полицию, но не арестовали, и мы думаем, что его дело сейчас находится у министра юстиции. Каков бы ни был окончательный результат, Хамфриз отмечает проявленную к нему разумную вежливость, противопоставляя ее жестокости красных набегов в Америке.

Он выяснил, что в полиции знали содержание некоторых отправленных им писем и телеграмм.

Мне были интересны Ваши благоприятные комментарии к интервью Красина с Тобенкеном (Вы не упоминаете Литвинова), так как мне пришлось сражаться, как демону, с Л., чтобы добиться возможностей для Тобенкена. Хотя Т. прибыл с письмом от Нуортевы, как и Артур Рул, Л. бесцеремонно отклонил меньше чем за одну минуту заявление Т. о въезде в Россию, не уделив времени, чтобы его выслушать, и сказав, что невозможно разрешить въезд в Россию двум корреспондентам от одного издания. Он дал визу Рулу главным образом из-за обещания, данного Рулу Л-м прошлым летом. Рул затем выехал в Ревель, чтобы ожидать там разрешения, которое должна дать Москва по просьбе Л-ва. Тобенкен нервный, почти сломленный человек из-за отказа, оставался здесь. Я понимал, что ошибка была допущена в результате того скоропалительного суждения, и начал работу, чтобы изменить его. Короче, я доставил его в Ревель с письмом Гуковскому от Л. Тем временем Москва отказала Рулу, несмотря на визу, выданную Л-м. Л. рассвирепел из-за такого аннулирования его визы и настаивал на признании ее. Это произошло, когда Рул готовился к отъезду. Внезапно из Москвы ему пришло извещение, аннулирующее разрешение, и Литвинову сообщили, что по информации, поступившей в Москву, Рул находится на службе у Государственного департамента. В момент написания этого письма и Тобенкен, и Рул были в Ревеле, ошарашенные.

Я сказал Л. сегодня утром, что судно отходит завтра и что есть курьер, спросил, есть ли у него что-нибудь написать Мартенсу, предложил застенографировать это для него, но нет, он сказал, что писать нечего, и что я могу, возможно, послать копии наших последних телеграмм Мартенсу.

Каменев проследовал мимо на британском эсминце в Лондон и не остановился здесь, а Красин ехал прямо из Стокгольма. О переговорах союзных сил и Польши и об общей ситуации вы знаете примерно столько же, сколько и мы здесь. Переговоры Л. с итальянцами в конце концов привели к созданию взаимного представительства. Наш представитель, Боровский, уже отбыл в Италию, а их представитель М. Гравина находится на пути в Россию. Мы только что отправили два судна с зерном в Италию из Одессы.

Передайте мои наилучшие пожелания людям Вашего круга, которых я знаю. С добрыми пожеланиями Вам.

Искренне Ваш,

Билл

Партия писем, которые Вы послали 5 Крэнбурн Роуд, Чарлтонкум Харди, Манчестер, еще не прибыла.

Рекомендация Л. В Москве, после того как М. просил переехать в Канаду, состоит в том, что М. должен быть туда назначен, и что Н., проведя несколько недель в Москве и ознакомившись сам с делом из "первых рук", должен быть назначен представителем в Америке.

Л. резко критикует бюро за слишком легкую выдачу виз и рекомендаций. Он был явно удивлен и рассержен, когда Б. приехал сюда с контрактами, заключенными в Москве в силу писем, данных ему М. Последующее сообщение М. явно не поступило в Москву. Что Л. планирует делать в этом отношении, я не знаю. Я предложил бы, чтобы М. телеграфировал шифром свою рекомендацию Л. по этому вопросу. Л. не будет иметь ничего общего с Б. здесь. Может создаться ужасная ситуация.

Л. также настаивал на рекомендации Рабинова.

Два конверта, г-ну Кеннету Дюрану, 228 Саут 19-я стрит,

Филадельфия, штат Пенсильвания, США".

Источник: U.S. State Dept. Decimal File, 316-119-458/64.

Примечание:

идентификация отдельных лиц Уильям (Билл) Л. Бобров — советский курьер и агент. В Милуоки имел фирму "Боброфф Форин Трейдинг энд Инжиниринг Компани". Изобрел систему голосования, использовавшуюся в законодательных учреждениях штата Висконсин.

Кеннет Дюран — адъютант полковника Хауса, см. в тексте.

Шоэн — сотрудник фирмы "Интернэшнл Оксиджен", принадлежащей Геллеру, видному финансисту и коммунисту.

Эвер — советский агент, репортер "Лондон дейли геральд".

Клишко — советский агент в Скандинавии.

Нуортева — также известен как Александр Ниберг, первый советский представитель в США, см. текст.

Сэр Бэзил Томпсон — глава британской разведки.

Л. — Литвинов.

Х. — Уилфрид Хамфриз, связанный с Мартенсом и Литвиновым, член Красного Креста в России.

Красин — большевицкий комиссар по торговле и промышленности, бывший глава отделения фирмы "Сименс-Шуккерт" в России.

Комментарий

Это письмо указывает на тесные связи между Бобровым и Дюраном.

Документ № 9

Меморандум, ссылающийся на запрос от Дэвисона (партнер Моргана) Томасу Тэчеру (юрист с Уолл-Стрита, связанный с Морганом) и переданный Дуайту Морроу (партнеру Моргана), 13 апреля 1918 г.

"Отель "Беркли", Лондон

13 апреля 1918 г. Уважаемому Уолтеру Х. Пейджу,

американскому послу в Англии, Лондон

Многоуважаемый сэр:

Несколько дней назад я получил просьбу от г-на Х.П. Дэвисона, председателя Военного совета американского Красного Креста, посоветоваться с лордом Нортклиффом о ситуации в России и затем проследовать в Париж на другие переговоры. Я не смог переговорить с лордом Нортклиффом из-за его болезни, но я оставляю у г-на Дуайта У. Морроу, который сейчас живет в отеле "Беркли", меморандум о ситуации, который г-н Морроу передаст лорду Нортклиффу, когда последний возвратится в Лондон.

Для информации Вам и Департаменту я прилагаю к настоящему письму копию меморандума.

С уважением [подписано]

Томас Д. Тэчер"

Комментарий

Лорд Нортклифф был только что назначен директором по пропаганде. Это интересно в свете его связей с предприятиями Моргана-Рокфеллера и субсидий Уильяма Б. Томпсона на большевицкую пропаганду.

Документ № 10

Этот документ является меморандумом Д.К. Пула, отдел по русским вопросам Государственного департамента. Государственному секретарю о беседе с г-ном М. Оудином из компании "Дженерал Электрик".

"29 мая 1922 г.

Господин Секретарь:

Г-н Оудин из компании "Дженерал Электрик" информировал меня сегодня утром, что, по мнению его компании, приближается время начать переговоры с Красиным о возобновлении дел в России. Я сказал ему, что, по мнению Департамента, курс, который изберут в этом вопросе американские фирмы, будет определяться соображениями бизнеса и что Департамент, конечно, не будет ставить препятствий какой-либо американской фирме, возобновившей деятельность в России на любой основе, которую она сочтет приемлемой.

Он сказал, что сейчас проходят переговоры между компанией "Дженерал Электрик" и акционерным обществом "Альгемайне Электрицитэтсгезельшафт" по возобновлению рабочего соглашения, которое они осуществляли до войны. Он ожидает, что соглашение, которое будет подготовлено, будет включать положение о сотрудничестве в России.

С уважением,

Д.К. Пул"

Комментарий

Это важный документ, так как он относится к приближающемуся возобновлению отношений с Россией влиятельной американской компании. Он показывает, что инициатива исходила от компании, а не от Государственного департамента, и что при этом не учитывался эффект передачи технологий компании "Дженерал Электрик" откровенному врагу. Это соглашение компании "Дженерал Электрик" было первым шагом на пути крупных передач технологии, которые прямо привели к гибели 100.000 американцев и огромного числа союзников.

Кто правил Советской Россией в 1918–1919 гг.

Полный список членов Советского правильтельства (Нью-Йоркский документ. 1920 г.)

Совет народных комиссаров:

01. Председатель СНК Ленин (Ульянов-Бланк)
02. Комиссар по иностранным делам Чичерин
03. Комиссар по делам национальностей Сталин (Джугашвили)
04. Комиссар земледелия Прошьян
05. Комиссар армии и флота Троцкий (Бронштейн)
06. Председатель Высшего экономического совета Ларин (Лурье)
07. Комиссар по восстановлению Шлихтер
08. Комиссар госземель Кауфман
09. Комиссар госконтроля Ландер
10. Комиссар общественных работ Шмидт
11. Комиссар социального призрения Лилина (Книгиссен)
12. Комиссар народного просвещения Луначарский (Баилих)
13. Комиссар вероисповеданий Шпицберг
14. Комиссар общественной гигиены Анвельт
15. Комиссар внутренних дел Зиновьев (Апфельбаум)
16. Комиссар финансов Гуковский
17. Комиссар печати Володарский (Коган)
18. Комиссар по делам выборов Урицкий
19. Комиссар юстиции Штейнберг
20. Комиссар по делам эвакуации Шегинштейн
21. Его помощники: Равич
22. Заславский

Военный комиссариат:

01. Комиссар армии и флота Троцкий (Бронштейн)
02. Предревштаба Северной армии Фишман
03. Председатель Совета армий Западного фронта Позерн

04. Политический комиссар Московского военного округа Губельман (Ярославский)
05. Политический комиссар Витебского военного округа Дейб
06. Политический комиссар 12-й армии Шейчик (Мейчик?)
07. Политический комиссар Самарской дивизии Бекман
08. Политический комиссар штаба 4-й армии Ливенсон
09. Военно-судебный комиссар 12-й армии Ромм
10. Комиссар военных реквизиций г. Слуцка Кальманович
11. Военный комиссар Самарской дивизии Глузман
12. Комиссар реквизиций отряда Московского военного округа Зусманович
13. Председатель Главного Московского военного совета Троцкий (Бронштейн)
14. Его помощники: Гиршфельд
15. Склянский
16. Члены того же совета Шородак
17. Петч
18. Военные комиссары Московской губернии Штейнгард
19. Дулис
20. Ком. школы пограничной стражи Глейзер
21. Политические комиссары 15-й дивизии Дзелис
22. Полонский
23. Ком. Военного совета Кавказских армий Лехтинер
24. Чрезвычайные комиссары Восточного фронта Бруно
25. Шульман
26. Члены Кавказского Военного совета Розенфельд
27. Майнгоф
28. Розенгольц
29. Командующий Красной Армией в Ярославле Геккер
30. Начальник Петроградского военного комиссариата Пейгер

31. Политкомиссар Петроградского военного округа Гиттис
32. Командующий Восточным фронтом Вацетис латыш
33. Член совета Военной коммуны (бывший австрийский офицер) Кольман
34. Начальник Московского военного округа Бицис
35. Военный комиссар Московского военного округа Метказ
36. Начальник обороны Крыма Зак
37. Командующим Курским фронтом Слузин
38. Его помощник Зильберман
39. Политкомиссар Румынского фронта Спиро
40. Уполномоченный на мирных переговорах с Германией Давидович

Комиссариат внутренних дел:

01. Нарком Зиновьев (Апфельбаум)
02. Начальник отдела пропаганды Гольденрудин
03. Помощник наркома Урицкий
04. Председатель экономической комиссии Петроградской коммуны Эндер
05. Вице-председатель комиссии гигиены Рудник
06. Комиссар по эвакуации беженцев Фенигштейн
07. его помощник: Крохмаль (Загорский)
08. Комиссар Петроградской печати Володарский (убит)
09. Петроградский городской голова Шнейдер
10. Московский городской голова Минор
11. Комиссар московской печати Красиков
12. Комиссар Петроградской милиции Фаерман
13. Начальник бюро печати Мартинсон
14. Московский комиссар общественной безопасности Розенталь

Члены Петроградской Чрезвычайной Комиссии:

Мейнкман (Шейнкман?), Гиллер, Козловский, Модель, Розмирович, Диасперов, Иселевич, Крассиков, Бухан, Мербис, Пайкис, Анвельт

Председатель комиссии Трубецкого бастиона и Петропавловской крепости Модель

Члены Московской Чрезвычайной Комиссии:

Председатель Дзержинский

Зам. председателя Петерс

Шкловский, Кнейфис, Цейстин, Розмирович, Кронберг, Хайкина, Леонтович, Ривкин, Делафабр, Блюмкин, Александрович, Циткин, Рейтенберг, Финес, Закс, Гольдин Я., Гельперштейн, Книгиссен, Дейбкин, Шипленкус, Розмирович, Свердлов, Карлсон, Лацис, Дейбил, Закис, Янсон, Шаумян, Сейзан Фогель, Антонов

Начальник Таганской тюрьмы Либерт

Комиссариат Иностранных дел:

01. Нарком Чичерин
02. его помощники: Карахан,
03. Фритче
04. Директор паспортной экспедиции Марголин
05. Посол в Берлине Иоффе
06. Начальник бюро печати и информации при посольстве в Берлине Аксельрод
07. Чрезвычайный уполномоченный в Париже и Лондоне Бек

08. Посланник в Христиании (ныне — Осло) Бейтлер
09. Консул в Глазго Малкин
10. Председатель мирной делегации в Киеве Раковский
11. Его помощник Мануильский
12. Генеральный консул в Киеве Грюнбаум (Кшевинский)
13. Юрисконсультант Астшуб (Ильсен)
14. Генеральный консул в Одессе Бок
15. Посол в США Мартенс

Комиссариат финансов:

01. Первый комиссар Мервжинский (за подозрительную деятельность был выслан из Парижа)
02. Комиссар Гуковский
03. Его помощник Аксельрод
04. Директор канцелярии Закс (Гладнев)
05. Главный секретарь Хаскин
Администрация народных банков: Михельсон, Закс, Аксельрод, Садников

Финансовые агенты:

01. В Берлине Ландау
02. В Копенгагене Воровский
03. В Стокгольме Шенкман
04. Главный ревизор народных банков Кан
05. Его помощник Горенштейн
06. Главный комиссар по ликвидации частных банков Априк
07. Его помощник Ковш

Члены технической комиссии по ликвидации частных банков:

01. Элиашевич
02. Гифтлих
03. Рогов
04. Лимерих
05. Розенштейн
06. Плат

Комиссариат юстиции:

01. Нарком Штейнберг
02. Комиссар кассационного департамента Шредер
03. Председатель Московского революционного трибунала Берман
04. Комиссар Сената в Петрограде Бер
05. Председатель Верховной Революционной комиссии Республики Троцкий
06. Председатель следственной комиссии при ревтрибунале Глузман
07. Прокурор трибунала Фридкин
08. Старший секретарь кодификационного отдела Гойнбарк
09. Следователи трибунала: Легендорф,
10. Слуцкий
11. Старший секретарь народной коммуны Ширвин
12. Комиссар по народной защите Луцкий

Народные защитники:

01. Антокольский
02. Аранович
03. Байер
04. Биск
05. Гундар

06. Давидов
07. Кастарянц

Комиссия гигиены:

01. Комиссар Дауге
02. Начальник фармацевтического отдела Раппопорт
03. его помощник: Фукс
04. Директор комиссии по борьбе с венерическими болезнями Вебер
05. Директор по заразным болезням Вольсон

Комиссариат народного просвещения:

01. Нарком Луначарский
02. Директор I-го департамента Познер
03. Директор II-го департамента Гройним
04. Зав. делопроизводством наркомата Альтер
05. Комиссар Северной области Грюнберг
06. Председатель комиссии Воспитательного института Золотницкий
07. Начальник муниципальной секции Лурье
08. Начальник отдела пластический искусств Штеренберг
09. Начальник театральной секции Розенфельд (жена Каменева)
10. ее помощница Зац
11. Главный секретарь наркомата Эйхенгольц

Члены профессора Соцакадемии наук:

акад. Крачковский, историк Покровский, Рейснер, Фритче, Колтулон, Урсинен, Куусинен, Тоно, Сирода, Крупская

Почетные члены Соцакадемии наук:

Меринг, Гаазе, Люксембург, Цеткин

Литературное бюро Московского Пролеткульта:

Эйхенгольц, Лебедев (Полянский), Херсонская, Зайцев В., Брендер, Ходасевич, Шварц

Комиссариат по оказанию социальной помощи:

01. Нарком Лилина (Книгиссен)
02. Директор Паузнер
03. Главный секретарь Гельфман
04. Помощник секретаря Гауфман, Роза
05. Директор пенсионного отдела Левин
06. Директор канцелярии Розенталь

Комиссия по общественным работам:

01. Нарком Шмидт
02. Его помощник: Радус
03. Начальник комиссии общественных сооружений Гольдбарк
04. Комиссар по общественным сооружениям Вольтман
05. Его помощник Кауфман
06. Главный секретарь Раскин
07. Директор отдела взрывчатых веществ Зарх

Комиссия по восстановлению г. Ярославля:

01. Председатель Тартаковский

02. Главный контрагент Заблудский

Советские делегаты Красного Креста:

01. В Берлине Радек (Собельсон), принимал участие в антиправительственном движении "Спартак", за что выслан из страны вместе с 18 другими советскими революционерами

02. В Вене Берман, арестован и выслан из Австрии вместе с 13 другими революционерами — членами местной компартии. При аресте найдено 2,5 млн. крон.

03. В Варшаве Клоцман, Альтер, Веселовский. Последний выслан из Польши вместе с пятью другими революционерами. При аресте у них найдено 3 млн. рублей.

04. В Бухаресте Нейсенбаум

05. В Копенгагене Баум

07 Председатель ЦК Красного Креста в Москве Свердлов, Вениамин Моисеевич (брат Якова Свердлова)

Комиссары в провинциях:

01. Комиссар по Сибири Хайтис
02. Председатель Сызранского рабочего совета Берлинский
03. Председатель Казанского рабочего совета Шенкман (расстрелян восставшими чехословаками)

04. Председатель Донецкого совета угольных копей Ливенсон
05. Народный комиссар Донецкой республики Рехенштейн (убит дроздовцами)
06. Председатель Ярославского рабочего совета Закхейм
07. Председатель Царицынского рабочего совета Юрман
08. Председатель Оренбургского рабочего совета Вилинг
09. Председатель Пензенского рабочего совета Либерзон
10. Председатель Таврического рабочего совета Слуцкий
11. Председатель Киевского рабочего совета Дретлинг
12. Помощник председателя Киевского рабочего совета Глубергер (Наумов)
13. Комиссар Донецкой республики Лаук
14. Финансовый комиссар Западной области Самовер
15. Председатель Белоцерковской думы Рутгаузен
16. Его помощник Лемберг

Бюро профсоюзов (позднее — ВЦСПС):

Рафес (лидер Бунда), Давидсон, Гимберг, Бриллиант, проф. Смирнов

Ведущие Журналисты:

01. Газеты "Правда", "Известия", "Финансы и народное хозяйство"

Динн, Бергман, Диамант, Брансон, Торберт, Голин, Битнер, Альперович, Клейзнер, Стеклов (Нахамкес),

Цигер (Ильин), Гроссман (Рощин), Лурье (Румянцев), Горький (Пешков)

02. Газета "Знамя труда"

Штейнберг, Ландер, Ярославский (Губельман), Эфрон, Шумахер, Левин, Биллин, Давидсон, Горький (Пешков)

03. Газета "Воля труда"

Закс, Кац, Полянский, Горький (Пешков)

04. "Торгово-промышленная газета"

Коган, Бернштейн, Гольдберг, Гольдман, Розенберг, Рафалович, Громан, Кулишер, Славенсон, Галлер, Гахман, Шушман, Бастель, Пресс, Мох, Эмансон

Комиссия по расследованию деятельности государственных служащих старого режима:

Председатель Муравьев

Члены: Соколов, Идельсон, Грузенберг, Соломон, Гуревич, Гольдштейн, Тагер

Комиссия по расследованию убийства императора Николая II:

Свердлов, Сосновский, Теодорович, Смидович, Розенгольц, Розин, Владимировский (Гиршфельд), Аванесов, Максимов, Митрофанов

Высший Совет Народного Хозяйства (ВСНХ):

01. Председатель ВСНХ в Москве Рыков
02. Председатель Петроградского СНХ Эйсмонт
03. Заместитель председателя Петроградского СНХ Ландеман
04. Директор Петроградского СНХ Крейнис
05. Заместитель председателя СНХ в Москве Кравиков
06. Директор ВСНХ Шотман
07. Его помощница Хайкина
08. Начальник секции восстановления Кишвальтер
09. Наблюдающий за восстановлением Розенберг
10. Его помощник Сандич
11. Председатель комитета масляного производства Таврид
12. Председатель комитета рыболовства Кламмер
13. Председатель угольной секции Ротенберг
14. Председатель транспортной секции Хирзян
15. Его помощник Шлемов
16. Председатель металлургической секции Альперович

Бюро Высшего совета экономической секции:

Крейтман, Вайнберг, Ларин (Лурье), Губер, Гольдблат, Расинович, Ломов, Красин

Члены Кооперативнаой секции:

Любомирский, Кинтштук, Седельгейм, Тагер, Хайкин, Крижевский

Члены Угольной секции:

Косиор, Гольдман, Ленгниц, Хольцман, Шмит, Смит, Фалькнер, Рудзутак, Сортель, Блюм, Кацель, Суль, Четков

Совет Донецкого комитета ВСНХ:

Коган (Бернштейн), Очкис, Полонский, Лифшиц, Бихтер, Розенталь, Симанович, Кирш, Крузе, Биск, Классон

Бюро первого Совета рабочих и солдатских депутатов в Москве:

01. Председатель первого Совета рабочих и солдатских депутатов Модель

02. Председатель первого Совета солдатских депутатов Хунтиш Лейба

Члены: Сарх, Кламмер, Гронберг, Шенкман, Ротштейн, Левинсон, Краснопольский, Мартов (Цедербаум), Ривкин, Тапкин, Шик, Фалин, Андерсен, Вимба, Соло, Тер-Мичан,

Директор канцелярии Розенгольц

Секретари: Михельсон, Симсон, Клаузнер

Центральный Исполнительный Комитет (ЦИК) IV Всероссийского съезда Советов:

Председатель Свердлов, Янкель Моисеевич

Члены: Абельман, Зальтман (Павлович), Аксельрод, Мартов (Цедербаум), Красиков, Лундберг, Володарский, Левицкий, Урицкий, Суханов (Гиммер), Солнцев (Блейкман), Зиновьев (Апфельбаум), Троцкий (Бронштейн), Сирота, Ривкин, Цойбуш, Гольденрудин, Хаскин, Ландер, Аранович, Кац, Фишман, Абрамович,

Гольдштейн, Фрик, Лихач, Киштук, Берлинраут, Дистлер, Черниловский, Смидович Вениамин

Центральный Исполнительный Комитет (ЦИК) V Всероссийского съезда Советов:

Члены: Ленин, Бухарин, Крыленко, Тележкин, Бруно, Бреслау, Петерсон, Петерс, Волах, Терьян, Аванесов (секретарь ЦИК), Цирцивадзе, Бабчинский, Бейнберг, Гайлес, Шенкман, Рудзутак, Карахан, Шлихтер, Гайсберг, Даниловский, Старк, Штейнман, Закс, Эндлинг, Диманштейн, Левин, Юрмак, Иоффе, Харкман, Книгиссен, Каменев, Зиновьев, Красиков, Розенталь, Канник, Лакзес, Киништук, Луначарский, Розин, Стучка, Свердлов, Смилга, Стеклов, Сосновский, Скрыпник, Троцкий, Теодорович, Урицкий, Фельдман, Фрумкин, Ашкинази, Радек, Шиянский

ЦК РКП(б):

Ленин (Ульянов), Крыленко, Троцкий (Бронштейн), Зиновьев (Апфельбаум), Ларин (Лурье), Луначарский (Мандельштам), Урицкий (Родомысльский, убит), Володарский (Коген, убит), Каменев (Розенфельд), Смидович, Свердлов, Нахамкес (Стеклов)

Избранная библиография

Adam, George. *Treason and Tragedy: An Account of French War Trials.* London: Jonathan Cape, 1929.

American Red Cross Archives. Minutes of the War Council of the American National Red Cross, Washington, D.C., May 1917; and Billings report to Henry P. Davison, October 22, 1917, Washington, D.C.

Aschberg, Olof. *En Vandrande Jude Fran Glasbruksgatan.* Stockholm: Albert Bonniers Fflrlag, n.d.

Binion, Rudolph. *Defeated Leaders.* New York: Columbia University Press, 1960.

Bradley, John. *Allied Intervention in Russia.* London: Weidenfeld and Nicolson, 1968.

British War Cabinet Papers. Public Records Office, London.

Browder, Robert Paul, and Kerensky, Alexander F. *The Russian Provisional Government, 1917.* Stanford, Calif.: Stanford University Press, 1961.

Bruntz, George G. *Allied Propaganda and the Collapse of the German Empire in 1918.* Stanford, Calif.: Stanford University Press, 1936.

Buley, R. Carlyle. *The Equitable Life Assurance Society of the United States.* New York: Appleton-Century-Crofts, n.d.

Collman, Charles U. *Die Kriegstreiber in Wall Street.* Leipzig: Verlag von Rudolf Schick, 1917.

Corey, Lewis. *House of Morgan: A Social Biography of the Masters of Money*. New York: G.H. Watt, 1930.

Crankshaw, Edward. *The Forsaken Idea: A Study of Viscount Milner*. London: Longmans Green, 1952.

Cumming, C.K., and Pettit, Walter W. *Russian-American Relations, Documents and Papers*. New York: Harcourt. Brace & Howe, 1920.

Diggins, John P. Mussolini and Fascism: *The View from America*. Princeton, N.J.: Princeton University Press, 1972.

Dodd, William E. *Ambassador Dodd's Diary*, 1933–1938. New York: Harcourt, Brace, 1941.

Domhoff, G. William. *Who Rules America?* Englewood Cliffs, N.J.: Prentice-Hall, 1967.

Dulles, John Foster. *American Red Cross*. New Yoric: Harper, 1950.

Futrell, Michael. *Northern Underground*. London: Faber and Faber, 1963.

Hagedom, Hermann. *The Magnate: William Boyce Thompson and His Time (1869–1930)*. New York: Reynal & Hitchcock, 1935.

Hicks, Granville. *John Reed, 1887–1920*. New York: Macmillan, 1936.

Hillquit, Morris. *Loose Leaves from a Busy Life*. New York: Macmillan, 1934.

Howe, Frederick C. *The Confessions of a Monopolist*. Chicago: Public Publishing, 1906.

Johnson, Severance. *The Enemy Within.* London: George Alien & Unwin, 1920.

Katkov, George. *"German Foreign Office Documents on Financial Support to the Bolsheviks in 1917".* International Affairs 32 (1916).

Kennan, George F. *Decision to Intervene: Soviet-American Relations, 1917–1920.* Princeton, N.J.: Princeton University Press, 1958.

Kennan, George F. *Russia Leaves the War.* New York: Atheneum, 1967.

Kennan, George F. *"The Sisson Documents".* Journal of Modem History 27–28 (1955-56).

Kolko, Gabriel. *Railroads and Regulation 1877–1916.* New York: W.W. Norton, 1965.

Lament, Thomas W. *Across World Frontiers.* New York: Harcourt. Brace, 1950.

Ленин, В.И. *Полное собрание сочинений.* 5-е изд., т. 53. Москва, 1958.

Lenin, V.I. *Report to the Tenth Congress of the Russian Communist Party (Bolshevik), March 15, 1921.*

Lockhart, Robert Hamilton Brucc. *British Agent.* New York: Putnam's, 1933.

McConnick, Donald. *The Mask of Merlin.* London: MacDonald, 1963; New York: Holt, Rinehart and Winston, 1964.

Moody. John. *The Truth about the Trusts.* New York: Moody Publishing, 1904.

Nedava, Joseph. *Trotsky and the Jews*. Philadelphia: Jewish Publication Society of America. 1972.

North, Joseph. *Robert Minor: Artist and Crusader*. New York: International Publishers, 1956.

Possony, Stefan. *Lenin: The Compulsive Revolutionary*. London: George Alien & Unwin, 1966.

Quigley, Carroll. *Tragedy and Hope*. New York: Macmillan. 1966.

Reed. John. *The Sisson Documents*. New York: Liberator Publishing. n.d.

Report of Court Proceedings in the Case of the Anti-Soviet "Bloc of Rights and Trotskyites" Heard Before the Military Collegium of the Supreme Court of the USSR. Moscow: People's Commissariat of Justice of the USSR, 1938.

Reswick. William. *I Dreamt Revolution*. Chicago: Henry Regnery. 1952.

Rockefeller. John D., 3rd. *The Second American Revolution*. Chicago: Public Publishing, 1973.

Rubin, Jacob H. *I Live to Tell: The Russian Adventures of an American Socialist*. Indianapolis: Bobbs-Memll, 1934.

Sadoul, Jacques. *Notes sur la revolution bolchevique*. Paris: Editions de la sirene, 1919.

Sands, William Franklin. *Our Jungle Diplomacy*. Chapel Hill: University of North Carolina Prtss. 1944.

Sands, William Franklin. *Undiplomatic Memories*. New York: McGraw-Hill, 1930.

Schuiz, Ernst. *Weltdiktator Morgan.* Hamburg: Hoffmann und Campe Verlag, 1924.

Steffens, Lincoln. *The Letters of Lincoln Steffens.* New York: Harcourt. Brace, 1941.

Strothers. French. *Fighting Germany's Spies.* New York: Doubleday, Page, 1918.

Sutton, Antony C. *National Suicide: Military Aid to the Soviet Union.* New York: Arlington House, 1973.

Sutton, Antony C. *Western Technology and Soviet Economic Development,* 3 vols. Stanford, Calif.: Hoover Institution, 1968, 1971, 1973.

Томпсон, Виллиам Бойс, полковник. Правда о России и большевиках. New York: Russian-American Publication Society, 1918.

Trotsky, Leon. *The Bolsheviki and World Peace.* New York: Boni & Liveright, 1918.

Trotsky, Leon. *My Life.* New York: Scribner's, 1930.

Ullman, Richard H. *Intervention and the War.* Princeton, N.J.: Princeton University Press, 1961.

United States, Committee on Public Information. *The German-Bolshevik Conspiracy.* War Information Series, no. 20, October 1918.

United States, House. *The Story of Panama.* Hearings of the Committee on Foreign Affairs on the Rainey Resolution, 1913.

United States, Senate. *Bolshevik Propaganda.* Hearings before a subcommittee of the Committee on the Judiciary. 65th Cong., 1919.

United States, Senate. *Brewing and Liquor Interests and German and Bolshevik Propaganda.* Hearings before a subcommittee of the Committee on the Judiciary, 65th Cong., 1919.

United States, Senate. *Committee on Foreign Relations. Investigation of Mexican Affairs, 1920.*

United States, Senate. *Russian Propaganda.* Hearings before a subcommittee of the Committee on Foreign Relations pursuant to S. Res. 263, directing the Committee on Foreign Relations to investigate the status and activities of Ludwig C.A.K. Martens, who claimed to be a representative of the Russian Socialist Soviet Republic, 1920.

United States, Senate. *Russian Propaganda.* Hearings before a subcommittee of the Committee on Foreign Relations. Report pursuant to S. Res. 263, etc., submitted to Mr. Moses, April 14, 1920. S. Report 526, 66th Cong., 1920.

United States, Senate. *Russian Propaganda.* Hearings before a subcommittee of the Committee on Foreign Relations, 66th Cong., 1920. (a) United States, States Department Decimal File. Cited in two series: by National Archives microfilm number for documents available for purchase on microfilm-example 316-18-1306 (i.e., microcopy 316, roll 18, frame 1306); and (b) United States, State Departament Decimal File, 861.51/649 (i.e., document sub no. 649 in Decimal File, 861.51), available at National Archives.

Vanderlip, Frank A. *From Farm Boy to Financier.* New York- A Appleton-Century, 1935.

Voline (V.M. Eichenbaum). *Nineteen-Seventeen: The Russian Revolution Betrayed.* New York: Libertarian Book Club, n.d.

Von Bemstorff, Count. *My Three Years in America.* New York-Sonbner's, 1920.

Ware, Louis. George Foster Peabody. *Athens: University of Georgia Press,* 1951.

Wise, Jennings C. *Woodrow Wilson: Disciple of Revolution.* New York: Paisley Press, 1938.

Zeman, Z.A.B., and Scharlau, W.B. *The Merchant of Revolution: The Life of Alexander Israel Helphand (Parvus).* 1867–1924 New York-Oxford University Press, 1965.

ДОБАВОЧНЫЙ СПИСОК

Bardanne, Jean. Le Colonel *Nicolai: espion de genie.* Paris Editions Siboney, n.d.

Cours de Justice. *L Affaire Caillaux, Loustalot et Comby* Procedure Generale Interrogatoires. Paris, 1919.

Guemut, Henri; Kami Emile; and Lemercier, Camille M. *Etudes documentaires sur L Affaire Caillaux.* Paris, n.d.

Vergnet, Paul. *L Affaire Caillaux.* Paris, 1918. Chap., "Marx de Mannheim".

УЖЕ ОПУБЛИКОВАНО

www.omnia-veritas.com

www.ingramcontent.com/pod-product-compliance
Lightning Source LLC
Chambersburg PA
CBHW050124170426
43197CB00011B/1713